新編

狂言のことだま

日本の心　再発見

山本東次郎

表紙デザイン　山本東次郎家蔵「黒地達磨木菟模様素袍上下」より

はじめに

子どもの頃、「二十一世紀」という言葉を聞くと、遥か彼方の別世界のように思えたものです。そこは未知の世界、しかし、人々は今よりもずっと賢くなって、愚かな過ちを起こさず、誰もが楽しく豊かに幸せに暮らせる時代がやって来るような気がしていました。

しかし、実際のところ、人間はいつまでたっても賢くはなりません。それどころか恐るべき速さで発展する科学技術と共に、厖大《ぼうだい》な情報があふれ返り、私たちから穏やかで落ち着いた日常を奪っていきます。時代に取り残されることへの不安と焦燥感に追い立てられ、その渦に飲み込まれて自分を見失っていく、人間は以前にもまして愚かになっているのではないかとさえ思えてくるのです。

前著『狂言のすすめ』でも申し上げましたとおり、狂言は、人間を愚かしい生き物と見定め、その姿をありのままに描く古典芸術です。古典はどのような時代でも変わることのない、人間の本質を鋭く描き出します。狂言は、戦乱と飢餓と疫病に苦しめられた中世に、生と死から目をそらさず、人間という愚かで哀れで滑稽な存在を真摯に見つめ、その存在を善《よ》しとした人々によってつくられました。そして、六百五十年の時を経て、人から人へ大切に手渡しで今日まで伝えられてきました。そしてようやく日が当たるようになってきました。喜ぶべきことでしょう。しかし、狂言がほんとうに真価を認められたのか、真意を理解されているのか、わからないのです。

現代の日本では物事を真面目に考えることが軽んじられています。自分自身と向き合うことを避け、人生の意味について深く思いを巡らすことを嫌い、その場の憂さを忘れさせてくれる刹那《せつな》的な楽しみ、面白おかしく気楽なことを追い求める人々であふれ返っています。

ひょっとしたら狂言は、そんな人々にとって恰好の娯楽と思われているのかもしれない。古典を知らない若い人たちにとっては、ただ外国の事物を見るようなもの珍しさで面白がられているだけなのかもしれない。少しばかり日本の文化とやらを味わいたいが、勉強も苦労もしたくない。そんな安易な時代の風潮が、わかりやすくて気楽に見られていいと思われている狂言に、たまたま向かっただけなのではないだろうか。そして言葉とは本来、心から発せられるべきものだということを忘れた饒舌多弁な現代人が、真に狂言を理解してくれるのだろうか、そんな疑念に苛《さいな》まれるのです。

狂言の科白《せりふ》の根底には「言霊《ことだま》信仰」が確固として存在しています。「言霊信仰」とは、口から発せられた言葉は生命を持ち、現実のものとなって、人々に幸不幸をもたらすというもの。日本はもちろん、古い時代にはどの民族、どの言語圏にも在ったものです。科学文明に支配されていない地域では今でもそれが生きているでしょうし、日本でもこの「言霊」への信仰はわずかながらでも残っています。たとえば結婚式での「別れる」「離れる」「切れる」や、入学試験での「落ちる」「滑る」、新築の際には「火」「燃える」を決して言わないよう気を遣う、これら「忌詞《いみことば》」を避け、代わりに「翳詞《かざしことば》」を用いる意識は、遠い昔の「言霊信仰」が残されているということです。科学万能の時代、そんなこと迷信だよ、関係ないよと一笑に付す人もいるでしょう。しかし、果たしてそう言い切れるでしょうか。衝動的に口から飛び出した考えなしの言葉が人を傷つけ、絶望の淵に追いやってしまうこともあれば、たどたどしくあっても、言葉少なであっても、深い思いやりの心から発せられた一言が、人に勇気や希望や励ましを与え、命を救うことさえあるでしょう。

言葉を軽んじ、浪費してやまない現代の文化、狂言の科白はそれとは正反対です。選び抜かれ、磨き上げられ、そして少な少なに用いられます。あえてすべてを言わず、余白を残し、ぎりぎりに煎じ詰められた象徴ともいうべき科白に、いかに心を入れ、魂を込めて口から発するか。「狂言は言葉でせよ」、「狂言は言葉でする」という厳格な伝承こそまさに「言霊信仰」の証です。一言の中に幾多の意味を重ね、もう一言付け加えられたら明快になる事を、わざと一歩引いて、付け加えず、前後の科白の力や息で表そうとする、ここに「技」や「魂」のこだわりがあるのです。

狂言は、ひたすら笑いを追求しようというものでもありません。狂言は、人間の愚かしさを鋭く厳しく見つめます。しかし狂言は、それを暴露したり、糾弾したり、責任を追及したりすることなく、人間の存在そのものとして慈しみを持って見つめています。なぜなら狂言は、人間の本質が「善」であると信じているからです。そして、人間とは何か、人はどのように生きていくべきか、人がこの世に真に生きるために必要な根源的な問いかけを提示しているのです。

苦しいことから目を背け、刹那的な快楽に自分をごまかしがちな世の中にあって、そうした風潮を断固拒否し、「人間とは何か」という問いに真摯に向き合う人に、私は是非狂言を見て頂きたいと願っています。ほんとうの狂言を知るために少しでもこの本がお役に立てるなら、これに越す幸せはありません。

狂言のことだま　目　次

Ⅲ 間狂言の役割

I

能と狂言

「幽玄」と「上階のをかし」

口伝《くでん》による芸の伝承

能の会に出掛け、さあ、能を見ようと思うとき、なぜそこに狂言もあるのか、ということを疑問に思われる方は少なくないでしょう。そしてまた、喜劇的な役割を演じる狂言方が「神聖にして厳粛なる能」に一役を受けもって出演していることに、違和感を覚える方もいるでしょう。また近頃は、狂言は見るが能は見ないという方も少なくないので、たまたま能をご覧になったとき、狂言方である私たちが出ていたので、たいへん驚いたというようなこともたびたび耳にします。世阿弥の時代からすでに行われていて、能楽の世界では当たり前のことであるこれらのことも、初めて能と狂言に接する方々には当然浮かぶ疑問に違いありません。

私たち狂言方は、「狂言」のほかに、能の一役である「間狂言《あいきょうげん》」、そして『翁《おきな》』のなかの役である「三番三《さんばそう》」「千歳《せんざい》」「面箱《めんばこ》」を勤めます。今は「狂言師」という呼び方が一般的になっておりますが、正確には、「シテ方《かた》」「ワキ方《かた》」「囃子方《はやしかた》」と同様、「狂言方《かた》」というべきであろうと私は思います。つまり、独立した「狂言」という芸能を演じる役者ではなく、能・狂言すべてを引っくるめた「能楽」という大きな芸能の一部分、能楽のなかの一パートを担う役者であるということです。

能と狂言、見かけはずいぶん異なりましょう。厳かで優美華麗な能、賑やかで滑稽な狂言、能はそのほとんどが韻文の「謡《うたい》」と抽象的な「舞《まい》」から成り立っていて、あまり良い言い方ではありませんが、一種のミュージカルのようなものです。一方、狂言にも「謡」や「舞」の部分は多くあり、また「舞狂言《まいきょうげん》」という能仕立てのような曲もありますが、全体的には散文の「科白《せりふ》」と、様式的な型を用いるものの、日常的な動作を表す「しぐさ」で出来上がっている演劇です。

「謡」と「舞」、「科白」と「しぐさ」、両者はたいへん異なったもののようですが、これらは両極にあるものではありません。なぜなら、狂言の「科白」の根底には「謡」を基盤とした発声法、言い回しといった「科白術」があるからです。「しぐさ」にしても同じことで、「舞」を基礎とする動作、立ち居の「しぐさ術」があるからです。それゆえ、散文と韻文の違いはあるにせよ、「科白」に節を施せばそのまま「謡」となり、日常の「しぐさ」を少しよそ行きにし、滑らかに連続性を持たせていけば「舞」になります。

私は能と狂言をよく、「氷」と「湯」にたとえます。「水」と「油」のような質の異なるものではなく、本質は同じなのに状態の違いによって変わってしまう「氷」と「湯」、ということです。

なぜ能と狂言はいつも一緒に在るのか。それは能と狂言が根源で繋がり、お互いにとって必要不可欠であるからなのです。しかし、こうした能と狂言の在り方を、両者にとって重要なものと考え、研究の課題としてくださる能楽研究者は一人もいませんでした。というのは、能・狂言が成立した時代の芸能に関する文献がほとんどないからです。

芸能の世界では、芸の伝承はすべて口伝《くでん》、すなわち師と弟子が一対一で、直接対面し、教え伝えていくものです。私もそうやって父から狂言のすべてを伝授されたのですが、それは言葉や型を教わるのと同時に、その言葉のひとつひとつ、型のひとつひとつに込められた信念や気迫をも同時に伝えるという大きな意味があるのです。書かれた言葉ではなく、師の口から発せられる気に満ちた言葉こそが真に生きたものとして伝承されるのです。ですから、世阿弥《ぜあみ》が『風姿花伝《ふうしかでん》』を著すより前には、芸事に関する事柄を文字に記して残すなどということは、芸能者にとってほとんど意味のないことだったと思います。もちろん、この時代、誰もが文字を読み書きできたわけではなかったということもありましょうが。

文献がない、すなわち、この問題は実証することができない。しかし、能と狂言の本質、在り方を考える上で決して無視することはできないはずです。たとえ推論であっても、私は日々狂言を演じる者として、責任を持って次代に伝えていく者として、何らかの答えを出さないわけにはいきません。先ほども申し上げましたとおり、文字に記されていなくとも、私たちが父祖から受け継いだもののなかに、その答えは必ずあると確信しています。四歳の初稽古から今まで狂言を演じてきた経験と父から教えられた我が家の伝承、そして日夜狂言について考えに考え続けたことのなかからたどり着いたひとつの結論を申し上げることをお許し頂きたいと思います。

能と狂言の分化

大ざっぱな言い方ですが、能のルーツである「猿楽《さるがく》」は、各地域の神社仏閣において、一般大衆に向けて演じられておりました。それが、室町三代将軍・足利義満に見いだされた観阿弥《かんあみ》・世阿弥親子によって飛躍的な成長を遂げていきます。世阿弥は、当時、最高の文化人であった義満やその取り巻きの貴族階級の好みに合わせ、自らの所属する物まね芸を得意とした大和猿楽に、舞に秀でた近江猿楽の芸域を取り入れ、より高度で洗練された芸を指向していきます。その時世阿弥が打ち出した理念は彼自身の言葉で「幽玄《ゆうげん》」と呼ばれています。「幽玄」とは一般的な意味では、神秘的で奥深く、計り知れないさまを表し、また、日本文学論・歌論においては、言外《げんがい》に深い情趣や余韻余情のあることを言いますが、世阿弥の言う「幽玄」とは、美しく雅やかであること、たおやかで情趣に富む美しさを表します。

それまでの猿楽の芸は様々な要素の入り交じった、多分に雑多なものでしたから、この理念を貫くためには、捨て去らなければならない多くのものがありました。滑稽なもの、生々しいもの、生活感漂うもの、本能的なもの、そうした類いの演技を世阿弥は美的に変質させ、あるいはばっさりと切り捨て、新しい「申楽《さるがく》」を生み出していくのです。

しかし、演劇である以上、それら美的に変質させたもの、捨て去ったものも無視するわけにはいきません。世阿弥は「衆人愛敬《しゆにんあいぎよう》」という言葉を使っていますが、様々な嗜好を持つ人々が同時に見ているわけですから、皆それぞれに満足させなければなりません。「幽玄」だけではどうしても片寄り、描き切れないものが出て来るはずです。滑稽なもの、生々しいもの、生活感漂うもの、本能的なものも時には必要となるでしょう。そんなときは、そうしたジャンルはそれらを専門にする役者に任せればいい。その出所は古巣の「猿楽」であったろうと私は想像しています。現代の演劇でも踊りや歌の多い芝居には、芝居の経験は少なくても、踊りや歌のうまいダンサーや歌手が起用されたりするのと同じこと、滑稽な部分や生活感漂う箇所は、そうしたことの得意な役者に任せるということです。

もちろん、能と狂言の分化は、観阿弥・世阿弥親子によって突然起こったものではなく、ある気運の盛り上がりによって徐々に変遷を重ねて成ったものでしょう。たとえば、世阿弥の『申楽談儀《さるがくだんぎ》』に次のような記述があります。

「又、狂言には、大槌《おおつち》、新座の菊、上花《じようか》に入し物也。初若《はつわか》の能に、此能は、子を勘当しけるが、親の合戦すと聞て、由比の浜にて合戦して、重手《おもで》負ひたる能也。「あの囚人《めしうど》は、いかなる者ぞ」と言はれて、「恐ろしく候」と云、寄りて見れば初若也。それより湿《しめ》り返りて、親に此由を告げしを思ひ入、其比《そのころ》褒美有し也。狂言も、かやうの所を心得《こころう》べし。」

（「又、狂言役者では、大槌や新座の菊は、上花の位に到った名手であった。「初若の能」で――この「初若の能」というのは、子を勘当したのであるが、其の勘当せられた子が、親が合戦して居るということを聞き知って、由比が浜に駈けつけそこで奮戦して、重傷を負った能である――菊が「あの囚人《めしうど》は何物か」と言われて「恐ろしうござります」と言いながら立寄って見ると、それが初若であった。それからすっかり萎れかえって、親に其の由を告げた時の思い入れがまことに上手であったというので、其の当時賞賛せられたことであった。狂言も、かような所をよく心得ていなければならない。」（能勢朝次著『世阿弥十六部集評釋』）

これは狂言の芸位を述べた件《くだり》ですが、この当時狂言の果たしていた役割を伝えるものとして注目されます。はじめは渾然一体《こんぜんいったい》となって存在していた猿楽の芸が分化するには、芸位、芸力の差ではなく、目指している芸質、芸域におけるセンスの問題があったでしょう。「都」と「鄙《ひな》」、つまり都会と田舎の趣味の違い、感覚の違いというものが見極められ始め、それが様々な文化に反映していった時代だったのです。文化の香り高い都に住む人々の多くは、公家・武家でなくとも、より高度な洗練された文化を求めるようになった。そんな気運が起こり広まっていくのを敏感に察知し、いち早く、己の芸能をその方向に向け、完成させようと努めたのが観阿弥・世阿弥親子だったわけで、そうした動きと関わりなく、相変わらず淡々と我が道を歩んでいた猿楽もあったでしょう。「幽玄」を理想とする新しい申楽の座の一員として招かれ、活動に場が与えられたとしても、両者はそれほど単純に結び付き、手を携え合っていたわけではないでしょう。様々な問題も起こります。世阿弥の『習道書《しゅどうしょ》』には次のように記されています。

「一、狂言の役人の事。是又をかしの手立、あるひはざしきしく、又は、昔物語などの、一興ある事を本木《もとぎ》に取りなして事をする、如此《かくのごとし》。又、信の能の道やりをなす事、笑はせんと思ふ宛てがひは、まづあるべからず。たゞ、その理《ことわり》を弁じて、厳重《げんとう》の道理を、一座に云聞かするを以て道とす。

抑《そもそも》、をかしと者《は》、かならず数人《しゆにん》の笑ひどめく事、職なる風体なるべし。笑《え》みの内に楽しみを含むと云、是は、面白く嬉しき感心《かんしん》也。この心に和合して、見所人《けんしよにん》の笑みをなし、一興を催さば、面白く、幽玄の上階のをかしなるべし。昔の槌太夫が狂言、此位風《いふう》なりし也。

それに付ても、数人あい憐のしほを持ちたらん生得《しようとく》は、芸人の冥加なるべし。言葉・風体《ふうてい》にも、職なる事をなさずして、貴所・上方様《じようほうさま》の御耳に近からん利口・狂談をたしなむべし。返々《かえすがえす》、をかしなればとて、さのみに卑しき言葉・風体、ゆめゆめあるべからず。心得べし。」

（「狂言役者の心得について。是は又、笑いの手立てとして、或は即興的な思付き、又は昔物語などの、一興を催すような面白いものを素材として、狂言を演ずることは、誰も知る通りである。又、間狂言として、能の中に加はって、能の連絡進行などの役をする場合には、見物を笑はせようというような事は、先づ考えてはならない。ただ其の能のわけがらを話し、見物の見聴きして居ることの筋道を、見所の人々に言い聞かせるのが、その役道である。一体狂言というものは、必ず見物人が笑ひどよめくやうなものは、卑俗な風体と称すべきである。「笑《えみ》の内に楽しみを含む」という言葉があるが、それは面白く嬉しい感である。所演の狂言が、見物のこうした心持によく和合し、一同の者が一興の微笑を催して楽しむという風であれば、それは面白く幽玄の上階に達した狂言者と称して良いであろう。かようなのを上手なる狂言というのである。昔の槌太夫の狂言は、此の位に上り得た風体であった。それにつけても、見物衆に可愛がられるような愛嬌を、生れ付きにして持って居るというのは、芸人として冥加なことと言うべきである。言葉に於ても風体に於ても、少しも卑俗なことをやらず、貴い方や上つ方たちの御耳に入れても不都合でないような利口や軽口を、たしなむようにすべきである。返す返すも、如何に狂言だからといっても、ひどく卑しい言葉や風体は、決して決して有ってはならない。よく心得ていなければならない。」（能勢朝次著『世阿弥十六部集評釋』）

能の作者、演出家、役者として、狂言はこのようにあってほしいという世阿弥の切実な思いが浮かんで見えます。つまり、それだけ困った狂言役者がいたということです。それから三百年後、大蔵流中興の祖と言われる十三代目家元・大蔵虎明《とらあきら》はその著書『わらんべ草』の中でこのように述べています。

「世間の狂言ハ、躰もなく、あハたゝしう、らうがハしく、そゞろ事をいひ、くねくねしく、かほゝゆがめ、目、口をひろげ、あらぬふるまひをして、わらわするハ、下ざまの者よろこび、心ある人はまばゆからん、是世上にはやる、かぶきの、中の、だうけものと云也、能の狂言にあらず、狂言の、狂言ともいひがたし、たとへ当世はやるとも此類ハ、狂言の病と、いにしへよりも云伝へ侍る、又本道にあらざれば、まなばん事もいとやすし、是世間をそしるにあらず、此書物他に見すべき物にあらねば、唯子孫、弟子、古法を守り、不作法にならざる事を思ひ、古き人のいひおきし事を、言葉にいハゞ、たがひにわすれん事をなげき、おもひ出し次第かくなるべし。」

（「世間の狂言は、型もなく、せわしく、やかましく、とりとめもない事を言い、ひねくれていて、顔をゆがめ、目や口を広げ、異様な振る舞いをして笑わせようとする。下々の者は喜ぶが、情趣や美を理解する人には見るに耐えないものである。これは世間に流行るカブキの中の道化者というのである。能の狂言ではなく、狂言の狂言とも言えない。たとえ今の世に流行っているとしても、この類いのものは、狂言の病と、昔から言い伝えられている。また本道でないので、学ぼうとする事も実に簡単である。これは世間に対して悪口を言っているのではない。この書物は他の人に見せるべき物ではないので、ただ子孫、弟子が古くから伝わる教えを守り、無作法な事をしないようと思い、先人の言い遺した事を言葉に出して、お互いに忘れないようにと切に願い、思い出した事情は、このようなことである。」）

自分さえ目立てばいいと、利己的な考えで狂言を演じている人々、能の一員であることを忘れ、自己主張に走る狂言の役者に対する怒りがひしひしと伝わってきます。理想的な狂言を演じることはたいへん難しい。何故、このような事態に陥るのか。それは狂言の最大の特徴である「笑い」、「幽玄」を貫くために「申楽」すなわち「能」が真っ先に切り捨てた要素「笑い」が大きく関係してくるのです。

観客を笑わせることは、舞台人にとって非常な快感です。演技に反応して観客がどっと笑ってくれる。するともっと笑わせたい、もっと喜ばせたい、舞台人ならそう考えるはず。しかし、より大きな笑いを引き出そうとすれば、演技はどこまでも過剰なものになっていき、世阿弥や虎明の見識からすれば、誠に見るに耐えないものとなります。

世阿弥の頃すでに、現在と同じように、狂言方が「三番三」や「間狂言」を受け持っていたことは、『申楽談儀』や『習道書』などの「三番猿楽《さんばさるがく》」の演じ方についての要望や、また「信の能の道やりをなす」、現在でいう間狂言への注文の記述などでも明らかです。しかし、この注文や要望がどことなく遠慮がちに述べられているのは、注目すべきところではないでしょうか。一座の主である座長ならば座員に対して、「あんな無茶な舞台をされては困る」、「あんな下品な芸はやめろ」、極端にひどい場合には「お前は首だ」と言い渡すことだってできたはずです。しかし、「三番猿楽、ヲカシニハスマジキコトナリ。近年人ヲ笑ハスル、アルマジキコト也」（『申楽談儀』）「笑はせんと思ふ宛てがひは、まづあるべからず」（『習道書』）という言い方には、そうした迫力が感じられません。文句を言いたいけれども、面と向かって言えずに、自らの書き物に向かって独り嘆いているかのようです。これは実に不思議なことです。

たとえばこんな出来事があります。「翁」の役はその専門職である一座の長老が演じていたものを、あるとき足利義満が観能するに当たって、観阿弥はその慣例を破って、彼らから「翁」役を取り上げ、自ら「翁」を演じています。

「翁をば、昔は宿老次第に舞けるを、今熊野《いまぐまの》の申楽の時、将軍家鹿苑院《ろくおんいん》、初めて御成なれば、一番に出づべき者を御尋ね有べきに、大夫にてなくてはとて、南阿弥陀仏一言《いちげん》によりて、清次《きよつぐ》出仕し、せられしより、是を初めとす。」（『申楽談儀』）

「清次」とは観阿弥のことですが、将軍義満が初めてご覧になるので、最初にお目に掛ける「翁」を大夫の観阿弥に演じさせよとの、南阿弥陀仏という有力者の一言で、「翁」役はそれまで専門職だった長老から取り上げられてしまい、それ以後、一座の大夫がこれを舞うのが決まりとなったというのです。この勇断からすれば、当然「三番三」も狂言の役者から取り上げ、自らの理想どおりに演じさせることのできる一座のシテ方にこの役を与えることもできたはずです。また「間狂言」だけを演じさせる役者を、今も歌舞伎などでは言われている「三階さん」とか「大部屋」として絶対服従の身分で抱えておくことだってできたでしょう。それをせず不満を述べながらも従来どおり、「狂言の役人」に演じさせるというやり方を尊重したのは何故だったのでしょう。特別に気を使わなければならなかった何らかの事情があったと勘繰るのは考えすぎでしょうか。私はこのあたりに、能と狂言の併演・共存が生まれてきた理由があるのではないかと想像します。

たとえば、過去の歴史において、仏教など外来の宗教が日本へやって来たとき、また新しい宗派が興ったとき、必ず起った旧宗教・旧宗派側からの弾圧・妨害、そういった類いの出来事が芸能の世界になかったと言えるでしょうか。

浮き沈みの激しい芸の世界で、少なくとも観阿弥が足利義満という最高権力者の後援を獲得するに至るまでの不安定な時代、各地に数多《あまた》存在し、激しい競合関係にあった様々なライバルたちからの妨害・弾圧は当然ありえたでしょう。その中和剤というか、安定分子の役割を担っていたのが、古い猿楽の座の古参の喜劇的芸質を持った役者たちであったのではなかったでしょうか。そして発言力も存在感もあった彼らを呼び寄せ、協力を取り付け、共存を約束したとは考えられないでしょうか。そして、その取引材料が彼らの得意とする「狂言」を、新しい「申楽」つまり「能」と交互に上演させることではなかったか、と想像するのです。

ただし、その条件として、「狂言」においては新しい「能」の領分を決して犯さないこと、そして、「能」においては、「間狂言」にしても「三番三」にしても、新しい「能」にふさわしい抑制のきいた演じ方をすることも要求したと思います。その代わりに「能」とは関わりのない独立した部分である「狂言」においては、思い切った存分な演技が成り立つよう取り計らい、「能」の中での役不足の不満を解消したのではないかと考えます。

「三番猿楽」を舞えるということは少なくとも、「狂言の役人」が物真似や滑稽な演技だけでなく、「舞歌二曲《ぶがにきよく》」すなわち舞と謡ができたということを意味しています。「昔の槌太夫が狂言、此位風なりし也」と具体的に名人の名を挙げて賛美しているのも、当時の狂言全体の芸位が一定の水準を保っていた上での評価とみるべきでしょう。

しかし、舞が舞え、謡が謡える、そのような能力も技術もある「狂言の役人」があえて新しい「能」の座にあってその領分を犯さない芸を演じるという条件は、かなり厳しいものではなかったかと思います。それまで古い田楽《でんがく》や猿楽の舞台で身につけ、駆使していた演技の多くが使えなくなったとき、長年培った「舞歌」に支えられた技を生かしてもいけない、殺してもいけない、そんな中途半端な立場に立たされたとき、その活路をどこに見出し、切り開いていったのか。このあたりに、今に至るまで続いている「能」と「狂言」の棲み分けの分岐点を見出すことができるのではないかと私は考えます。また、長年この二つの芸が袂を分かつことなく、似ていながら違うものとして共存できた理由があったと言えましょう。狂言は能と似た芸質を持ちながら、許された枠の中で能とは対照をなす分野へ伸びていかざるをえませんでした。しかし、それが結果的には、人間という存在の表と裏、両極面をそれぞれ担い補いつつ、トータルな人間像、全人格を描き切る芸能へと発展していったのだと思うのです。能が「泣く」のなら狂言は「笑おう」、つまり「悲劇」指向に対しての「喜劇」指向、「求心性」に対する「開放性」、「重厚」に対する「軽妙」、「象徴性」に対する「具象性」と。

そして狂言は、「舞」や「謡」だけでなく、「面」についても「囃子事《はやしごと》」についても、すべて本格的なものは能に譲り、自らはその大半を捨て去って、それらの部分はわずかに補助手段として限られたところでのみ活用するようにした、これも「能」の領分を犯さないで演じるという条件から発したことだと考えます。しかし、具体的に領分を侵さないという末梢的なこと以上に大切なことは、芸に対するしっかりとした共通の理念を持ち得たということです。

「あはれ」と「をかし」

狂言の目指すべき理念を、世阿弥は「上階のをかし」という言葉で示しました。「上階の」とは「上等の」「上質の」ということ、では上質の「をかし」とはいったい何を意味するのでしょうか。

この「をかし」という言葉は、十代の頃、国語の授業で嫌というほど聞かせられたのではないでしょうか。そう、「春はあけぼの。やうやうしろくなりゆく山ぎはすこしあかりて、紫だちたる雲の細くたなびきたる。夏は夜。月のころはさらなり。闇もなほ、ほたるの多く飛びちがひたる。また、ただ一つ二つなど、ほのかにうち光りて行くもをかし。雨など降るもをかし。」で始まる『枕草子』。日本の古典文学の中でも最もよく知られたこの作品が、「をかし」の文学と呼ばれていたことはご記憶のはずです。それに対して『源氏物語』を「あはれ」の文学と言い、この「あはれ」と「をかし」が平安時代を代表する二大美的理念であると教えられたことを。中学・高校の古文の授業で、大事なポイントだから心して覚えるように言われたこの「あはれ」と「をかし」、この二つの言葉がどれだけ大きな意味を持っていたか、そのところを改めて考えたいのです。中国・朝鮮半島から渡って来た外来の文化と、縄文の時代から日本列島に在った土着の文化が融合し、洗練に洗練を重ねて生まれた日本独自の文化、その根幹にある美的理念が「あはれ」と「をかし」であり、これらは日本文化を理解する上で決して忘れてはならないものだということ。そしてこの「あはれ」と「をかし」はそれぞれが深い伏流水《ふくりゅうすい》となり、それから四百年後の室町時代に至って、古くから在った様々な芸能を洗練して生まれた新しい芸能「能」と「狂言」、その美的理念としてしっかりと受け継がれ、脈々と今日まで生き続けているのです。古典の不滅性とはまさしくこうしたことにほかなりません。

清少納言が『枕草子』の中で繰り返し言っていた「をかし」、この言葉は、岩波書店の『古語辞典』によればもともと、動詞「ヲキ（招）」の形容詞形で、「好意をもって招き寄せたい気がする」の意、そこから発展して、「①招き寄せたい。喜んで迎えたい。②興味がひかれる。面白い。③美しくて心がひかれる。魅力がある。④可愛らしい。⑤すばらしい趣がある。⑥面白くてつい笑いがこぼれる感じだ。⑦笑うべきである。変っている。変だ。」と説明されています。また、旺文社の『古語辞典』ではさらに、語句の意味のほかに、特別の囲みを設け、この二つの言葉を丁寧に解説しています。たとえば「あはれ」の項では、あはれ［学習］「あはれ」と「をかし」とのちがい――ともに中古の文学精神を代表することばであり、前者は形容動詞の語幹、後者は形容詞で、「趣がある」意をもつ点で共通する。しかし、「あはれ」は人間の運命や自然・世態に感情をもって主観的に没入し、しみじみとした感動を表すのが本義であり、「趣がある・かわいそうだ・いたましい・愛らしい・悲しい」などの意になる。一方、「をかし」は対象を客観的・理知的に興味深く観察する態度が根本になるから、「おもしろい・興味がある・すぐれている・美しい」などの意となり、さらに「こっけいである・笑いたい」などにも転ずる。

深い情緒に富む優雅な味わいである「幽玄」とは、すなわち「あはれ」の精神にほかなりません。主人公の光源氏をはじめ、登場人物が皆、いかんともしがたい運命に翻弄され、変転流転を重ねていく、それを深い思い入れを持ってしみじみと味わい、時に涙を流す大長編大河物語の『源氏物語』、実際、能の作者は多くの作品を『源氏物語』から取材し、名作を生み出しています。それに対して、いくつもの短い段から成る『枕草子』は、すぱすぱと小気味の良い批評で周囲の人物や事物の核心を突きながら、からっとした明るさがあります。物事に対する客観性、対象から一歩離れて見る態度、批判精神から滑稽さが生まれるということ、これはまさしく狂言の視点にほかなりません。

主観性と客観性、しみじみとした思い入れと快活な笑い、前の時代に「あはれ」と「をかし」がそうであったように、「幽玄」と「上階のをかし」はこの世阿弥の時代において、肝胆相照《かんたんあいて》らす理想的で最も安定した二種類の精神状態として社会的な認知を受けていたであろうと私は思っています。「幽玄」の能と「上階のをかし」の狂言、両者はその本質において深く結び付き、そしてお互いに助け合い支え合い切磋琢磨《せっさたくま》していくところに、真の創造があり、人間の本質をより深く、より全体的、立体的に表現できるのだと信じております。

だからこそ能と狂言は一緒でなければいけないし、一緒に見て頂かなければならないのです。どちらも片方だけでは、完全な訴え掛けはできません。能と狂言の結び付きを伝統的な必然として、もっともっと真摯に大切に受け止めなければいけないのだと思います。

舞歌二曲《ぶがにきょく》――身体訓練と発声訓練

世阿弥が述べている狂言の役者に対する要望は実際、私たち狂言方が現在、間狂言として能の一役を演じるにあたって、いつも心得ていなければならないことです。能は、シテ方だけでなく、ワキ方、囃子方、狂言方が協力して総合的に作り上げられていきます。けれども狂言方の芸質や曲に対する認識不足、無神経や不注意によって、台なしにしてしまう場合だってありえます。狂言の役者はもともと、「幽玄」を成就させるために切り捨てた諸要素「滑稽なもの、生々しいもの、生活感漂うもの、本能的なもの」を補うための役どころを演じる者です。喜怒哀楽をはっきりと表し、また、「人間の愚かしさ」を描く上で、どうしても見目によくない場面が多く出てくるのはやむをえないところです。大笑いしたり、大泣きしたり、叫び声や罵声を上げたり、様々な醜態を演じることもありましょう。本来なら相容れないはずのそれらを「幽玄」至上の「能」に違和感なく溶け込ませ、しかも狂言の特質を最大限に生かしながら、「能」に必要な部分をしっかりと補わなければならないのです。

一曲の大部分が「舞」と「謡」できっちりと構成され、またワキ方、囃子方との厳しい約束事で縛られている能は、どんなにはみだそうとしても、そこには自ずと限界がありましょう。それに比べて外部からの拘束力が格段に緩やかな狂言は、演者の好き勝手になる部分が多く、曲の趣向全体を勝手に変えてしまうこともあります。それは演者自身が見識を持たないかぎり、非常に崩れやすい、危険を伴った芸であるということです。

そんなとき、いき過ぎ、やり過ぎを留めるものが「型」なのです。どのような心理状態を描く場合でも、「型」で演じることによって、外側をくくり、能舞台にふさわしい品格を持たせようとするのです。その「型」を作るのが、世阿弥が能の演技の基本とした「舞歌二曲」、狂言にとっても能とは別の意識を持ちながら、それに等しい芸質、芸格を作る土台として、必要不可欠なものなのです。

「遊楽の道は、一切物まね也といへ共、申楽とは神楽なれば、舞歌二曲《ぶがにきょく》を以て本風と申すべし。」（『申楽談儀』）、

「さる程に、幼き芸には、物まねの品々をばさのみには訓《おし》べからず。只、舞歌二曲の風ばかりをたしなむべし。是、器《うつわもの》たるべし。其ゆへは、舞歌は遊芸の諸曲也。」（『遊楽習道風見』）、「抑《そもそも》、遊楽体と者《は》、舞歌なり。舞歌二曲の態《わざ》をなさざらん人体の種ならば、いかなる古人・名匠なりとも、遊楽の見風《けんぷう》あるべからず。」（『三道』）

「型」とは、「しぐさ」「動作」だけではなく、「科白」や「発声」をも言います。「立つ」「座る」「歩く」「笑う」「泣く」「怒る」「物を食べる」「酒を飲む」、そして、「滑ったり転んだり」あるいは「酔っ払って千鳥足でふらふら歩き、ごろりと寝ころがって眠り込んでしまう」、これも皆、「型」によって行われます。つまり私たちが毎日の生活のなかで無意識に行っている身体の動きとはまったく異なる次元のものであり、それらは「舞」と「謡」を基本として改めて構築し直し、長い長い時間を掛けて、これ以上はないというところまで煎じ詰め、磨き抜かれた究極の表現形態を理想としているのだということです。「謡」のなかには、発声、アクセント、リズム、能舞台の上で語られ謡

われるすべての基本要素が含まれ、一方、「舞」のなかには、「立つ」「座る」「歩く」に始まる、能舞台の上で行われる動作すべての基本要素が含まれています。狂言は能と違って多くの場合、囃子など実際に演奏される音楽の助けなしに演じますが、音楽性もやはり欠くことのできない重要な要素で、語りやしぐさのリズム、そして何よりも大事な「間《ま》」、それらと密接に結び付いています。

小舞《こまい》による訓練

能の舞の一部を素《す》の姿、つまり装束ではなく、紋付き袴姿で舞うものを「仕舞《しまい》」と言います。狂言では同じように舞うものを「小舞《こまい》」と言いますが、これは狂言の基礎技術習得のための練習曲でもあります。「小舞」の稽古は狂言の稽古に先立って行われます。私自身のことを申し上げれば、初稽古『盃《さかずき》』の後はやはり小舞の『土車《つちぐるま》』『雪山』『泰山府君《たいざんぷくん》』を半年程続けて繰り返し稽古し、それからようやく狂言『伊呂波《いろは》』に入りました。そのカリキュラムの第一歩として教えられる小舞『盃』を例に取って説明いたしましょう。詞章は次のとおりです。

「盃に向かえば、色もなお、赤くして、千歳《ちとせ》の命を延《の》ぶる酒ときくものを、きこし召せや、きこし召せ、寿命久しかるべし。」

時間にして一分少々の短い舞です。まず、本舞台中央の後方、「大小前《だいしょうまえ》（大鼓《おおつづみ》と小鼓《こつづみ》の前という意味）」と呼ばれる位置に背筋を伸ばして立ちます。そして右足を半歩引いて、そのまま真っすぐに身体を落とし、右膝を付きます。つまり片膝をついた蹲踞《そんきょ》の姿勢ですが、これが舞い出しの基本姿勢です。右手に持った扇を前に出し、それに左手を添え、体の真ん前で静かに開いて立ち上がります。「扇を開くこと」、そして「身体の中心線をぶらさず、真っすぐにすっくと美しく立ち上がること」、これが基礎訓練の第一歩です。何でもないことのように思われるかもしれませんが、日常の立ち居振る舞いとはまったく次元の異なるそれらを、いつ何時《なんどき》でも一分《いちぶ》の狂いもなく正確に行えるようになること、これが稽古です。さて、立ち上がった後、扇を用いた型を三つほどして、両手で虚空を二度扇《あお》ぎながら、「正先《しょうさき》」と呼ばれる舞台正面真ん中の先端まで出て留まり、そのまま今度は真っすぐに後ずさりして元の位置まで戻り、また扇を用いた「左右《さゆう》」という型をし、「納め扇」をして、舞い出した最初の片膝の姿になって終わります。

たったこれだけの動きの中に、実は狂言の基本中の基本となるべきものがぎっしりと詰め込まれています。「立つ」「座る」「扇の扱い」そして「舞台センターラインを真っすぐに正先まで出」、「後ずさりで真っすぐに元の位置まで戻る」。子どもが初めて舞台に立ったときの鮮烈な記憶とともに舞台のセンターラインを身体に叩き込ませる、身につけさせるのです。能舞台の大きさは三間四方《さんけんしほう》と決まっています。その舞台空間を五感すべてをフル稼働させ、身体の奥の奥まで染み込ませる。極端なことを言えば目を閉じていても自分がどの位置にいるかがわかるくらい正確に把握させること、それが目的です。そしてこの大小前と正先の往復の歩行は、「左足から歩き出して、いつも決まった歩数で正先へ行き、右足で踏み留め、右足から同じ歩数で下がって、大小前で左足で留める」、完全な表裏の型にしてあり、また歩行しながら虚空を二度扇ぐときの上げて下ろす手の型を二つと数えれば、四つの動作になります。その上半身四つの動作と、それとはまったく関係ない、序・破・急に速度の推移する約十二歩（人によって異なりますが）の歩みをする下半身の動きとを組み合わせている訓練、たいていは一緒になってしまうものを、別々に動作させることを可能にするという、重要な基礎訓練です。

正しい「立ち居」「歩行術」（これは狂言の演技術のすべてに関わり、たとえ滑ったり転んだりするときでさえもこの基本の上にある）、初歩的「扇扱い」（戸を開けたり閉めたり、鋸《のこぎり》を引いたり、盃や箸など様々な道具に見立てて使い分ける扇扱い）、「センターライン」の正確な把握（何もない舞台空間で、たとえば一本の畦《あぜ》を分けて広がる田圃《たんぼ》などを表現するときや、面を掛け狭い視野の中で動かなければならないときの舞台の使い方の基礎となる）、また「手」と「足」を連動させる動きと、別々に切り離して動作させる「手と足」の考え方（例えば、「三番三」の「鈴ノ段」で鈴を振る手と、それと異なる間で踏まれる足拍子などの技術に繋がる）、「序破急」の速度の変化の歩み（能や狂言の演技の流れは常にこの三つの基準で考えられる）などたくさんの課題が詰め込まれ、また「歩き出し」や「踏み留め」の左だの右だのという、足に課する厳しい規制、これは常に足への神経集中を持続させることで、ひいてはそれが緊張感のある、観客の見るに耐えうる、ほど良い形の足をつくり出す結果をも期待しての訓練にほかなりません。

これから狂言の道を歩もうとする幼い者たちが初めて稽古される小舞『盃』の中に、これほど多くの重要な要素が詰め込まれ、これを完璧に体得することが、演技者の訓練の第一歩となります。しかし、何のためにこれを稽古するのかということは一言も申しません。それは子どもだからというわけではありません。ただひたすら、繰り返し繰り返し稽古していくうちに、いつの間にか確固として身についている、そして生涯揺るがぬものとなっている、そのための長い長い平坦な無言の訓練法なのです。

古くから日本は「言挙げせざる国」でした。理由を問うことや説明をあえてしない。それは能・狂言の世界でも同じです。これこれこういう効果が期待できる、だからこうした訓練が必要なのだ、などとは決して申しません。これだけのカリキュラムを持ちながら、何も言わずただ黙々と、この一分半の小舞『盃』を何度も何度も師匠が良いと言うまで繰り返させるだけです。ただひたすらなされる訓練、繰り返し繰り返し行われる訓練、いつかその意味を自ずから感じ取り、どれほど大事なことかを見い出していくことができるか、もしできた時には大きく世界が広がって見えるでしょう。さらにこの理屈を立てぬ、行く先の見えない訓練の間に獲得する様々な精神的な副産物、この体験が一生の中に役立ってくるでしょう。能・狂言の演者にとって、この過程で獲得したものこそが、その人にとって生涯の信念となるだろうと私は考えます。

能の舞と狂言の舞の相違――基礎技術に関して

先ほど、能と狂言の基礎技術は共通すると申し上げましたが、ではまったく同じであるかというと、少し違いがあります。大蔵虎明は『わらんべ草』で、「能の仕舞は、詞を先か、後にして、文句にさはらず。狂言は詞にあててする此かはり也。」と言っており、私も父から、「能の舞は謡から遅れ、狂言の舞はその字に当てる」と教えられました。また世阿弥の『花鏡《かきょう》』の「先聞後見《せんもんごけん》（先に言葉を聞かせて後にその型を見せよ）」の章にも、この考え方が述べられております。

「一切の物まね風体は、云事《いいごと》の品によりての見聞《けんもん》也。是を、云事のすなはちにし、あまさへ、言葉より進みて風情の見ゆるゝ事あり。聞く所と見る所と、前後する也。まづ諸人の耳に聞く所を先立て、さて風情を少し後るゝやうにすれば、聞く心よりやがて見ゆるゝ所に移る堺にて、見聞成就する感あり。たとへば、泣くと云ふ事には、泣くと云言葉を人に聞かせて、その言葉より少し後るゝやうに、袖を顔にあつれば、風情にて止まる也。泣くと聞きも定めぬより、袖を顔にあつれば、言葉が後れて残るゆへに、言葉にて止まる也。さるほどに、風情が先に果てゝ、はぐるゝ気色あり。しかれば、風情にて止まるべきがゆへに、先づ聞かせて後に見せよと也。」

（「すべての猿楽物真似の風体は、謡曲の文句を、身振所作《しぐさ》でもって表現したものである。――即ち、型は謡の文句から生まれて来るものなのである。然るに、此の物真似の所作を、謡の文句と同時に演ずる事があり、甚しきに到っては、謡曲の文句よりも、所作の方が先行するというような事すらもある。これでは、見物が耳に聞く所の謡と、見る所の型とが、前後し逆に食いちがってしまう。それで、先ず見物の耳に訴える謡を聞かせて、所作をそれより僅かに遅らすように演ずれば、謡の意味を理解した心で型を見るようになり、その聞《もん》より見《けん》に移る微妙な瞬間に、物真似の美的完成が成就した感が生れる。一例をとって見れば、泣くという物真似をするには、先ず「泣く」という謡の文句を見物に聞かせて、その言葉より僅かに後れるように、袖を顔にあてて泣く所作をすると、その演出は、所作で終を結ぶのである。所が、見物が「泣く」という文句をまだ十分に聞きとらぬさきに、袖を顔にあてるようなことをすると、型が先行して言葉の方が後にのこることとなり、演出の終が謡で止まることとなる。そのために、所作の方が先きにすんでしまって、ちぐはぐな演出となってしまう。以上述べたような次第で、能の演出は所作で以て終を結ぶべきものであるから、「先ず謡曲の文句を聞かせて、後にその所作を見せる演出にせよ」というのである。」（能勢朝次著『世阿弥十六部集評釋』）

現在でも能の舞の稽古では「謡」の表現するものより、一字遅れでそこの舞の型をするという流儀が多いようです。しかし狂言の舞の稽古は「謡」の表現するものに、ピタリピタリと合わせて舞の型を当てはめていく、つまり多少「アテブリ的」な仕方になります。なぜなら、能はゆったりと謡を観客に聞き取らせてから所作をする余裕がありますが、狂言はほとんど科白によって行われて、展開が早いためです。

また能の舞は比較的舞台を丸く廻って、扇面型《せんめん》に使うことが多いのですが、これは舞台を巡ることで懐疑や追憶を表現しようとしていることとも繋がっておりましょう。センターラインが舞台把握という点で大切なことに変わりはありませんが、そのセンターラインを狂言ほど具体的に利用することはないと思います。

一方、狂言の舞は舞台の角々、特に前方の目付柱《めつけばしら》、脇柱《わきばしら》の角々できっちり方向転換するように訓練します。これは角々に悪しき物が宿るという古来の信仰から、それを祓う意味もあるようで、「三番三」の舞にも繋がっていきます。また先ほども申し上げましたが、狂言はセンターラインを非常に重視した舞をします。これは何もない能舞台上に様々な場面設定をするため、たとえばこのセンターラインを田の畦《あぜ》や川岸、連なっていく垣根などに見立て、その条件の上で様々な演技を成り立たせていくための技術の訓練という要素も加わっているのです。

能の謡と狂言の謡の相違――基礎技術に関して

さて「謡」についてですが、能の謡と狂言の謡の違いについて、私なりの認識を申し上げたいと思います。これはあくまでも私の教えられたことで、流儀や家々の主張の違い、あるいは細部での相違はあるかもしれません。

能の謡の基本的な考え方は、節を駆使して叙情性に結び付け、風景描写、心象の伝達に繋げていこうとするものです。謡の中にも世阿弥の言う「祝言《しゅうげん》の声」とか「望憶《ぼうおく》の声」など様々あって、一概には言えないかもしれませんが、一応こういう考え方が成り立つと思います。

一方、狂言の謡の基本的な考え方は、「謡」も「科白」の一種と捉え、「節」も「言葉」の抑揚の一部と考えるというものです。狂言謡の中には、当時流行した中世歌謡も多くあり、叙情性、風景描写、心象の伝達という意味がまったくないとは言えませんが、メロディーの面白さや雰囲気よりも、洒落た言葉を楽しく聞かせることの方を優先させていると言えるのです。この「科白」と「謡」の関係は、左に示したように、一方の極に「能のシテの科白と謡」を、一方の極に「狂言の科白と謡」を据え、その間に「ワキの科白と謡」、「アイの科白と謡」を置くという図を書いてみれば、その位置関係、程度の違いが容易に説明でき、わかりやすくなるでしょう。

また、狂言の発声訓練は「謡」によって行われますが、一字一字ハッキリと謡い、しっかりした「科白」の訓練に繋げていきます。しかし、舞台科白として口跡《こうせき》がハッキリしているのが良いからといっても、科白すべてがハッキ

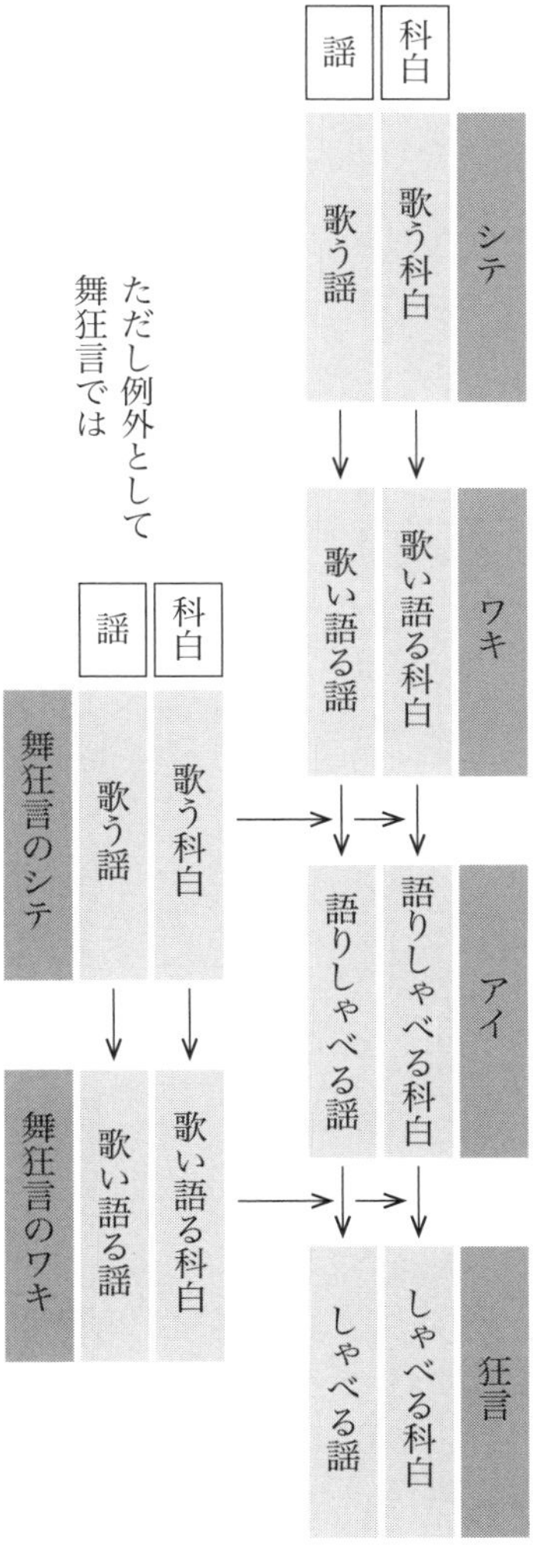

リと立てば良いというものではなく、なかにはハッキリ言ってはいけない、明晰さを犠牲にした抑えた発音を強いているものもあります。「タチツテト」「ラリルレロ」「バビブベボ」等がその類で、これらの音はハッキリ発音すると、卑しく下品になってしまうというのがその理由です。

ところで、狂言の演技のなかには驚いて「悲鳴」に近い声を上げたり、怒りの「罵声」を発しなければならない場面があります。しかし、どんなに極端な場合でも、狂言謡の音ぎりぎりのところに留めなくてはなりません。その範囲からはみでた声を出すことはありえないこととして厳しく戒め、どのような場合であっても、狂言謡の音階内という規制、つまり「型」の演技を強いております。それが狂言の演技の逸脱を封じ込めるための歯止めであり、そこで謡の稽古の成果が現れるわけです。

様式・型・類型

狂言の演技を抑制するものとして「型」について申し上げましたが、その「型」や「様式」の奥にあるものについて二つ大事なことを申し上げます。

一つは自己主張を否定する古い日本人の美意識があります。また、生まれ持ってきたものに価値を置きませんでした。美しく見える人たちも、「こんな醜い姿を世にさらして」という謙虚さを植え付けられていたのでしょう。能のなかに「恥ずかしや」という言葉が多く出て来るのもそんなことからと思います。初めからあるものではなく、努力して獲得したものこそが尊い、そんな思想が「型」や「様式」を成り立たせるのだと思います。

もう一つは、観客への配慮、礼節です。ある枠をきちんと決め、どんなことがあっても、そこからはみださない、そこから外れないとすることによって、見る側に安心して頂くことができます。何が起こるかわからない、不安にさせることを狙う演出や演技もあるでしょう。しかし、それは決して上等なこととは思いません。ある範囲をきっちりと定め、そのなかでどれだけ深く描くか、どれほどのものがお見せできるか、そのために外側をしっかりと括っているのが、「様式」であり「型」なのだとお考えください。だから無手勝流《むてかつりゅう》でなりふりかまわず表現するなどということはとんでもなくいけないことと考えます。

能・狂言の表現はパターン化されていて面白味に欠けるかもしれません。似ているものが多いのは確かですが、この「類型」「類似」による最大の利点は、安定感・安心感にほかなりません。たとえば三十一文字の短歌、十七文字の俳句も、韻という快いリズムはもちろんですが、決められた型式によってもたらされる安定と安心の効果が心の安らぎを引き出しているはずです。そしてこのわずかな文字が描き出す世界の広さ、心の深さは限りないものです。

「何でもあり」の現代、「事実は小説よりも奇なり」の譬《たと》えどおり、毎日のように驚くべき事件の起こる現代、観客は刺激的なもの、衝撃的なものにすっかり慣れ切ってしまっています。より強い刺激や衝撃を求め、「型破り」「八方破れ」に拍手喝采するのです。しかしかつての日本ではそれらはよくないことであると考えられていました。観客の心は常に身体の真ん中に、安心感・安堵感をもって落ち着いて存在していて頂かねばなりません。観客をいきなり「ハッ！」とさせたり「ドキッ！」とさせるような演技は、たいへん下品で失礼なことだと考え、戒められていたのです。

ある時話題になった新作狂言の作者が「大笑いした後で観客にぞっとしてもらいたい、怖がらせたい」と答えているインタビュー記事を読みました。その新作は、科学万能の世の中で自らの力を過信し、奢りに走る現代人への警告を意図して作られたということで、その気持ちはよくわかります。しかし、狂言は絶対に観客をぞっとさせたり、怖がらせてはいけません。

狂言全二百曲のうち、たった一曲の一カ所にだけ、観客を驚かせてもよい、とされている場面があります。それは『釣狐《つりぎつね》』で、猟師の伯父、伯蔵主《はくぞうす》に化けた老狐が、狐を釣るのを止めさせるため、びくびくしながら猟師の家に向かう途中、犬の遠吠えに肝を潰す場面です。「脅かし」の場面は狂言全二百曲のうち、たった一曲、しかもたった一カ所、それも秘曲中の秘曲、私たち狂言方が一大事の覚悟を持って舞台に臨む『釣狐』において許されている。それは狂言の小さな冒険心であるとともに、観客を驚かせ、脅えさせることがいかによくないことであるかを無言のうちに教え、多用乱用を厳しく戒めているにほかなりません。

純粋な感性、研ぎ澄まされた魂が一心に舞台に向かっている時、その繊細な感性をいたずらに迷走させ浪費させることを防ぎ、より良い状態で舞台に専心してもらいたい、相手つまり舞台側の出方に翻弄され振り回され「心ここにあらざる」状態にさせることを極力避けたいということです。感性を研ぎ澄まして見て頂く、そのためには、演じる側も受け取る側も安定した心の状態が不可欠なのです。「類型」という安定した形を通して、伝えたいものを少しずつ観客の心の中に溶かし込み、刻み付けていくという慎み深さ、これも能と狂言の共通した意識でしょう。

能・狂言の演技や表現は、現代の諸々の芸能のように、押し付けをしません。観客の内面に土足で踏み込んで行くことはありません。常に少な少なに演じて、多くの余白を残し、観客の心の中で大きく展開していってもらいたいのです。観客の主体性を重んじ、観客の想像力にお任せする、それぞれの感性や美意識、想像力や知性を尊ぶからこそ、能も狂言も謙虚な演技表現に踏み留まるのです。

「スリカワル」演技

誤解を招くような言い方かもしれませんが、能・狂言の演技と表現は、「スリカワル」演技であり、表現であると私は思います。それは実際に描こうとするものとはまったく掛け離れた別の力が働いて、最大の効果が偶発的、もしかしたら必然として現れることがあるかもしれません。あることを表現するためにそれと直接繋がる具象的なエネルギーを費やすのではなく、表現するものと関係なく、しかし、それと同量、否それ以上のエネルギーをまったく別のものとして自己の内面に燃やし尽くすことによって、思いも寄らぬ大きな世界を描くことができるということ、しかもそれは押し付けがましい演技とならず、限りなく格調高く、大きく深い表現が可能になると考えられるのです。

そう思うきっかけとなったのは、私がまだ小学生の頃、現在は杉並能楽堂、当時は山本舞台と称した我が家の舞台で、金春流《こんぱるりゅう》の桜間《さくらま》弓川《きゅうせん》師の『鉢木《はちのき》』を見たときでした。その頃父は私に見せておきたい舞台があると必ず、それがどのような物語であるかを事細かに語り、子どもでもできるだけ理解しやすく、鑑賞しやすいような配慮をした上で、「しっかり見ておくように」と厳しく言い付けたものです。その日も私を呼び、『鉢木』について細々説明した上で、「桜間先生は大々名人だから、何があっても目を凝らして、お行儀良くしっかり全部見るように」と命じました。

桜間弓川という方は、その当時には珍しい長身で、誠に失礼ながら「カナツボマナコ」の馬面、子どもの目に見えるその姿はどこか異様な感さえあります。その奇妙なお爺さんの舞台を約一時間四十五分、お行儀良くして見なければならないとは！　しかも『鉢木』は子どもが見るにはあまりに渋すぎます。

シテ・佐野源左衛門常世《つねよ》は領地を横領され、今は落ちぶれて妻と二人でひっそりと暮らしています。ある雪の日、行き暮れて一夜の宿を求める旅の僧を気の毒に思い、侘《わ》び住まいの身にできる精一杯のもてなしをしました。常世は、「今自分はこのように零落《れいらく》してしまっているけれど、鎌倉に変事があるときはいつでも馳《は》せ参じる用意があるのだ」と語ります。その僧とは実は、鎌倉幕府の執権・北条時頼で、故あって身をやつしての旅の途中だったのでした。時頼はその日の恩を忘れず、「いざ鎌倉」に駆けつけた常世に、元どおりの知行地《ちぎようち》を取り返してやるのです。

「鉢木」とは凍える旅人のために火にくべてしまった常世秘蔵の盆栽を指しています。あまりに貧しい暮らしゆえ、一度は宿を断ったものの、行く当てのない旅の僧の身を案じて、雪の原野を探しに行く場面、また雪の一夜の語らい、暖を取るために大切な盆栽を切る場面、武士の心意気を示すところ等々、父が話してくれたこの曲の見所を精一杯頭に刻みながら、じっと舞台に目を凝らしていました。

舞台に現れたお爺さんは、その風貌からは予想もできない、びっくりするほど柔らかく美しい声をしていました。そして何よりも驚いたのは、「旅の僧が求めた宿を断ってしまった。それを悔いて、今遠くへ去って行った僧を呼び戻すため、雪の原野を彷徨《ほうこう》してその僧を見つけ、呼び戻す」という場面です。そのとき、桜間師はつっと正先へ出て、瞬き一つせず、ジーッと正面から揚幕まで見廻し、ぐっと見込みました。ただそれだけで、何もない能舞台に、夕暮れ迫る広大な雪原の風景がパアーッと広がっていくのが見えるのです。しんしんと降り積もる雪の気配があたりに立ち込める。そして、遙か遠くに雪に難儀する僧の姿を、白一色の世界に黒い点のように浮かぶ小さな姿を見極めた、あ、あそこにいる、良かった、と。その時、桜間師は長袴《ながばかま》の裾《すそ》をサッとさばきました。袴の裾を後ろへ蹴る動作のことです。おかしなことです。実際のところ、雪の中を長袴の裾を引きずって歩くわけがありません。しかし、その瞬間、このわずかな動作で、夕闇迫る雪原で僧を探し出さねばならない常世の焦燥感、そして僧を見つけた安堵感、その心理の変化、一面の雪景色、小さな二人の男の姿、すべての情景が子どもの私にもまるで手に取るように、見事に現れて見えたのです。涙が流れて止まりません。能とはこういうものだ、と子どもの心にしっかりと刻みつけてくれた舞台でした。

広大な雪原を見渡している心は「虚」でしょう。そして夕闇迫る白一色の雪原にぽつりと浮かんだ旅僧の小さな黒い点のような姿を見極めたとき、心は「実」に変わったのだと思います。この「虚」から「実」への心の転換をリアリズム的演劇ではなく、まったく別の次元で、ただひたすら演じるとき、そこにリアリズム演劇の直接的具象的な演技では絶対に描くことのできない、見事な効果が生み出されるに違いありません。常世は、何キロもの道を当てもなく、こけつまろびつ探し歩いたはずです。それを三間四方の能舞台の真ん中を、舞台後方から正面へ数歩あるき、百二十度ほどの身体の回転を加えただけで、雪のなかで起こったすべてがすっかり見えてしまう。それはリアリズムの演技、さあ、ここで雪原を描いて見せますよ、遠くにいる僧との距離もお見せしますよ、では絶対にできえない演技です。その裏には、雪の原野の道なき道を何キロにもわたって探し歩く膨大なエネルギーと匹敵するほどの凄まじいエネルギーが、静かな能舞台上にある演技者の内面において燃焼していたのではないかと思うのです。直接的表現では決してできえないもの、これを私は「スリカワル」演技と考えます。演技者も具体的にそれを見せようとは思っていない。しかし内面で同じだけの量のエネルギーが燃焼されると、不思議にそれ以上の大きな効果が見えてくる。そしてこうした結果的な魔力のような芸を指向し理想としているのが、能や狂言の芸質であり、それをリアリズムとは正反対の直向《ひたむ》きな修行と力強い演技から導き出そうとしているのだと思います。

また、宝生流《ほうしょうりゅう》の高橋進師の『善知鳥《うとう》』、これは奥州外ノ浜で殺生を生業にしていた猟師が死後、地獄で殺生戒《せっしょうかい》に苦しむさまを描いた名曲ですが、猟師の亡霊が荒涼たる外ノ浜を彷徨《ほうこう》する場面があります。能の用語で「カケリ」と呼ばれる箇所ですが、三間四方の本舞台とそれから続く橋掛り、シテは一本の細い竹杖を握って、静かに、時には強く動き廻ります。するとこの能舞台全体がみるみるうちに荒涼たる外ノ浜となり、そこには殺生の思いだけを抱いて独り黙々と歩む、凄惨な猟師の亡霊の姿が見えてくるのです。しかし、それを見ているうちに私には、さらに何かもっと別の大きなものが感じられ、それが何なのか、考え始めておりました。それは鳥を追う猟師の執念の表現なのか、高橋進という一人の能楽師が生涯を賭けて追い求め続けた能への執念そのものなのか、いつも見馴れた能『善知鳥』の舞台、茫々《ぼうぼう》とした黒頭《くろがしら》の下の「痩男《やせおとこ》」の面、着流した花色の熨斗目《のしめ》、上に羽織った白の縒水衣《よりみずごろも》、そうしたそれぞれの面や装束が猟師を表し、杖は鳥を捕るための鋭く恐ろしい道具には見えているものの、そんなストーリーやテーマなどどうでもよくなってしまうような、それはたまたま『善知鳥』という曲であっただけで、それを超えた能そのもの、能の魂の真髄を見せてもらったような、とてつもなく凄い感動を覚えたのでした。

能の真の感動とは言葉に表すことの難しいものです。しかし、自分のちっぽけな存在を根底から揺さぶってくれるような、とてつもなく深く大きな世界を見たという強烈な思いは、どれだけの歳月を越えても薄らぐことなく、しっかりと心に刻み込まれるでしょう。子どもの頃見た数々の舞台の記憶は私にとってまさに掛け替えのない宝です。そのときはただ圧倒されているだけですが、ずっと後になっていろいろわかってきたとき、それらから学んだものがいかに大きかったか、どれほどの恩恵を受けていたことか、能とはこうしたものだということを無言のうちに教え、それは同時に狂言のあるべき姿を私に教えてくれていたのだと思っています。

II

狂言という心理劇

「一を聞いて十を知る」ということわざがあります。わずかなものを手掛かりに、想像の力を大きく膨らませ、その向こうに広がる無限の世界を観て取る、日本の古典文化とはそうしたものです。鑑賞者が自由に心を遊ばせることのできる空間、余白、空白、間《ま》、そこでは創る側と鑑賞者の魂の交歓がなされ、両者の共鳴によって限りなく広い大きな世界が現出するのです。

しかし、現代の文化は一様に創る側が鑑賞者に一方的に情報を送り、過剰な説明を施します。膨大な言葉や音楽、映像や情報をあふれさせ、わずかな余白や隙間さえ残さぬよう、執拗に埋め尽くそうとします。そこには鑑賞者が自分の想像力を働かせたり、遊ばせたりする余地はありません。こうした現代文化に否応もなく慣らされて、人間が本来持っているイマジネーションを駆使して遊ぶ豊かな感性の世界、この優れた能力を生かすことなく、与えられるものだけで満足して一生を終わってしまうとしたら、何と不幸なことではないでしょうか。

我が家の本拠地である杉並能楽堂では小学生のための狂言鑑賞教室を開催しています。きっかけになったのは一人の先生の熱心な働きかけでした。その当時、静岡県浜松市の小学校では、六年生の国語の教科書に狂言『附子《ぶす》』が載っていて勉強しているので、子どもたちに是非、本物の『附子』を見せてあげたいとおっしゃるのです。修学旅行で東京においでになるにあたって、前の年まで恒例だったディズニーランド見学を取りやめての狂言鑑賞ということで、その英断を下された先生方も私たちも少々緊張しての鑑賞会となりました。初めて足を踏み入れる能楽堂、初めて観る狂言『柿山伏《かきやまぶし》』と『附子』、様々な印象や感想を持って帰途についたお子さんたちは、思い思いに綴った率直で楽しい感想文を送ってくれました。その中で一人の男の子がこのように書いていました。

「修学旅行でぼくは能楽堂が一番心に残りました。ぼくはさいしょのかきやまぶしはなにかよく意味がわかりませんでした。でもだんだん分かってきてとてもおもしろかったです。二回目の附子は何回もべんきょうしたのでいみがわかりました。附子もおもしろかったけど、ぼくは自分で意味をりかいしたかきやまぶしがおもしろかったです。とくにいろいろなまねをするところが一番おもしろかったです。とても心に残りました。」

国語の教科書に載っている『附子』は、あらかじめ担任の先生のご指導で勉強しています。けれども、そうして準備万端整えて観た『附子』よりも、予備知識もなく、何だろう何だろうと思いながら観た『柿山伏』、一生懸命観ているうちに自分自身で理解し、何ものかを得た『柿山伏』の方が面白かったというのです。狂言を観るとはきっとこうしたことなのです。とはいうものの、能や狂言を初めて観て、面白いと感じる方よりも、そうでない方が多くて当然です。聞き馴れない言葉や謡の文句、意味のわからない様々な約束事、それらは多くの舞台を観てようやく納得できることもあるでしょう。浜松の小学生は自分で理解した『柿山伏』が面白かったと言いました。けれどそれはやはり学校で『附子』についていろいろ勉強した、その手掛かりがあったからだと思うのです。現在では六年生の教科書には『柿山伏』が掲載されています。熱心な先生方のご要望で修学旅行の子どもたち、また杉並区内の小学校の子どもたちの狂言鑑賞教室はずっと続いています。

こんな例を申し上げましょう。日本人は松茸が大好き、秋風が吹き始めるとあちらこちらで松茸狩りが始まります。観光ブームの昨今、観光業者たちは大事なお客様のために、あらかじめ松茸を集め、それを所定の山のここかしこ、ちょっと探せばすぐ目につくような場所に植えておきます。山に入った観光客は難なくそれらを見つけ、「松茸があった！」と大喜びで狩っていくわけです。それで結構、それでも楽しいという人もいるかもしれません。けれど、こんな安易な偽の松茸狩りごっこでほんとうに満足するものなのでしょうか。

ほんとうの松茸狩りは狩る人の経験や技術を必要とします。松茸本体は地上にまったく姿を見せておりません。そこでまず環境の見極めから始まり、後は勘を頼りにわずかな香りと落ち松葉の微妙な変化、地表の色斑《いろむら》によってその在りかを探していくのです。しかも手当たり次第に掘り返すなんて無謀な作業は愚の骨頂、静かに山を歩きながらピタリと当てる。ですからそれを見つけたときの喜びは格別です。この醍醐味を味わうには己の勘を磨くと同時に多くの学習と経験を積まなければなりません。たどり着くのはやさしくないが、獲得したときには何ものにも換えられない喜びがあります。

狂言の真意を探り当てるのもこの「松茸狩り」に似たところがあるように思うのです。古典の世界にはいつでも尽きることのない新しい発見があります。狂言という古典にはご覧になる方それぞれの心のままに見出す何ものかが必ずあります。しかし、それらはうわの空でいては決して手にすることはできないでしょう。

前著『狂言のすすめ』で私は狂言を「心理劇」と申しました。狂言は説明せず、多くを語らず、ぎりぎりまで切り詰め煎じ詰められた言葉やしぐさに深い意味を込めて演じます。「言霊《ことだま》」は言葉だけではなく、しぐさの中にも込められています。ひとつひとつの型、しぐさを心を込めて演じるとき、それはただの動作ではなく、心に響き訴えかけるものが生まれてくるのです。ご覧になる方一人一人がご自分の人生経験や人生観によってそこに様々な意味を見出すでしょう。同じ『柿山伏』でもきっと、大人と小学生ではそこにそれぞれの『柿山伏』をご覧になるはずです。

狂言は、こういう気持ちが背景にあってこのような行動を取った、というような心の動きを説明せず、わずかなしぐさや科白で表します。大事な言葉は一度きりしか発せられません。しかし、大事な言葉は必ずより丁寧に語られているはずです。さりげない動きかもしれません。しかし、大事なしぐさは必ずきっちりと演じられているはずです。小さな科白やしぐさの中に、何かあれっ？と感じるものがあったら、その正体を突き詰めてください。目を凝らしてしっかり見つめ、耳を澄ましてしっかりと聞き取り、狂言の言霊を受け取って頂きたいと願っています。

1　附子《ぶす》・棒縛《ぼうしばり》・樋《ひ》の酒《さけ》

様々な主従の形、そして日常の摩擦と葛藤

狂言の中でいちばんよく知られている曲は『附子』でしょう。わかりやすい筋立てや狂言特有の擬音等、見て聞いて楽しい表現が様々あり、小・中・高校生対象の狂言鑑賞教室では必ず上演される人気曲です。お話はごくシンプルです。昔はたいへんな貴重品であった砂糖（当時は液状の黒砂糖）を手に入れ、密かに楽しんでいた主人、自分の留守中、二人の召し使い、太郎冠者《たろうかじゃ》・次郎冠者《じろうかじゃ》に食べられてはたいへんです。そこでそれを毒だと偽り、決して近づくなと固く言い付けて出掛けますが、怪しんだ二人はその正体を見破り、大喜びですっかり食べつくしてしまいます。

この『附子』とよく似た設定の曲に、『棒縛』、そして『樋の酒』があります。どちらも、主人は自分の留守中、いつも酒を盗み飲みする太郎冠者、次郎冠者が絶対に酒を飲めないよう策略を企てるが、二人は協力して主人の裏をかき、まんまと酒を飲んでしまうというお話です。太郎冠者、次郎冠者、主人という三人の登場人物、話の展開もたいへん似ているので、類曲として十把一絡《じっぱひとから》げに扱われてしまいますが、似ていると言ってもこれらにはそれぞれ独自の人間模様があります。葛藤の生まれる条件はそれぞれ固有であり、だからこそ三つの曲が存在するのです。

まず『棒縛』ですが、これは実は太郎冠者と次郎冠者の心の奥にある葛藤が発端となっています。用があって出掛ける主人は、留守のときにいつも、太郎冠者、次郎冠者が二人で酒を盗み飲みするので、今日は二人とも縛り上げて

酒を飲めなくしてしまおうと思い立ちます。そこでまず太郎冠者を呼び出します。

主《しゅう》「汝《なんじ》を呼び出だすは別なることでもない。ちと思う子細《しさい》があるによって、次郎冠者をいましめておけ。」

太郎冠者「ハッ、お咎《とが》のほどは存じませぬが、これは何とぞ御免なされて下されい。」

主「イヤイヤ、少しのうちじゃによって苦しゅうない。さりながらあの次郎冠者は日頃心得た者じゃによって、『参るぞ、かかるぞ』ではいましめられまいが、何としてよかろうぞ。」

太郎冠者「まことに何と致いてようござりましょう。イヤそれそれ、よいことがござる。きゃつはこの間《あいだ》、棒を稽古致しまする。なかにも夜の棒と申して、秘蔵《ひそう》の棒がござるによって、これを御所望なされ、使うところを、こなたと私と致いて、棒縛りに致しましょうが、何とござろうぞ。」

次郎冠者は武術の心得があり、眼から鼻に抜けるというのでしょうか、隙のない男だから、簡単には縛り上げることはできない。そう言って主人は太郎冠者を抱き込むわけです。実は太郎冠者は自分の方が先輩なのに、次郎冠者の方が優れ者だと日頃密かなコンプレックスを抱いていたのでした。しかし、主人のこの一言で、主人は自分を頼りにしてくれて、目障りな次郎冠者を戒める相談を持ちかけてくれた、やはり自分が第一の家来なんだとの思いを強くしました。ですから形式的には一応断ってみたものの、その後すぐに後輩を売ってしまいます。次郎冠者が棒術を稽古していることは実は主人には内緒だったのですが、太郎冠者は自分だけが知っている次郎冠者の弱点をやすやすと主人に教えてしまいます。そして主人の命令に従って次郎冠者を呼び出します。

棒縛　主人と太郎冠者によって棒に縛り付けられる次郎冠者。

主　「汝を呼び出だすは別なることでもない。聞けば汝はこの間、棒を稽古するとな。一《ひと》手《て》二《ふた》手《て》使うて見せい。」

次郎冠者「イヤ、私はさようのことは致しませぬ。」

主　「な、隠しそ、太郎冠者が告げた。」

次郎冠者「ヤアヤア、和御料《わごりよ》、申し上げたか。」

太郎冠者「なかなか申し上げたほどに使うてお目にかけさしめ。」

次郎冠者「申し上げたことでござらば、使うてお目にかけましょう。」

ここでほんのわずかなことですが、ご注目頂きたいのは、太郎冠者は初め、見所《けんしょ》（観客席）から見て舞台の左、つまり下手側、主人に呼び出された召し使いが出て来て受け答えするときの定位置にいます。しかし、次郎冠者が呼び出されると、太郎冠者はすっと舞台右、上手側の主人の方へ明らかに立ち位置を移しました。呼び出されて主人から用を言い付けられる時、主従は舞台の両端に

棒縛　油断した太郎冠者も、たちまち主人に後ろ手に縛り上げられる。

対峙するのが、その関係の象徴的表現です。ですから常は下手側に二人で並んでいるはずが、この『棒縛』に限って太郎冠者は一人ですっと主人の側に寄ります。このさりげないたったひとつの動きで狂言は、次郎冠者を裏切って主人側についた太郎冠者の心理を描きます。これは台本を読んだだけでは決して見えてこないことで、演じる役者の伝承なのです。

次郎冠者の得意技、「夜の棒」とは、棒を背中で真横にし、両手を水平に伸ばして棒の両端を持ち、右から来る敵、左から来る敵に同時に応戦できる構えのこと。次郎冠者がこの術を披露して得意満面になっているとき、主人と太郎冠者は左右から忍び寄って、まんまと次郎冠者の手首を棒の両端に縛り付けてしまいました。しかし、それだけでは済みません。主人の寄せる信頼に満足し安心し隙だらけの太郎冠者を、主人はいとも容易《たやす》く縛り上げてしまいます。

二人を縛って安心した主人は留守を言い付けて出掛けて行きます。後に残された二人、同じ境遇になってしま

棒縛　太郎冠者の機転でやっと酒を飲むことができた次郎冠者。

うと、先ほど陥れた者、陥れられた者もそのことはきれいさっぱり忘れてしまい、なぜ縛られたのだろう、きっと主人の留守中にいつも酒を盗み飲みするのがいけないのだろうと話し合います。しかし、飲めないとなるとなおさら飲みたくなるもの、二人は不自由な姿勢で何としても酒を飲もうと一致団結し、見事な連携プレーの上、まんまと酒を飲むことに成功するのです。

二人が協力し合って酒を飲む場面が面白く人気のこの曲は、大きな意味で捉えれば、人間は皆、束縛の中で生きているが、知恵を働かせ、力を合わせ、懸命に努力すれば、それを克服し、望みを成し遂げることができる、それをこんな形で描いているのではないかということも考えられます。

しかし、これらが起こったその発端には、後輩であるのに自分よりも優れ者である次郎冠者に密かにコンプレックスを抱いていた太郎冠者、その屈折を巧みに利用した主人、それぞれの思惑が渦巻いていたわけです。そして二人の酒盛りの最中に主人が帰宅し、咎められると、太郎冠者は「次郎冠者の仕業」に、次郎冠者は「太郎冠者のせい」にして罪をなすり合うのです。

さて、『樋の酒』でも主人は自分の留守中、太郎冠者と次郎冠者が酒を盗み飲みすることを苦々しく思っています。ところがどうしたわけか、主人の知っている情報は、次郎冠者は酒が飲めないのに酒飲みの太郎冠者が次郎冠者に無理やり酒を飲ませているということでした。このあたりが主人と使用人たちの間のコミュニケーション不足と申しましょうか、毎日一緒にいてよく理解し合っていてもよさそうなのに、実は全然わかっていなかった、ということです。

さて業を煮やした主人ですが、家を空にするわけにはいかないので留守はしてもらわなければなりません。そこで今日は出掛ける前に二人とも蔵の中に閉じ込めてしまおうと思います。酒飲みの太郎冠者は「軽物蔵《かるものぐら》」に、下戸《げこ》の次郎冠者は「酒蔵」に。「軽物蔵」とは絹織物をしまっておく蔵のことです。狂言の主人は皆貧乏だと思っている方もおられるかもしれませんが、こうした蔵持ちも少なくありません。酒蔵と軽物蔵があるのなら、おそらく米蔵や味噌蔵もあったりするのでしょうが、狂言はそういうところはすべて省略して、今この話に必要な物しか出しません。ですからこの曲では酒蔵と軽物蔵、二つの蔵だけが登場するわけです。登場するといっても狂言は舞台装置を使いませんので、どちらも蔵が「在るつもり」、舞台のセンターラインの左右に並んで建っている蔵とお考えください。主人はまず太郎冠者を呼び出します。

主　　　「念無う早かった。ちと軽物蔵に用のことがあるによって、蔵の戸を開けてくれい。」
太郎冠者「畏《かしこ》まってござる。」
主　　　「早う開けい。」
太郎冠者「心得ました。クワラ、クワラ、クワラ、クワラ。」

これで蔵の戸が開きます。

主　　「エイエイ、ヤットナ。」

主人は太郎冠者を蔵の中に突き飛ばします。

太郎冠者「イヤ、申し、何となされまする。」

主　　「思う子細があるによって、はいっていよ。クワラ、クワラ、クワラ、クワラ、パッタリ。」

これで戸を閉められ、太郎冠者は蔵の中に閉じ込められてしまいました。次に呼び出された次郎冠者も同様に酒蔵に閉じ込められてしまいます。主人は二人に向かって、「これから自分は山一つ向こうへ用事があって出掛けるが、留守中いつも、酒の飲めない次郎冠者に太郎冠者が飲ませるので、今日はこうして閉じ込めたのだ」と自分のしたことの意図を宣言して出掛けます。軽物蔵は地謡座《じうたいざ》側（舞台の上手側）、酒蔵は脇正面側（舞台の下手側）、二人はそれぞれ別の蔵の中に閉じ込められているので、お互いの姿は見えません。

ほんとうにシンプルな表現です。何事も説明過多の現代にあっては、困惑される方もおいでになるでしょう。しかし、舞台装置など使わなくても、これで必要なことはすべて、しかも無駄なく、観客の皆様に伝達できるはずです。舞台を挟んで初めて出会う演者と観客が、こうした表現の意図や意味を納得し合い、その場で直ちに約束事として成立させることができるという、ある意味で狂言はたいへんに高度な知的遊戯と言ってもいいのかもしれません。

樋の酒　軒垂れの樋を次郎冠者のいる酒蔵に差し渡す太郎冠者。

さて、主人が知らないだけで実は次郎冠者も太郎冠者に負けず劣らずの大酒飲みだったのでした。酒蔵に入れられた次郎冠者は暗く冷たく孤独な環境で己を紛らわすため、これ幸いと酒壺の蓋を取って、酒を飲み始めます。

太郎冠者「イヤ、隣の蔵で次郎冠者の声が致す。まず言葉を掛けてみょう。イヤ、のうのう、それに居るは次郎冠者ではないか。」

太郎冠者は蔵の高窓（もちろんこれも、「在るつもり」）に向かって声を掛けます。

次郎冠者「そう言うは太郎冠者か。」
太郎冠者「和御料《わごりょ》も蔵へ入れられたの。」
次郎冠者「イヤ、みどもは下戸じゃと言うて酒蔵へ入れられた。」
太郎冠者「何、下戸じゃ。」
次郎冠者「なかなか。」

樋の酒　樋に酒を注ぐ次郎冠者と、それを受ける太郎冠者。

太郎冠者「これはいかなこと、そなたのような者を下戸にして酒蔵を預くることは、みどもは嫌でおりゃる。」

次郎冠者「某《それがし》が酒を飲むことを頼《たの》うだ人は御存じないと見えた。さらば給《た》びょう。」

「頼うだ人」とは主人のこと、酒を飲むことを「給べる」と言います。次郎冠者が酒蔵に閉じ込められていることを知って、太郎冠者は自分にも飲ませろと言いますが、なにしろ二人は別々の蔵に閉じ込められていますのでどうしようもありません。ところが、軒にかける樋《とい》を見つけた太郎冠者は名案を思い付きます。両方の蔵の高窓に樋を渡し、隣りの酒蔵から酒を流してもらうという方法で、この作戦は見事に成功しました。

『樋の酒』の「樋」というのはこの「樋《とい》」のことです、不自由な中でもありったけの知恵を使って努力すれば、望みを叶えることができるということでしょうか。しかし、そもそも主人が次郎冠者を酒蔵に閉じ込めなければ

樋の酒　狭い酒蔵の中で謡い舞う次郎冠者と、それを軽物蔵で聞く太郎冠者。

こんなことにはならなかったわけです。大酒飲みを下戸だと思い込んでしまっている、その思い違いはこの場合は他愛もないことですが、まったく正反対の情報であり、場合によってはたいへんな問題を引き起こすことにもなりかねません。始終顔を突き合わせていても、いかに人間は互いを理解していないか、とりわけ主従間、使う者と使われる者の間のコミュニケーションは、おおよそこのように不確実なもので、正しい情報が不足しがちだということを暗に示しているのではないかと思います。

このように『棒縛』も『樋の酒』も確かに似た曲ですが、その発端にはそれぞれ異なる状況のもとでの登場人物の微妙な心理が働いているわけです。

さて、『附子』ですが、これは主人と太郎冠者・次郎冠者、主従間の信頼関係が損なわれたこと、それが発端となります。ここでは二人は酒を盗み飲みするような困った召し使いではありません。やはり用があって出掛けることになった主人は、二人を呼び出し、留守を言い付けます。

主　「汝らを呼び出だすは別なることでもない。某《それがし》は所用あって山一つあなたへ行くほどに、よう留守をせい。」
太郎冠者「畏《かしこ》まってはござりまするが、いつも両人の内、一人はお供に参りまするによって、今日も一人は、ナア、」
太郎冠者・次郎冠者「お供に参りましょう。」
主　「イヤイヤ、いつもは連るれども、今日は思う子細あって連れぬ。まずそれに待て。」
太郎冠者・次郎冠者「畏まってござる。」

いつもなら二人のうちどちらかが供をするのに、主人は今日は一人で出掛けると言う。しかもその理由を教えてくれない。太郎冠者、次郎冠者の心の中に主人への小さな不信感が芽生えます。いったいどこへ行くのだろう。狂言ではそういったことは明らかにしません。借金の取り立てか、あるいは申し込みにでも行くのか、あるいは女性のところにこっそりと通うのか、ともかくも主人はいつも連れて行く供を今日はいらないと言った。行き先を自分たちに知らせたくないということです。それが二人の中にわだかまりとなって残ってしまった。それは主人が出掛けた後の二人の会話にも表れています。

太郎冠者「さていつも両人のうち、一人はお供に連れさせらるるが、きょうは何として、連れさせられぬことじゃ知らぬ。」
次郎冠者「まことに何として、お供はいらぬことじゃ知らぬ。」

しかし、そうした二人の気持ちがわからない主人は、また別のことを言い付けます。

主　　　「ヤイヤイ、これは附子というものじゃ。これを預くるほどに、よう留守をせい。」
太郎冠者「それならば両人とも、」
太郎冠者・次郎冠者　「お供に参りましょう。」
主　　　「それはなぜに。」
太郎冠者「ハテ、あれがお留守を致さば、ほかにお留守は、ナア、」
太郎冠者・次郎冠者　「いりますまい。」
主　　　「イヤイヤ、留守ではない。これは附子というて、あの方の吹く風に当ってさえ、そのまま滅却《めつきやく》するほどの大毒な物じゃ。そばへ寄らぬように、よう留守をせい。」
太郎冠者「その儀でござらば畏《かしこ》まってござる。」
次郎冠者「イヤ申し、ちと申し上げたいことがござる。」
主　　　「それはいかようなことじゃ。」
次郎冠者「あの方の吹く風に当ってさえ滅却致すほどの物を、こなたには何としてもて扱わせらるるぞ。」
主　　　「これはもっともじゃ。さりながら、これは主《しゆう》を思う物で、その主《ぬし》が取り扱えば苦しゅうなし、また余の者がもて扱えば、そのまま滅却するほどに、必ずそばへ寄らぬようにせい。」

この短いやりとりの中に、太郎冠者、次郎冠者、二人の性格が透けて見えます。狂言は登場人物の個性や性格をいちいち説明しませんが、わずかな科白でそれぞれの人物の性格がさりげなく描写されます。「留守」と「附子」を引っかけて洒落を言う太郎冠者はお調子者、それに対して、なぜそんなに恐ろしいものを主人が扱えるのかと鋭い質問を発する次郎冠者は、慎重で物事を丁寧に一生懸命考えるたちでしょう。それは両者の性格の違いでもあり、また考え方によっては一人の人間の内面にある二つの面とも解せると思います。

さて、主人が出掛けた後、「附子」をどうするか、二人は話し合います。

太郎冠者「最前和御料《わごりよ》のおしゃるとおり、あの方の吹く風に当ってさえ滅却するほどの物を、頼うだお方には何としてもて扱わせらるることじゃ知らぬ。」
次郎冠者「おしゃるとおり、合点《がてん》の行かぬことじゃ。」
太郎冠者「みどもが思うは、あの附子をそと見《み》ょうと思うが、何とあろうぞ。」
次郎冠者「ここな者は。あの方の吹く風に当ってさえ滅却するほどの物を、何と見らるるものか。」
太郎冠者「イヤ、それはよい仕様がある。」
次郎冠者「何とするぞ。」
太郎冠者「あの方の吹く風を受けぬように、こちからあおいで行ては、何とあろうぞ。」
次郎冠者「これは一段とよかろう。」
太郎冠者「まず、こちへおりゃれ。」
次郎冠者「心得た。」
太郎冠者「このあたりからあおいで参ろう。」
次郎冠者「それがよかろう。」
太郎冠者「あおげ、あおげ。」

附子　猛毒の風を扇ぎ返しながら、附子に近づく太郎冠者と次郎冠者。

次郎冠者「あおぐ、あおぐ。」
太郎冠者「あおげ、あおげ。」
次郎冠者「あおぐ、あおぐ。」
太郎冠者「のうのう、今紐《ひも》を解くほどに、精を出いて
　　あおいでおくりゃれ。」
次郎冠者「心得た、心得た。」
太郎冠者「あおげ、あおげ。」
次郎冠者「あおぐ、あおぐ。」
太郎冠者「ソリャ、紐を解いたは、解いたは。」
次郎冠者「何と、解いたか、解いたか。」
太郎冠者「まんまと解いた。今度は蓋《ふた》を取ろう。」
次郎冠者「それがよかろう。」
太郎冠者「あおげ、あおげ。」
次郎冠者「あおぐ、あおぐ。」
太郎冠者「あおげ、あおげ。」
次郎冠者「あおぐ、あおぐ。」
太郎冠者「のうのう、今蓋を取るほどに、精を出いて
　　あおいでくれさしめ。」

次郎冠者「心得た、心得た。」
太郎冠者「あおげ、あおげ。」
次郎冠者「あおぐ、あおぐ。」
太郎冠者「あおげ、あおげ。」
次郎冠者「あおぐ、あおぐ。」
太郎冠者「ソリャ、蓋を取ったは、取ったは。」
次郎冠者「何と、取ったか、取ったか。」
太郎冠者「まず、落ち付いた。」
次郎冠者「落ち付いたとは。」
太郎冠者「生き物ならば取って出《じょ》うが、生き物ではないと見えた。」
次郎冠者「が、だますかもしれぬ。」
太郎冠者「まことに、だますかもしれぬ。こわものながら、見届けて参ろう。」
次郎冠者「それがよかろう。」

『附子』の中でもいちばん有名な場面でしょう。「附子」という毒のはいっている器、そちらの方から吹く風に当たっただけでも死んでしまうという猛毒。二人は風が来ないよう必死に扇《あお》ぎながら、果敢に「附子」に近づいて行きます。この時にも無鉄砲な太郎冠者、慎重派の次郎冠者、二人の性格が表れています。目の前の「附子」は主人を思う物、その上、主人と他の者を見分けることができるというのなら、それはきっと生き物なのだろうと信じていたところ、蓋を開けても飛び出して来ません。太郎冠者はそれは生き物でないと思います。しかし、思慮深い次郎冠者は、もしかしたら自分たちを騙して隠れ潜んでいるのかもしれないと考えます。それで「附子」の正体を見届けようと無鉄砲な太郎冠者は器の中を覗き見ます。すると中に入っていたのは黒くてどんみり（どろり）として、うまそうな物でした。怖いもの知らずの太郎冠者はさらに危険に挑みます。

太郎冠者「さて、みどもはあの附子を食うてみょうと思うが、何とあろうぞ。」
次郎冠者「さてさて和御料はむさとした。最前《さいぜん》も言うとおり、あの方の吹く風に当ってさえ滅却するほどの毒な物を、見るさえあるに、何と食うことがなるものか。」
太郎冠者「イヤイヤ、某は、あの附子に領《りよう》ぜられたかして、しきりに食いとうなった。行て食うて参ろう。」
次郎冠者「イヤイヤ、やることは成らぬ。」
太郎冠者「そこを放せ。」
次郎冠者「放すことは成らぬ。」
太郎冠者「放せというに。」
次郎冠者「成らぬというに。」

必死になって袖にすがり、止めようとする次郎冠者。しかし、太郎冠者は次郎冠者の制止を振り切って「附子」に近寄り、おそるおそる掬《すく》い取って一口食べてみると、何とそれは黒砂糖だったのです。しかし、ここでもお調子者の太郎冠者はたいそうに振る舞います。

附子　附子を食べ「死ぬ死ぬ」と騒ぐ太郎冠者と、助けに駆け寄る次郎冠者。

太郎冠者「アアーッ、死ぬるは、死ぬるは。」

太郎冠者の一大事、真面目な次郎冠者は我をも毒をも忘れ、駆け寄ります。

次郎冠者「さればこそ。イヤのうのう、何とした、何とした。気をはっきと持たしめ。」

「気を確かに、しっかりしろ」と太郎冠者の肩に手を掛けます。すると、太郎冠者は言います。

太郎冠者「うもうて死ぬる。」

「うまくて死にそうだ」とおどけ、これは砂糖だと告げるのです。二人は先を争って食べ始めました。

太郎冠者「さてもさても、これはうまいことじゃ。」
次郎冠者「おとがいが落つるような。」

附子　あまりの美味しさに、附子を食べつくしてしまう太郎冠者と次郎冠者。

太郎冠者「頼うだお方は、和御料や某に食わすまいとおぼしめして、附子じゃの毒じゃのと仰せられた。」
次郎冠者「あまっさえ、滅却するなどと仰せられた。」
太郎冠者「憎さも憎し、ただ食え、ただ食え。」
次郎冠者「ただ食え、ただ食え。」

もしも、主人が嘘をつかなかったら、どんなにおいしい物でも、二人はちょっと味見するくらいでやめたでしょう。主人が大事にしている黒砂糖をすべて食べ尽くすようなことはなかったでしょう。主人が自分たちを置いて行き先も用件も告げず一人で出掛けてしまった、そのわだかまり、不信感がこの嘘を知ったときピークに達し、常日頃の信頼関係が瞬く間に崩れてしまったのです。確かにおいしい物ではあるけれど、この食べ方は少々やけ気味です。こちらは主人を信頼しているのに主人の側はそうではなかった、その悔しさが二人をますます過激な行動に走らせて行きます。

『附子』は実に他愛のない狂言だと思われているでしょう。その中にこんなにも大きな心の揺れ動きが描かれていることを感じ取って頂くことは難しいかもしれません。それほどの心理をこの程度の表現に留めていることに不審を抱く方も多いと思いますし、拡大解釈とおっしゃる方もおいででしょう。しかし、この『附子』には能・狂言の表現としてはかなり思い切った演出が出て参ります。極端で刺激的な表現に慣れ切っている現代人にはそれほど強い意図のある演技にはとても思えないかもしれませんが。

太郎冠者「よいことを召されたの。」
次郎冠者「よいことをしたとは。」
太郎冠者「頼うだお方の大切な附子を皆食うということがあるものか。お帰りなされたならば、まっすぐに申し上ぐるぞ。」
次郎冠者「これはいかなこと。あの附子を見初めたも食い初めたも皆、和御料じゃ。某こそお帰りなされたならば、まっすぐに申し上ぐるぞ。」
太郎冠者「これは戯《ざ》れこと。あのお掛け物を引き裂かしめ。」
次郎冠者「あれを引き裂けば申しわけになるか。」
太郎冠者「オオ、なるともなるとも。」
次郎冠者「それならば引き裂こう。サラリサラリ、パッタリ。」
太郎冠者「よいことを召されたの。」
次郎冠者「よいことをしたとは。」

太郎冠者「あの附子を見初めたも食い初めたも皆、某にさしめ、そもやそも、頼うだ人の大切のお掛け物を引き裂くということがあるものか。頼うだ人の帰らせられたならば、この由、まっすぐに申し上ぐるぞ。」
次郎冠者「これはいかなこと。あれもそなたが引き裂けと言うたによって引き裂いた。某こそまっすぐに申し上ぐるぞ。」
太郎冠者「これも戯れこと。あの台天目《だいてんもく》を打ち割らしめ。」
次郎冠者「某はもはやいやじゃ。」
太郎冠者「さてさて気の弱いことを言う者じゃ。それならばともどもに割ろう。」
次郎冠者「それならば割ろう。」
太郎冠者「これへ寄らしめ。」
次郎冠者「心得た。」
太郎冠者・次郎冠者　「エイエイ、ヤットナ。」
太郎冠者「グワラリ、」
次郎冠者「チーン。」

調子のいい太郎冠者にたびたびからかわれて慌てる次郎冠者、しかし頭の回転の速い太郎冠者は絶好の言い訳、万全の申し開きを用意していたのです。しかもそれは自分たちに嘘をついた主人への仕返しとも言える行動です。「台天目」とは台のついた天目茶碗、茶の湯で使うたいへんに高価な茶碗、太郎冠者と次郎冠者は主人秘蔵の天目茶碗を割り、掛け軸を破いてしまいました。「サラリサラリ、パッタリ」は掛け軸が破れる音、「グワラリ」「チーン」は茶碗の割れる音。実際に物を壊さないで、このような表現を用いて物が壊れるところを表現するのが狂言です。実際に壊してしまえば簡単ですが、物が壊れるのは、しかも大事な物が壊れるのは、心ある方々にはたいへん嫌な感じ、不快な思いのするものです。ですから実際には壊さずにそれを表す。しかも擬音を用いて明るくカラッと描く、その上「グワラリ」「チーン」、「サラリサラリ、パッタリ」、大きな声と大きな動作で演じる時に使うエネルギーの大きさは、物を壊すときの一種の爽快感とストレス発散という、人間が潜在的に持っている、悪しきものを虚の中で燃焼させ昇華させてしまうという実際の効果も計算されていると考えられます。

さて主人の秘蔵の品々を壊してしまった二人、砂糖を食べ尽くすよりもこちらの方がたいへんな出来事でしょう。しかし、太郎冠者はそれを言い訳に使おうと言うのです。留守の間、眠ってはならないと思って、眠くならないよう相撲を取っていたところ、力余って誤って、ご主人様の大切な掛け軸を破き、天目茶碗を割ってしまった。こんなたいへんなことを仕出かして、もはや生きていられないと、「附子」を食べて死のうと思った。これが太郎冠者の思いついた言い訳でした。わずかなものを惜しんで大きな損をしてしまった主人、信頼関係を裏切られ憤懣《ふんまん》やる方なく、仕返しに悪戯する太郎冠者と次郎冠者、子ども向きの狂言のように扱われている『附子』ですが、その裏にはこんな主従の葛藤があるわけです。子どもが見れば子どもなりの楽しさがあり、大人が見れば大人社会の複雑な人間模様を見て取ることができる、これも狂言の奥行き、懐の深さなのです。

2 粟田口《あわたぐち》 確信を持てぬ不安の行き着く果て

「粟田口」とは本来、京都市東山区東山三条から蹴上《けあげ》のあたりを指す地名で、刀鍛冶《かたなかじ》が多く住み、名刀の産地だったところから、その地に産する刀を指すようになりました。ここでは刀のブランド品名とお考え頂けばいいでしょう。

天下泰平の世、大名たちの間では「お道具比べ」、つまり自分の所有する品々の自慢大会が盛んです。さて今度は「粟田口比べ」があるという。自分の所有物の中には「粟田口」はないと太郎冠者から聞いた大名は、早速都へ買いに行かせます。ところが太郎冠者が求めてきたのは、道具ではなく一人の男、我こそは「粟田口」だと名乗る奇妙な男でした。「粟田口」が人であると聞いた大名は驚いて、早速、伯父から貰った「粟田口」についての書き付けを取り出し、その男の申し立てとつき比べてみます。

ここのところが面白おかしくできていて、ちょっとゆかいな洒落が並べられていますので、この曲は無知でお人よしで間抜けな大名が言葉遊びの末、悪賢い都の男にまんまと騙され、大金や太刀・刀まで取られてしまうという他愛のない話のように思われがちです。しかし私はこの曲の真意はそんなに単純なものではなく、これもやはり非常に緻密に作られ、しかも十分に余白を残した、第一級の心理劇だと思っております。

この曲の焦点は、主人公の大名が「粟田口」が刀であることをまったく知らなかったのかどうかというところにあります。「粟田口」が人間であるなんて、どう考えてもおかしなことです。いかに無知でお人よしでも、それを何も疑わず、まんまと騙されてしまうことがあるでしょうか。あるいは半信半疑、最後まで疑いながらも、ついうっかり丸め込まれてしまったのか、または、刀であることをおおよそ知っていたけれど、もうひとつ確信がなく、自信が持てないでいるうちに、一枚も二枚も上手の相手にしてやられてしまったのか、ここのところをしっかりと把握することが、この曲の真意を正しく捉えるための重要なポイントとなってきます。

狂言はなかなかそのようにじっくりとは見てもらえませんが、実は観客を相手に真剣に或るテーマを提示し、演者と観客との勝負を願っていると言ってもいいかもしれません。

狂言のすべての曲にはそれ独自のテーマがあります。そしてまた、類型的に考えられてしまうすべての役、大名も太郎冠者も僧も山伏もそれぞれに固有の性格や背景を負っています。しかし、それをいちいち説明的に演ずるのは、非常に押し付けがましく、また繁雑になって、およそ能・狂言の表現など成り立ちません。まずは礼節をもって舞台を安定させ、その上でじっくり観て頂く、そのための最良の形が「類型」なのです。しかし、それらは決して「いつも同じ」ではない。少しの差異にいち早く気づき、その違いから生じるものが問題を提起しているのだということを、狂言から何かを観て取ろうと思ってくださる賢明な観客の皆様ならきっとわかってくださるでしょう。

それでは『粟田口』の大名の性格、また背景とはどのようなものでしょうか。狂言の大名は戦国時代や江戸時代の大名とは大分違ったもので、地方の荘園領主くらいの地位、財力を持った武士と考えて頂ければいいでしょう。しかし、同じ大名でも勢力や経済状態はそれぞれに異なります。大名は演じ方として何よりも格が重んじられる役で、その人間の実態がどうであるかにかかわらず、また勢力の差はあれ、ある特定の土地や人や富を支配する権力者としての重み、堂々としてあたりに威圧感を与えるような雰囲気を持って登場しなければなりません。もっとも場合によっては、世の道理も知らず、実態のない権威に溺れる愚か者の象徴として捉えられることもあります。この権威の空虚さの表し方としては、偉そうにみえる大名が実のところは貧乏である、というのが非常にわかりやすい構図なのですが、どの曲でも大名が貧乏というわけではありません。

たとえば『文相撲《ふずもう》』の大名は確かに貧乏です。この曲では、大名は召し使うものが太郎冠者一人しかいないので、新しく人を雇いたいと思い、太郎冠者に相談します。たくさんの使用人を抱えたいが、それでは経済的に成り立っていかないと太郎冠者に諭されて、一人だけ雇うことにします。

しかし『粟田口』の大名は裕福です。仲間内の「お道具比べ」にいつも率先して参加し、後の太郎冠者の科白でわかりますが、これまで一度も負けたことはありません。今回の「粟田口比べ」も、それが家にないとなれば、わざわざ都へ赴いて、「紙に包んでも万疋《まんびき》は出る《ず》」、つまりたいへん高価なそれを買い求めてくるようにと命ずるのです。お金ならある、という人が次に欲しいもの、経済状態の整い、余裕綽々《よゆうしやくしやく》とした人が次に欲しいものは、一つには名誉、そしてもう一つは文化ではないでしょうか。「お道具比べ」というのはいかにも見栄っ張りなお金持ちの道楽のように思われますが、彼らにとってそれは、私たち庶民が考えるよりもずっと重要な意味を持ったもの、実は喉から手が出るほど欲しい、名誉と文化を賭けた競争なのかもしれません。

太郎冠者「さてもさても、こちの頼うだ人のように、物を急に仰せ付けらるるお方はござらぬ。さりながら、何時《なんどき》物を仰せ付けらるるとあっても、ただいまのごとく、わっさりわっさりと仰せ付けらるるによって、御奉公が致しよいことでござる。まず急いで参ろう。

イヤまことに、ただいままでのお道具比べに、何を一色《ひといろ》負けさせられたことはござらぬに、今度の粟田口一色に負けさせられては、某までも残念にござる。随分走り廻って、よい粟田口を求めて参ろうと存ずる。」

主人というのはたいてい我が儘《まま》なもので、使用人にとっては面倒で気骨《きぼね》の折れる相手です。この大名もご多分に漏れず、思い付くと太郎冠者の都合など考えもせずにやっかいな仕事を言い付けます。しかし、「わっさりわっさりと仰せ付けらるるによって、御奉公が致しよい」と太郎冠者は言っています。「わっさり」というのは、「ほがらかな」とか「屈託のない」という意味で、とてもおおらかで気っ風のいい人だということです。それに大名は多くの使用人の中でこの太郎冠者が最も気に入っているのでしょう。その件に関しては後述に廻すとして、太郎冠者も大名を慕っており、単に仕事だからというよりも、主人の名誉のために何としても「お道具比べ」に勝たせてあげたい、そのために一肌も二肌も脱ぎたいと願っているわけです。狂言では舞台進行の過程で前述の科白のようにさらりと口にされる何げない言葉が、登場人物の性格を伝えたり、トラブルの背景を暗示したりするものとして、非常に大切であることをご承知おきください。

都へ到着した太郎冠者は、「しまった」と思います。「粟田口」とはいったい何のことなのか、どこで売っているのか、聞いてくるのを忘れたのです。今更尋ねに戻るわけにもいかず、しかたなしに都大路を「粟田口買おう、粟田口買いす」、つまり「粟田口を買いましょう」と大声で呼び歩きます。それを見つけたのが、「このあたりを走り廻る心も直《す》ぐにない者」、つまり繁華街をうろつき回る、すばしこくて頭の回転の速い得体の知れない男です。いかにも都会の匂いを漂わせ、軽くて調子がよく、あか抜けて如才《じょさい》ない、けれどどことなく信用できない男です。生き馬の目を抜くような都を日々渡って生きているこの男にしてみれば、素朴が着物を着ているような田舎者の太郎冠者を騙すなど、赤子の手を捻るよりも簡単なこと、この男は「粟田口とは自分たちのことを言うのだ」と名乗りました。驚きながらも太郎冠者は男の言葉をすっかり信じてしまいます。とは言っても、これは単に太郎冠者の人を疑うことを知らない純真さのなせるわざばかりでもありません。次にこんな言葉が用意されています。

太郎冠者「私は田舎者でござるが、頼うだ者の都へ上って粟田口を求めてこいと申し付けましたによって、それを求めたさに呼ばわって歩きまする。」
粟田口「ウーン、して、その粟田口を知ってお尋にゃるか。ただし知らいでのことか。」
太郎冠者「これは都人《みやこびと》のお言葉とも覚えませぬ。存じておればつっかけて参れども、存ぜぬによって、かように呼ばわって歩きまする。」

初めから太郎冠者には都会や都会人に対する憧れがありました。多くの人が自分の生まれ育った場所から一生離れることができなかった時代、とりわけ田舎に住む人々にとって都とはどんな場所だったでしょう。都の人々は見目麗しく賢く千里眼のように他人の心のなかを見通し、最新流行の品々があふれるほどに取り並べられ、望むものは魔法のように目の前に現れる、そんな夢の楽園のような幻想があったかもしれません。ですから、絶妙なタイミングで現れた「粟田口」を少しも怪しまず、この幸運こそがまさに都なのだと思わずにはいられなかったのかもしれません。都とはそうした不思議な魅力に満ちた場所なのだと。

「紙に包んでも万疋は出る」とは大名が聞き込んだ値段の情報です。もったいぶって桐箱に納めず、紙に包んで取引するような品でも、の意でしょう。それを太郎冠者は現金を剥き出しにせず、紙に包んでお礼としてとでも思ったのでしょう。言われたとおり大金を払って「粟田口」を手に入れ、太郎冠者は意気揚々と男を連れて大名の元に帰ります。

待ち兼ねていた大名は「粟田口」が人であると聞いて驚きます。いくら何でも「お道具比べ」のお道具が人であるなんておかしい。何ゆえ人を「粟田口」というかと尋ねると、太郎冠者は男から聞いたとおり、大名に伝えます。

太郎冠者「都の東に粟田口と申す在所《ざいしょ》がござる。その氏《うじ》生まれの者は皆、粟田口でござるが、このたびお大名衆に粟田口比べがござって、ことごとく買い取らせられてござる。なかにも私の求めて参りました粟田口は、寸ころもよし、都の重宝《ちょうほう》にとあって残し置かれましたを、才覚をもって求めて参りました。」
大　名「それは出かいた。してどこもとにおいた。」
太郎冠者「いまだ御門外に待たせておきました。」
大　名「何、門外においた。」
太郎冠者「さようでござる。」
大　名「ヤイ。」
太郎冠者「ハッ。」
大　名「総じて初めからあることは後々までもあるというによって、きゃつが聞くように過《か》を言おう。」
太郎冠者「ようござりましょう。」
大　名「汝はあまたに答えい。」
太郎冠者「畏まってござる。」
大　名「ヤイヤイ、太郎冠者、あるかやい。」
太郎冠者「ハアーッ。」
大　名「いるか。」
太郎冠者「ハアーッ。」
大　名「床几《しょうぎ》、持てこい。」

太郎冠者「畏まってござる。」
大　名「床几、床几。」
太郎冠者「ハアー。ハッ、お床几でござる。」
大　名「太郎冠者、これへ出い。」
太郎冠者「心得ました。」
大　名「何と今のを聞こうか。」
太郎冠者「おびただしいお声でござりましたによって、さだめて承りましょう。」
大　名「聞こうなあ。」
太郎冠者「さようでござる。」

大名は太郎冠者に「出かいた」とは言っていますが、心底、でかした、よくやったと思っているわけではない、「粟田口」が人間であるとは信じていないのです。冒頭に挙げた、大名は「粟田口」が刀であることをどの程度知っていたかという問題ですが、ここで結論を先に申し上げてしまえば、私はこの大名は八〇パーセントくらいの確率で「粟田口」の正体を知っていたと思います。

大名は、都から連れて来た「粟田口」と名乗る男に、まずは「過を言う」、つまり大袈裟な言いようでこの大名がいかにも「大大名」であることを印象づけようと太郎冠者と申し合わせます。新しく雇い入れた者に対して、初めが肝心と大名と太郎冠者が示し合わせて「過を言う」場面は他の大名狂言にもあり、類型と片付けられてしまいそうですが、これもやはりその曲ごとに設定と理由が異なります。

たとえば『文相撲《ふずもう》』の大名の場合、貧乏で使用人は太郎冠者一人しかいません。しかし、新参者に見くびられてはならないので、いかにも多くの使用人を抱え豪勢な生活をしているように見栄を張って「過を言う」わけです。しかし、『粟田口』の場合はそうではありません。この怪しげな男に対しプレッシャーを与えようということなのです。つまり、「おまえがのこのこやって来たこのお屋敷は、とんでもないたいへんな所なんだぞ。騙すからにはそれだけの覚悟があるんだろうな」という脅し、相手に対してさりげなく威圧感を与えるために用意されているのです。

話が少し横道にそれてしまい恐縮ですが、新参者が大名の屋敷にやって来るという種の大名狂言では、この後「目《め》遣《づか》い」といって、大名が視線をあちこちに動かすと、新参者がその視線の行く先々へすばやく移動する場面があります。大名があっちを向いたらあっちへ、こっちを向いたらこっちへ、つまり大名の目に留めてもらえるように、視線の先々をすすっ、すすっと機敏に動き回る型ですが、この「目遣い」も曲によってそれぞれ意味が異なります。たとえば、『今参《いままいり》』では新参者は、是非ともここで雇ってもらいたいと思っていますから、大名の気に入るよう、必死になってその視線の先へ先へと走ります。ただひたすら無我夢中で、大名の目遣いに応じます。

ところが、『文相撲』では、新参者は「弓、鞠《まり》、包丁、碁《ご》、双六《すごろく》、馬の伏せ起こし」それに「相撲」までできる万能の才人です。自分に自信がありますから、大名より二枚も三枚も上手の余裕たっぷりのなかで、大名の目遣いに応じているというやり方をします。まったく同じパターンに見えても狂言は一曲一曲違っているという見本でしょう。

さて大名は、ここに「粟田口」について書いた物があるからこれと引き合わせたいと言います。そして太郎冠者にそれを持ってこさせ、読み始めますが、いきなりつっかえてしまいます。「粟田口の××」おそらく「粟田口の書」と書いてあるらしいのですが、その××が読めない。というのは、それが「真《しん》」、つまり「漢字」で書いてあるからなのです。漢字で書いてあるから読めないと言うと、この大名は漢字も読めないほど学がない、だからばかばかしい

粟田口　太郎冠者に、粟田口の書き付け（説明書）を持ってこさせる大名。

嘘に他愛もなく騙されてしまうのだろうと思われるかもしれません。しかし、この「漢字で書いてあるから読めない」という科白は大名の頭脳や教養の程度を示すものではなく、後の「粟田口」の正体を明らかにする場面で、なぜそんな嘘が見抜けなかったかという理由の伏線になっているのです。つまり、これから大名が読む事柄はすべて「かな文字」で書いてあるという設定です。かな文字で書いてあるがために判断の決め手にならない、「刃」と「歯」、「銘」と「姪」、大名がこの男が「粟田口」ではないという決定的な証拠を掴めなかったということの周到な用意なのです。次をご覧ください。

大　名「何々、『粟田口の書のこと。とうりん・とうまとて二流れあるべし』。きゃつはいずれの流れじゃ、問うてこい。」

太郎冠者「畏まってござる。（粟田口のところへ行き）イヤのうのう、とうりん・とうまとて二流れあるが、そなたはいずれの流れじゃと仰せらるる。」
栗田口「とうまが流れじゃと仰せられい。」
太郎冠者「心得た。（大名のところへ行き）とうまが流れじゃと申しまする。」
大　名「ハハア、『とうりんは庶子《しょし》、とうまは総領《そうりょう》たるべし』。きゃつは総領筋じゃなあ。」
太郎冠者「さようでござる。」
大　名「『粟田口は身《み》の古き物なり』。身が古いか問うてこい。」
太郎冠者「畏まってござる。（粟田口のところへ行き）のうのう、和御料は身が古いかと仰せらるる。」
粟田口「生まれてこのかた湯風呂をつかいませぬによって随分古い、と仰せられい。」
太郎冠者「心得た。（大名のところへ行き）生まれてこのかた湯風呂をつかいませぬによって随分古い、と申しまする。」
大　名「すれば古いはずじゃ。さりながら側近う使うには、ちとむさいなあ。」
太郎冠者「いずれ、きれいにはござりませぬ。」
大　名「何々、『粟田口ははばきもと黒かるべし』。はばきもとが黒いか問うてこい。」
太郎冠者「畏まってござる。（粟田口のところへ行き）和御料ははばきもとが黒いかと仰せらるる。」
粟田口「常に黒いはばきを致いておりまするによって随分黒い、と仰せられい。」
太郎冠者「心得た。（大名のところへ行き）常に黒いはばきを致いておりまするによって随分黒い、と申しまする。」
大　名「これも黒いはずじゃ。『粟田口ははの強き物なり』。はが強いか問うてこい。」
太郎冠者「畏まってござる。（粟田口のところへ行き）のうのう、和御料ははが強いかと仰せらるる。」

栗田口「ただいま御前《ごぜん》で、岩巌石《いわがんぜき》なりとも噛み砕いてお目にかきょう、と仰せられい。」
太郎冠者「アノ、そなたが。」
栗田口「なかなか。」
太郎冠者「さてさて強い歯を持った人じゃ。（大名のところへ行き）ただいま御前で岩巌石なりとも噛み砕いてお目にかきょう、と申しまする。」
大　名「アノ、きゃつが。」
太郎冠者「さようでござる。」
大　名「さてさて強い歯を持ったやつじゃなあ。」
太郎冠者「さようでござる。」
大　名「『粟田口はめいあるべし。めいなくはにせものたるべし』。イヤ、これが一肝要《いちかんよう》じゃ。早う問うてこい。」
太郎冠者「畏まってござる。（粟田口のところへ行き）イヤのうのう、和御料はめいがあるかと仰せらるる。」
栗田口「上京と下京に姉と妹を持ってござるが、これにおなごの子が一人ずつござる。こればし姪でござろうか、と仰せられい。」
太郎冠者「これは姪でありそうなものじゃ。（大名のところへ行き）上京と下京に姉と妹を持ってござるが、これにおなごの子が一人ずつござる。こればし姪でござろうか、と申しまする。」
大　名「姪とも姪とも。ハハア、『もろめいは上作《じょうさく》たるべし』。すればきゃつは上作物じゃなあ。」
「とうりん（藤林）」「とうま（藤右馬）」というのは刀鍛冶の流儀ですが、この男は「とうま」の流れだと言います。

「とうま」は総領、つまり長男、最も正統派の流れですので、大名は喜びます。刀なのに総領筋とか庶子、つまり長男とか嫡子以外の子などというのもおかしなことで人間臭い話でしょう。

その次、「粟田口は身の古きものなり」。「身」とは「刀身」のことですが、男は「生まれてこの方お湯の風呂にはいったことがないので、たいへん古い」と答えます。その次、「はばきもと黒かるべし」。「はばきもと」とは、刀の鍔《つば》の少し先のところですが、人間のすねに付けるものも「はばき」と言い、男はそのすねに黒い脚絆《きゃはん》を履いているので、「はばきもとは黒い」と答えます。ここでも刀と人間とを分けることはできません。

その次、「はの強きものなり」。「は」とはもちろん「刃」のことですが、男は「岩石をも噛み砕けるほどに強い『歯』を持っている」と答えます。

その次、「めいあるべし」。「めい」とは刀の作者が己の名を記す「銘」のことですが、男は、「上京と下京に姉と妹がいて、それぞれ女の子がいるから、それが姪だろう」と答えます。「もろめいは上作たるべし」。「諸銘」つまり正、副、二人の作者の「銘」が一緒に入ったものであれば上等の作だということですが、二人の「姪」がいて「諸姪」なので上作だということになります。

音が同じで意味の異なる言葉、日本語にはこの同音異義語がたいへん多く、うっかり間違えることも少なくありません。どなたもパソコンやスマホで経験済みでしょう。印刷物を読んでいて、音は確かに合っているけれど文字が違っている妙な単語を見つけると、ああこれは「変換」で間違えたんだなと思わずニヤリとします。失敗だけではありません。同音異義語を自在に使いこなした懸詞《かけことば》によって、和歌は思いもよらぬほど深く重層的かつ幻想的な世界を表現してきました。また私も好きな駄洒落《だじゃれ》にとってはなくてはならないものです。

それはさておき、この書き物には「粟田口」の特徴がかな文字で書かれているため、大名は「粟田口」と名乗る男がほんとうに「粟田口」であるかどうか、決定的な証拠を掴むことができませんでした。そして、なぜ「粟田口」がそのように重宝がられているのかと尋ねてみると、太郎冠者は先ほど男に聞いたとおりに答えます。

太郎冠者「まずただいまは、天下治まりめでたい御代《みよ》でござれば、さようのことはござらねども、もし人の、おかたらい勢などにおいでなさるる時分、千騎万騎召しつれさせらりょうより、あの粟田口一人、お馬の先に立てば、いかなる満々たる敵も、夏の蚊や蝿を大団扇《うちわ》で追うごとく、または雪霜に水をかくるがごとく、片はしよりめっきめっきと滅却致し、その上いかなる悪魔・魔縁《まえん》までも引き退くによっての、御重宝じゃと申しましてござる。」

大名は「粟田口とは刀である」とほぼわかっていた。しかし、決定的にそうだという自信がない。だから書き物によって判定しようとしたのですが、読んでみれば男のいうとおり「粟田口」が人間かもしれないとも思える。この男が「粟田口ではない」と断定できる否定的な材料が一つも見つからなかったわけです。その上、男は何事にも自信をもって理路整然と答えてきます。

もし、この狂言が言葉遊びを狙って作られたものなら、これで十分のはずなのです。これで大名がうまく丸め込まれ、終わりにしていいはずなのです。しかし、『粟田口』はまだ続きます。ここから先の展開はいったい何のためでしょうか。大名はまだ疑っています。どうしても納得いかない、怪しいと思っている。それで、山ひとつ向こうに本物の「粟田口」を持っている人がいるから、そこへ連れて行って引き合わせてみたいが、行ってくれるかと尋ねるのです。つまりこれは首実検、決着をつけようということです。

粟田口　首実検に行くため、粟田口に供を言いつける大名。

大名はここで太郎冠者に太刀を持ってこさせます。そして「疲れただろうから、下がって休むように」と労《ねぎら》って下がらせます。先ほど申し上げたとおり、ここで大名はお気に入りの太郎冠者を庇《かば》って解放します。ただ単に本物の「粟田口」と引き合わせるために連れて行くなら、太刀を携行する必要はありません。狂言の大名は普通、太刀を持ちません。特別に必要な場面のある曲に限り用意しますが、その場合は供の者に持たせるのが仕来《しきた》りです。太刀を持って供をする者がいないため、太刀持ちをする者を無理やり調達しようとして一騒動起こすという曲（『二人大名《ふたりだいみょう》』『昆布売《こぶうり》』）さえあるほどで、大名が自ら太刀を持つということは余程のこと、異例のことなのです。本来なら供をするはずの太郎冠者を下がらせ、自ら太刀を携行するには訳があります。大名の心のうちには並々ならぬ決意があった。それは前述の「過を言う」ことからつながって、首実検の結果、もしこの男が「粟田口」ではない、嘘とわかった瞬間、その場で男を叩き斬ってしまおうという決意の表れにほかなりません。大名は、男がしたたか者で太郎冠者の手に負えるような相手ではないことを察知しています。騙されてしまったのも無理からぬこと、「いて休め」という言葉には、「おまえは十分勤めた。これから先は主人の俺に任せろ」という気持ちが込められています。大名はこれから先は自分一人で決着をつけるつもりです。これは金銭の問題ではない、名誉の問題、自分のような人に知られた大名がどこの馬の骨ともわからぬ男に騙されて笑い者にされるなど、とうてい許せることではありません。

大名は太郎冠者から太刀を受け取り、「粟田口」をぐっと見込むと、静かに、しかし力強く、「粟田口、お立ちゃれ」と言い、厳かに道中を始めます。我が家に伝わる口伝《くでん》ではここのところで様々な心得があります。一般的に言えば、「緊迫感の中で、しっかり過ぎるほどしっかり演じろ」というもので、それは白黒を付けた時点でこの男を斬り捨てる決断を伏線に敷く、気迫の表れです。

さて、大名は歩きながら男に尋ねます。

大　名　「さて、粟田口というはそなたの名か。」
粟田口　「粟田口は在名でござる。」
大　名　「して、名は何というぞ。」
粟田口　「とうまが流れでござるによって、名を藤右馬《とうま》の允《じょう》と申しまする。」
大　名　「ウーン、すれば粟田口と呼うでも藤右馬の允と呼うでも、答《こた》ようじゃまで。」
粟田口　「なかなか答えまする。」
大名　「答えまする、答えまする。（高らかに笑って）さてもさても粟田口と申すものは、ものをはっしはっしと申して面白いものでござる。路次《ろし》すがら名を呼うで参ろうと存ずる。」

先ほど、太郎冠者には都会や都会人に対する憧れがあって、それが都の男に他愛もなく騙されてしまう原因の一つとなっていると申し上げましたが、この都会への憧憬の強さは大名にとっても同じことです。否、それは太郎冠者よりいっそう根強く、また屈折して心の奥深くに潜んでいるでしょう。裕福で何一つ不自由ない生活、金に糸目をつけず欲しいものなら何でも買い集められる身分なのに、この田舎大名がどうしても手に入れることのできないもの、それは都会の匂いなのです。

都会とは狭い場所に大勢の人間がひしめきあって生活している所、また競争も激しい。そんなところで軋轢《あつれき》を生じさせず周囲とうまく折り合い、そうかといってそれに埋没してしまうことのない自分独自の人生を生きるために、人々は自然とそれに応じた様々な知恵や技術を身につけていくようになります。それには良い面もあれば悪い面もある。しかし、どちらにしてもそれは都会人ならではのものです。都会人ならではの特徴、たとえば、打てば響くような頭の回転の良さ、スピーディーなリズム感、気の利いたものの言い回し、田舎の大名にとってはそれらは非常に新鮮で刺激的です。蛇足ですが、近頃の研究で、都会にいるカラスは田舎に住むカラスの数倍賢く、スピーディーで寿命も長いという結果が出たそうです。それはさておき、

大　名　「イヤのうのう、粟田口。」
粟田口　「ハアーッ。」
大　名　「路次すがら和御料の名を呼うで行こうほどに、答えさしめや。」

栗田口　「畏まってござる。」
大　名　「栗田口、おりゃれ。」
栗田口　「参りまする。」
大　名　「藤右馬の允はわするか。」
栗田口　「これに候。」
大　名　「栗田口。」
栗田口　「これに候。」
大　名　「栗田口。」
栗田口　「お前に。」
大　名　「藤右馬の允。」
栗田口　「これに候。」

大名はこうして幾度も幾度も繰り返し、男の名を呼びます。リズムやスピードを変えて呼び掛ける大名、それに合わせて緩急自在に応じる男、ぴたりぴたりと合わせ、切り返す見事さ、こんなに面白く楽しいことはありません。大名は次第に夢中になっていきます。

大　名　「さてもさても面白いことでござる。とてものことに、身を軽うして呼ぼうと存ずる。のうのう、栗田口。」
栗田口　「ハアーッ。」

粟田口　粟田口との対話が面白く、興に乗る大名。

大　名　「とてものことに、身を軽うして呼びたいほどに、この太刀・刀を持っておくりゃれ。」
粟田口　「畏まってござる。」
大　名　「さてこれからは某が呼ぶようにお答《こた》やれや。」
粟田口　「心得ました。」

何も名前を呼ぶのに身を軽くする必要なんてないと思われるでしょう。しかしこれは、大名がこの見知らぬ怪しげな男に気を許していく過程を表す、狂言独特の手法、演出なのです。なぜなら、太刀・刀は武器、この危険極まりないものをどこの誰ともわからぬ男にぽんと渡してしまう。気を許した、ということをあれこれ言葉を尽くして説明せず、たった一つ、この行為で象徴する、これが狂言です。

すっかり興に乗った大名は浮かれて呼び掛けます。

大　名　（謡い節で）「粟田、粟田口。」
粟田口　（謡い節で）「お前に候。」

大　名　（謡い節で）「藤右馬の允。」
粟田口　（謡い節で）「これに候。」

こうして大名の遊びにうまく調子を合わせていた「粟田口」は、頃合いを見計らい、預かった太刀・刀を持って消えます。そうとは知らぬ大名は謡い、呼び続けます。返事がないことに気付いた大名が振り返る、しかしそこに「粟田口」の姿はありません。大名は愕然《がくぜん》とし、往来の人々に尋ねます。

大　名　「イヤこれこれ、それへ粟田口は鞘走《さやばし》らぬか。ジャア。イヤのうのう、それへ藤右馬の允は錆《さ》び付かぬか。ジャア。」

大名は懸命に探しますが、「粟田口」は影も形もない。大名はついに悟るのです。

大　名　「粟田口、粟田口、往来《ゆきき》の人に藤右馬（問《と》う間《ま》）の允、太刀も刀も吸われたり。よくよく物を案ずるに、今のやつは都のたらしめにてありけるぞや。南無三宝《なむさんぼう》、しないたるなりかな。」（ここでしばしの沈黙があって）「イエッ、今の粟田口、どれへ行く、捕らえてくれい。やるまいぞ、やるまいぞ、やるまいぞ、やるまいぞ。」

ここで大名は、「粟田口がそこへ逃げ込まなかったか」とは言わずに、「鞘走らぬか」と聞きます。また、「藤右馬の允がそこへ隠れてはいないか」とは言わずに、「錆び付かぬか」と尋ねるのです。「鞘走る」「錆び付く」、共に刀の縁語です。これは大名の精一杯の配慮なのです。大名には「粟田口は刀である」ことがほとんどわかっていたということの証でしょう。

ここは天下の往来、一般の人たちが行き来しているところです。「粟田口が逃げて行かなかったか」などとは言えるわけがない。そう言いたいのは山々ですが、我慢して「鞘走らぬか」「錆び付かぬか」と聞いている。この曲が単なる言葉遊びと思う方々は、これを秀句《しゅうく》、つまり洒落《しゃれ》だと受け取ってしまうかもしれませんが、大金を積んだ男に大事な太刀・刀、そして名誉・面子《めんつ》まで持ち逃げされてしまった、こんな非常事態にどんな呑気者でも洒落など言っている場合ではありません。「粟田口が逃げていかなかったか」と言ったら、世間の笑い者になるということを知っていて言った「鞘走らぬか」「錆び付かぬか」なのです。衆人環視の真っ只中で何とか恥をかかずにあの男の行く方を探したい、捕まえたいという精一杯の言葉にほかなりません。

大名は「粟田口」が刀であること、したがってこの都の男が嘘をついていることがほとんどわかっていました。しかし、その決着をつけにいくはずだった道中で、そんなことはどうでもよくなってしまうほど大きな収穫、すばらしい夢に出会ったのです。つまり都の香りという媚薬に酔ったのです。「憧れの都」を田舎へ運んで来た男、自分を楽しませてくれた機知、才気、お洒落で新鮮で刺激的な面白さ、この男がどのような素性の者であっても、自分の家来でいてくれたら嬉しく楽しいじゃないか、面白いじゃないか、大名はすっかりこの男を雇う気になっていたのです。

しかし、大名の期待は見事に裏切られました。「しないたるなりかな」とは、「しそこなったようだなあ」という意味で、自分の失敗を力なく自嘲するときに使われる言葉です。憔悴した大名は肩を落とし、静かに帰ろうとします。私の家の演じ方は、失意の大名が少しの間、俯き加減で数歩、または十数歩歩きます。短いシィーンとした静寂の時間が流れるところですが、突然、大名はパッと顔を上げ、怒りを露わにし、「イエッ、今の粟田口、どれへ行く、捕らえてくれい。やるまいぞ、やるまいぞ」と言って追い込みます。もうそこには「鞘走らぬか」「錆び付かぬか」の配慮はありません。なりふり構わず追い掛けるのです。これは大名の強さ、誇りを示すもの、騙されたといって自分の人生にどれほどのことか、全面的に負けたわけではないという表現です。

狂言は非常にシンプルな作りに仕上げてあります。削り込みすぎてしまったために、わかりにくくなってしまったこともたくさんありますが、じっくりと取り組んでくだされば様々なことが見えてくるはずです。絶対の確信を持ちえず、その隙をつかれてしまった、その二〇パーセントの自信のなさ、自分の知識のあやふやさ、おそらくそうだろうとは思うけれど、絶対そうだとは言い切れない。私たちの人生の多くはそういったことの積み重ねかもしれません。誰かに聞いてみればいい、調べてみればいい、しかし、場合によってはそれができないこともあります。調べようにも手近に何もないとき、あるいは皆が知っているのに自分だけ知らないなんて恥ずかしくて言い出せないとき、自信を持ってそうだと言い切る者に対して、違うのではないかと思いながら、二〇パーセントの不安がそれを確かめることを躊躇させてしまう。そこから起こる失敗、後悔、人の世には山ほどある出来事でしょう。この狂言が心理劇として非常に中身の濃い作品であることがご理解頂けたかと思います。

3　入間川《いるまがわ》　念願成就が人を傲慢にさせる

訴訟のため、長い間都に留めおかれた東国の大名、ようやく望みがすべて叶い、今までの領地全部が保証され、新しい土地も大量に手に入れるという大事が成就しました。そこで家来の太郎冠者を伴い、意気揚々国元へ帰る途中の入間川で、入間の領主との間でちょっとした揉め事を起こす狂言がこの『入間川』です。このとき、「入間様《いるまよう》」と呼ばれる「逆言葉《さかことば》」（意味を反対にいう語）がさかんにやり取りされるので、この曲は言葉遊びの面白さを狙って作られたように解されることが多いのですが、私はこの曲は他のどれにもまして人間の心の隙を鮮やかについた心理劇だと思っています。

狂言をよくご覧になる方ならおわかりになるでしょうが、『入間川』は他の曲と違って、都から国元へ帰る大名主従の旅の行程がちょっとしつこいと思えるほど丹念に描かれています。二人は一刻も早く国元へ帰り着きたいと望んでいるわけですし、この狂言の中心となるトラブルは入間川のほとりで起こるのですから、「必要でないものは徹底的に省略する」手法を取る狂言のやり方からすれば、少しでも早くその現場・入間川へ行かせたらいい。それなのにいったいどういうわけでくどくどとつまらない道行を繰り返しているのでしょうか。少し科白をたどってみましょう。

大　名　「サアサア、来い来い。」
太郎冠者「参りまする、参りまする。」

入間川　駿河の国までやってきて、みごとな富士山を見上げる大名と太郎冠者。

大　名「さて国元を出《ず》る時は我も我もと供をしたれども、ながながの在京なれば、皆勤めかねて国元へ下ってあるに、汝一人《なんじいちにん》はよう踏みとどまって奉公したによって、国元に下ったならば、くわっと取り立ててやろうぞ。」

太郎冠者「それはありがとうござる。」

大　名「馬に乗《の》しょう。」

太郎冠者「なおなおでござる。」

大　名「が、乗りつけぬ者が馬に乗れば、必ず落つるものじゃによって、馬に乗るまでは牛に乗しょう。」

太郎冠者「それはともかくもでござる。」

大　名「これは戯《ざ》れこと。馬に乗るほどに取り立ててやろうぞ。」

太郎冠者「ありがとう存じまする。」

大　名「サアサア、来い来い。」

太郎冠者「参りまする、参りまする。」

大　名「ハハア、富士山。ヤイ、太郎冠者。三国無《さんごくむ》双《そう》の名山と誉めておかれたが、どれから見てもなりのよい山じゃなあ。」
太郎冠者「まことに、どれから見ましても恰好《かっこう》のよい山でござる。」
大　名「すればこれは駿河《するが》の国じゃ。」
太郎冠者「さようでござる。」
大　名「国元へは近うなった。急げ、急げ。」
太郎冠者「畏まってござる。」
大　名「ヤイ。」
太郎冠者「ハッ。」
大　名「『千里の道も一歩よりおこる』と。都を出る時ははるばるのように思うたれども、はや駿河の国までは来たは。」
太郎冠者「まことに駿河の国まではおいでなされてござる。」
大　名「イヤ、何かというちに渺々《びょうびょう》とした野へ出たが、これは何という野じゃ。」
太郎冠者「されば何と申す野でござるか。」
大　名「オオそれそれ、これは武蔵野であった。」
太郎冠者「まことに武蔵野でござる。」
大　名「この武蔵野をのけてほかにこのような広い野はあるまい。」
太郎冠者「ほかにはござりますまい。」
大　名「すればこれは武蔵の国じゃ。いよいよ国元へは近うなった。急げ、急げ。」

太郎冠者「心得ました。」
大　名「さて、国元ではこのようなことは知らいで、今日か明日かとさぞ待ちかねているであろうぞ。」
太郎冠者「殊《こと》ないお待ちかねでござろう。」
大　名「戻ってこの仕合わせを話いたならば、さぞ喜ぶであろう。」
太郎冠者「まことにお喜びでござりましょう。」

こうした道行の「繰り返し」は狂言ではほんとうに珍しいことです。たとえば皆さんご存じの『末広《すえひろがり》』という狂言で、「末広」を求めてこいと言い付けられた太郎冠者が勇んで都へ上って行く、所要時間にしてどれくらいの日程かわかりませんが、その描かれ方はこんな具合です。

太郎冠者「まず急いで参ろう。イヤまことに、某もかねがね、都を見物致したい、致したいと存ずるところに、このたびはよいついででござる。ここかしこを走り廻り、ゆるりと見物致そうと存ずる。イヤ都近うなったやら、殊《こと》の外《ほか》にぎやかになった。さればこそ、はや都へ上り着いた。」

たったこれだけ、太郎冠者はあっという間に都へ着いてしまいます。しかし、憧れの都がこんなふうにあっという間に着いてしまうほど、近いはずはありません。前から行きたい行きたいと切望していた都、それは物理的にも心理的にも非常に遠い場所だったからこその憧れだったわけです。狂言でなければきっと、念願の都への旅、その途上で目にする面白く珍しい場面の数々を楽しく膨らまして描写していくに違いありません。能でも道行は路傍《ろぼう》の名所名物を織り込んだ美文で綴られることが多いのです。しかし、狂言はそれをしない。なぜか。これは買い物を言い付けられた太郎冠者が都へ行ける嬉しさのあまり、役目のことなどほとんど念頭になく、ただまっしぐらに都へ向かって飛んで行く、その姿をくっきりと描くためです。あっという間に都へ着いた、この短い道行に描かれた、浮かれるように飛んで行く太郎冠者の逸《はや》る気持、それが心理的伏線となり、後の失敗につながっていくのです。

曲のテーマを表すために必要ない事柄ならば、ためらいもなくばっさりと切り捨ててしまう、それが狂言の手法です。ですから『入間川』の主従の道中のやりとりにはそれ相当の理由がなければなりません。これは名所の風景を描くものではなく、見事訴訟に勝ち、国元へ帰る大名の、今まで生きてきたなかでいちばん幸せと思えるような高揚した心中、思い上がった気分の描写なのです。この幸せいっぱい、絶好調の気分から急転直下、それをまったく台なしにする不愉快な出来事の発生にまで繋げていくためのものなのです。いざこざを引き起こす原因となった、この大名の精神状態をしっかりと、しかも繰り返し描くことで、なぜこんなトラブルが起こってしまったのか、そしてその意外な結末が初めて引き出せるのです。

さて、この狂言の大名の心に何が起こっていたのか、まず第一に大名の登場の仕方から申し上げましょう。これは口伝にあるものですが、二百番ある狂言の中でもこの大名は最も「気を入れて」「颯爽と」出て来い、と厳しく言われています。サ、サ、サアッーと勢いよく、意気揚々と舞台に登場した大名は次のように名乗ります。

大　名　「東国《とうごく》に隠れもない、大名です。なが〳〵在京致すところに、訴訟ことごとく叶い、安堵《あんど》の御教書《みぎょうしょ》をいただき、新知《しんち》を過分に拝領し、その上国元へのお暇までを下されてござる。このようなありがたいことはござらぬ。」

この短い科白の中には、国元から遠く、家族や親しい人々とも離れて、長い年月を孤独と苦渋の中で過ごした都への思いが込められております。その長く憂鬱な生活に耐え、ようやく勝ち得た訴訟、その価値は実際にはどれほどのものかわかりませんし、他人から見ればたいした栄誉ではないのかもしれません。しかし、大名にとってはまさに天下を取ったほどのどでかい喜び、計り知れない幸福、今まさにそうした最高の気分であることを表しているのです。この曲の始まりの重要さ、他の何にもまして「颯爽と、勢いのよい」登場、それは奢《おご》り高ぶる姿を印象づけ、やがて起こるトラブルの心理的要因へと引っ張っていくための演出です。

さて、大名は太郎冠者を呼び出してこの幸運を伝え、共に喜びを分かち合います。いざ国元へ戻ろうと太郎冠者に太刀を持たせ、早速都を出立します。簡単に訴訟に勝てると期待して初めは勢い込んで従って来た大勢の召使いの者たちも、慣れない都での長期にわたる生活の中で気力も目的も喪失し、一人欠け二人欠け、その大方が見切りをつけて帰ってしまった後でもただ一人、愚直なまでに自分に付き添って離れなかった太郎冠者、今、幸せいっぱいの大名にとって、この太郎冠者は心底いじらしく可愛い存在です。国元へ帰ったら長年の奉公に報いて、「くわっと」取り立ててやろうと言います。やっと勝ち得た幸せがここでも強調されております。

大名は「馬に乗しょう」と太郎冠者に言いますが、この時代、誰でも馬に乗れるわけではありません。太郎冠者の身分で馬に乗せてもらえるということは最高の名誉、大名からすれば片時も離れなかった太郎冠者への精一杯の気持ちです。しかし、このときも大名は、「乗りつけない者が馬に乗れば必ず落ちるものだから、馬に乗れるようになるまでは牛に乗せよう」などと言って太郎冠者をからかいます。大名の嬉しくて嬉しくてしかたのない浮かれた気持ちの表れと、牛を馬に乗り換え、自分の元を去った家来たちへのこだわりもあるのです。

と、そこで「ハハア、富士山」。大名は美しく荘厳な威容《いよう》を誇る富士の山を見上げます。「この富士の見ように習いあり」と口伝にあり、富士を見上げる型が特に大事なものと伝えられています。簡略・簡潔を旨とする狂言があえてここで富士山を描写するのはその必然性があるのです。三国無双の富士の山を見ながら、大名は今まさにそれを我が掌中《しょうちゅう》にしたかのような錯覚を覚えている。そして美しい姿で自分を祝福しているかのように思う。大名にとっては今まさに天下を取ったに等しい気分。すべては自分の支配下にあり、皆自分にひれ伏すべきだ。そんな気分で千里をも一気に駆け抜けてしまうほどの勢いがありますから、都からの遠い道程が少しも長いようには感じない。退屈な時、憂鬱な時の時間の流れは非常に遅く、幸せで楽しい時間はあっという間に過ぎて行く。人間の心理とはそんなものでしょう。

駿河の国を通過し、主従は武蔵野にやってきます。この武蔵野も富士山に次ぐ巨大な自然です。見渡す限りの大平原、ここでも大名はやはりこのすばらしい大自然がまさに自分の支配下にあるような錯覚を起こしているのです。この道行の間、高揚した気分が、ぴんと張られた綱のように大名の感情を支配しています。都の出立、富士山、武蔵野、この推移の中で主従はのんびりと物見遊山《ものみゆさん》の旅をしているわけではありません。遠い故郷で帰りを待ちわびている人たちのもとへ、嬉しい知らせを持って一刻も早く帰りつこうと心急《せ》く旅をしているのです。その道中をこんなふうに繰り返し描くのは、それが大名の心の動きを語るためにどうしても必要なものであるからです。

さて、大名と太郎冠者は武蔵野の野末を流れる川に着きました。しかし、その川の名を失念してしまった大名、この辺にも長期滞在の跡が見えるでしょう。ちょうど川向こうに現れた人物に川の名を尋ねます。

大　名　「ヤイヤイ、向かいな者に物問おうやい。」

人にものを尋ねるにしてはあまりに横柄な物言いです。その上、この人物は入間の何某《なにがし》と名乗る土地の豪族、名士です。自分を知らないということはきっと通り掛かりのよそ者に違いないというわけで、川向こうの人は荒っぽく言い返します。

入間何某「ヤイヤイ、向かいな者に物が問いたいと言うはこちのことか。何事じゃいやい。」

これを聞いた大名は逆上して、太郎冠者に「太刀をおこせ」と怒鳴りますが、聡明な太郎冠者は主人を制止し、

太郎冠者「まず待たせられい。」
大　名「待てとは、今のを聞かぬか。」
太郎冠者「まずお心を静めてよう聞かせられい。お国元でこそ、こなたをお大名と存じますれ、ここもとでは存じますまいによって、お言葉を直いて問わせられい。」

天下を取った凱旋《がいせん》将軍のような気分で都から旅して来た大名、すべての人間は自分の威光を重んじ、当然その意に添うべきものだと思っています。その奢り高ぶった気持ちで向こう岸の男に声を掛けたところ、意外な言葉で逆襲され、かあっと頭に血が上ってしまった。しかし、大名は太郎冠者に鋭くたしなめられ、心を静めて言葉を直します。

大　名「これはもっともじゃ。それならば言葉を直いて問おう。」

太郎冠者「それがようござりましょう。」
大　名「申し申し、向かいな人に物が問いとうござる。」
刀に手をかけるほど怒った大名が太郎冠者の制止に、拍子抜けしてしまうほどあっさり言うことを聞きました。そんなあたりにこの大名が、よく言えば素直、あるいは単純と思われてしまう一面があるのかもしれませんが、これは主従の絆の象徴です。大名のすることに逆らったことのない太郎冠者、主人が気持ち良く過ごせるように気を配り、黙ってからかわれながら大名の言うことにうなずいて従っている、その太郎冠者が主人の行動を止めたのです。それは主人のためにほかならない、大名にはそれがよくわかるのです。この太郎冠者が止めたのなら従おうという、すばやい判断があったのです。長い年月苦労を共にした主従ならではの信頼関係でしょう。
太郎冠者の言うとおり、言葉を直して丁寧に問いかければ、向こうも言葉を直して丁寧に返してきます。
入間何某「申し申し、向かいな者に物が問いたいと仰せらるるは、こちのことでござるか。何事でばしござるぞ。」
大　名「ござるぞ、ござるぞ、ござるぞ。さればこそ言葉を直いた。昔から『売り言葉に買う言葉』とはよく言うたものじゃなあ。」
太郎冠者「さようでござる。」
大　名「川の名を問おう。」
太郎冠者「ようござりましょう。」
大　名「申し申し、この川は何と申しまする。」

川向こうの人は、「この川の名は入間川、向かいの宿は入間の宿、自分は入間の何某」と答えました。大名は相手の身分を知って先ほどの横柄な態度に納得します。その入間の何某は、どこを渡ったらよいかと尋ねる大名に次のように教えます。

入間何某「いにしえはこの通りを渡ってござるが、今は瀬が違うて、皆、上《かみ》へ廻りまするによって、かたがたにも上へ廻らせられい。」

大　名「ヤアヤア、何と仰せらるる。『いにしえはこの通りを渡ったれども、今は瀬が違うて、皆、上へ廻るによって、某にも上へ廻れ』と仰せらるるか。」

入間何某「さようでござる。」

大　名「真実、入間川でござるの。」

入間何某「なかなか、入間川でござる。」

大　名「ヤイ、太郎冠者、渡り瀬が知れた。みどもに引っ添うて渡れ。」

と言って大名は教えられたように上へ廻らずに、そこから川へ入ろうとするのです。びっくりしてそれを止めようとする太郎冠者と入間の何某に、

大　名「イヤ申し申し、向かいな宿は入間の宿。かたがたの御名字は。」

入間川　川に落ち、怒りのあまり入間の何某を切り捨てようとする大名。

としつこく言いながら川へずぶずぶと入って行ってしまいます。案の定、大名は流され、転んでずぶ濡れになってしまいます。太郎冠者と何某があわてて助けに飛んで来るのですが、起き上がった大名は片肌を脱いで太刀を取り、

大　名「がっきめ、お直りそい。」

と言って入間の何某に斬りかかります。

入間何某「何と召さる。」
大　名「最前この川の名を問えば、入間川とは言わぬか。」
入間何某「入間川じゃによって入間川と申した。」
大　名「向かいな宿は入間の宿。かたがたの御名字はと問えば、入間の何某とは言わぬか。」
入間何某「ハテ、何某じゃによって、何某と申した。」
大　名「総じてこの所は入間様《いるまよう》と言うて、昔から逆《さか》

言葉《ことば》に使うと聞いた。上へ廻れと言うはこの所を渡れということかと思うて渡ったれば、諸侍《しょさむらい》にほしうもない水をぽってとお飲ましゃった。堪忍ならぬ。成敗致す。」

何と理不尽な言いがかりでしょうか。さっきからしつこく尋ね返していたのはこのことだったわけです。大名は入間には入間様という逆言葉を使う奇妙な風習があることを知っていたので、これも逆言葉だろうと思って、上へ廻らずにそのまま渡ってしまったところ、ひどい目にあわされ逆上したと解釈する人が多いのですが、実はこれは大名が故意にやった作戦だと私は思っています。大名は入間の何某を成敗する正当な理由が欲しかった。なぜか。もう少し続けて見ましょう。

入間何某「すればかたがたには入間様の逆言葉を御存じあって、真実御成敗なさりょうじゃまで。」
大　名「おんでもないこと。」
入間何某「とてものことに御誓言《ごせいごん》で承りましょう。」
大　名「弓矢八幡《ゆみやはちまん》、成敗致す。」
入間何某「アラうれしや、ざっと済んだ。」
大　名「済んだとは。」
入間何某「さればそのことでござる。私もこの所に年久しゅう住まい致せども、入間様の逆言葉を存ぜぬところに、かたがたにはよう御存じあって、弓矢八幡御成敗なさりょうとのおことは、入間様ならば、ハテ、御成敗なされまいとのおことかと存じて、それゆえざっと済んだと申した。」

そう言われて大名は二の句が継げず、困ってしまいます。キリスト教徒が聖書に掛けて誓うように、「弓矢八幡」とは武士が真実偽りなきことを誓う言葉なのです。この言葉に掛けて命を助けてやるよりほかはありません。

大　名「ヤイ、太郎冠者、これにほうどつまった。」
太郎冠者「さようでござる。」
大　名「命を助けてやらずはなるまい。」
太郎冠者「助けてやらせられい。」
大　名「のうのう、かたがたの命を助くるでもおりないぞ。」
入間何某「命を助けて下されねば、かたじけのうもござらぬ。」
大　名「ござらぬ、ござらぬ、ござらぬ。ヤイ、太郎冠者、命を助けてもろうて、『かたじけのうもござらぬ』は面白いなあ。」

自分をやりこめた逆言葉ですが、大名は何でも逆さに言うこの入間様を面白がって、すこぶる上機嫌になります。そして入間様を聞きたいばかりに、扇子に太刀・刀、しまいには小袖・裃までも次々に入間の何某にやってしまいます。大名は非常におおらかにこの言葉遊びに興じているように見えるわけですが、ほんとうにそうなのでしょうか。

ここで大名は二度までも入間の何某にコケにされているわけです。大名にとって都から国元へ下るこの旅は生涯最高最良の日々であったでしょう。日本一の富士山も、広大な武蔵野も我が手中に納めたかのような、まさに凱旋将軍の心地がこの入間川のほとりまで来て、一気に台なしにされてしまったのです。この世に怖いものなど何もない、すべての者は自分に対してひれ伏すべきだと思って、向こう岸に言い放ったぞんざいな言葉ににべもなく言い返され逆上する。太郎冠者に諫《いさ》められて太刀を収め、言葉遣いを改めて問い掛けた相手は自分と似た地位、否、自分より上かもしれない身分の人間「入間の何某」だった。悔しくてたまらない。表面的には穏やかに振る舞っていますが、心の奥底では何とかしてこいつを捩《ね》じ伏せ、屈辱を味わわせてやらねばならぬと思っている。そのときにふとひらめいたのが入間様の逆言葉。この逆言葉を使って故意に溺れ、武士の面目を潰《つぶ》されたとして成敗しようと思った。ところが再度、『成敗する』ということは、入間様だったら『成敗しない』ということでしょう」と逆襲されてますます怒り心頭に発してしまった。自分が使おうとした言葉の武器、大義名分を奪い取られて、逆にその言葉で斬りつけられた。この悔しさがどれほどのものであったか。しかし、確かに入間の何某の言うことに間違いはなく、武士が「弓矢八幡」と誓った言葉を撤回することは面目にかけてもできません。そこで大名はいかにも大人物らしく怒りを隠して、自分をやり込めた逆言葉を面白がっておおらかに笑うのです。しかし、ほんとうのところは悔しくて悔しくてしかたがない。はらわたが煮えくり返っているのです。仕返しをしないでいったいどうしよう。

大名は入間様が面白いと言って、自分の持っているもの一切合財を入間の何某に与えてしまいます。扇も太刀・刀も小袖・裃も。そしてその度に代償として入間様を聞き、入間の何某に逆言葉の礼を言わせ、おおらかに笑うのです。しかしこれは皆、後でまとめて取り返し、大きな屈辱を味わわせてやろうという計算の上でなされた作戦です。相手はおそらく自分のことを馬鹿だと思っているに違いない。相手を油断させ、うんと喜ばせ、最高にいい気持ちにさせた上、最後に強烈なしっぺ返しをしてやろう。自分が使おうとした武器を逆につかまえて斬り返してきたその相手に、もう一度その武器によって決定的な勝負をつけてやる。この武器・逆言葉によって相手を陥れ、どちらが頭がいいか、どちらが大人物か、目にものを見せてやろう。何としても自分が受けた以上の屈辱を味わわせてやらねば。

入間川　逆言葉を逆手にとって、与えた品を取り返そうとする大名。

大　名「さて今までは入間様、これからは入間様をのけて、真実うれしいかうれしゅうないかをおしゃれ。」
入間何某「入間様をのけて。」
大　名「なかなか。」
入間何某「イヤ申し、こなたもようおぼしめしてもみさせられい。このようにいろいろ頂戴致いて、うれしゅうないと申すことがござろうか。ちかごろかたじけのうもござらぬ。」
大　名「これはいかなこと。それは入間様で合点じゃ。その入間様はこの川へさらりと流いて、真実をおしゃれ。」
入間何某「イヤこのようにお太刀・刀、お小袖・お裃まで頂戴致いて、何とうれしゅうないことがござろうか。身に余って大慶《たいけい》にもござらぬ。」
大　名「ヤアラ、和御料はむさとした。みどもをおなぶりゃるか。入間様をのけて真実を言わずは、あとへも先へもやることではないぞ。」

入間何某「イヤ申し、こなたもようおぼしめしてもみさせられい。ただいまも申すとおり、かずかず頂戴致いてうれしゅうないことがござろうか。身に余って真実ありがとうござる。」
大　名「ざっと済んだ。」
入間何某「済んだとは。」
大　名「ハテ、入間様ならば、うれしゅうないということであろう。こちへおこせ。」

大名はこうして渡したものすべてを入間の何某から取り返し、上機嫌で意気揚々と逃げて行きます。
この結果について読者の皆様も疑問を残されたと思います。三百数十年前にも同じ思いをした人々がいました。大蔵虎明《とらあきら》の『わらんべ草』に次のような記述があります。

「有時、前の近衛わうざん様、東御門跡様にて、青蓮院様、こんちゐんなど、御入候折節、予に被仰しハ、内ゝ其方にあふて、とい度事ども有とて、色ゝ御たつねありてのち、入間川の狂言にふしん有、とめに、いるまやうをのけて、かたじけないか、かたじけなふないか、いへと、いかにもかたくやくそくして、身にあまつて、かたじけないと云時、それハ、かたじけなふないと、いふ事しやほどに、かへせと云て、やりたる道具を取かへす事、何としあん被成ても、御がつてんまいらぬと被仰し時、あまりにぎりふかく思召すによつて、御がつてんまいらぬ也、それハ、いるまやうをのけてと云ハ、のけいでと云事を、あどが心得ずして、ありやうに申たるにより、とりかへし申候よし申上ければ、殊外御ほうび被成し、かやうの事に付ても、あまりぎりをふかくとりて、あしき事もあり、此御ふしんハ、さぎにも、御尋なされけれども、御へんたうなかりしよし被仰し也」

（「ある時、前の近衛応山（後水尾天皇の弟、近衛家十五代当主）様が、東御門跡の場所で、青蓮院様や金地院様（以心崇伝）などがいらっしゃった折に、私（虎明）におっしゃったことは、かねてから君に会って、尋ねたいと思っていたことがあったと、いろいろお聞きになった後、入間川の狂言について疑問がある。最後のところで、入間の逆言葉を退けて、ほんとうに有り難いか、有り難くないかを言いなさいと心から堅く約束しておきながら、身にあまってほんとうに有り難いと入間の何某が言った時、それは有り難くないと言っていることにほかならないのだから、やった物は返せと言って、やった品々を取り返したことは、どう考えてみても納得できないのだが、とおっしゃった時、あまり律義にお考えになるからご理解できないのです。それは入間の逆言葉を退けて、というのは、退けないで、ということを、アド（入間の何某）が承知していなかったために、ほんとうのことを言ってしまったので、貰った品々を取り返されてしまったわけですと申し上げたところ、たいへん感心なさって褒めて頂いた。こういう事については、あまり忠実に考え過ぎて悪い結果となることもある。同じことを鷺流の人々にもお聞きになったのだけれども、返事がなかったとおっしゃっておいでだった。」）

『入間川』は、この曲名が「糺河原《ただすがわら》の勧進能《かんじんのう》」（一四六四年四月）の番組にも見えているところからも、古い狂言に違いありませんが、虎明の時代にはこの結末がすでにわからなくなってしまっていたのです。『入間川』の真意、それこそがまさに心理劇であって、一般に言われるようなのどかで罪のない言葉遊びではないということです。狂言の科白はごく平凡な日常語によって成り立っていますので、心に留め置かれることもなくうっかりと見過ごされてしまうことが多いのですが、その一字一句を丹念に拾い上げてみると、大事なことが見えてくることに気づかれるはずです。初めに登場したときの大名の高揚感が、ピンと張った糸のごとく一直線にこの曲を引っ張っていく。と、ここ入間川でそれがぷっつりと切断されてしまう。この誇りを、幸福感をどうやって回復するか、それがこの結末であり、ほんとうに面白い心理劇だと思うのです。

実際のところ、入間に逆言葉があったのか、その存在の有無ははっきりしません。流れの複雑な入間川、その「入間の逆流れ」から来たとも、近くの土地「高麗《こま》」に住む帰化人の使う否定の言葉が誤解された結果とも、また軍事的重要拠点でいろいろの諜報をカムフラージュするための特殊な言葉遣いがその出所だとも言われております。

4 名取川《なとりがわ》　流れ去り行くものへの執着

『入間川』は現在の埼玉県入間市・狭山市を流れる「入間川」に間違いありませんが、『名取川』がどこの川なのかははっきりしません。『狂言不審紙《きようげんふしんがみ》』という江戸時代の書物では、「陸奥の名取川」ということになっており、仙台空港の近くにも「名取川」という川がありますが、日本全国には川は無数にありますから、当然同じ名称の川も存在しているでしょう。この曲ではこれがどこにある川かは別に問題ではありません。

この狂言は旅僧が衣の袖に墨で書いてもらった自分の名前を川で転んで流してしまったので、それを取り戻そうと必死になって掬おうとする話ですが、そんな馬鹿なことは常識で考えたってありえないことです。私たち仲間内でもこんな馬鹿馬鹿しい曲はやりたくないと明言する人さえあります。そんな誹謗を受ける気の毒な曲ですが、私はやはりこれも人間の生き方についての鋭い示唆を含んだ曲だと思うのです。

ほとんど一人芝居のような狂言です。後半にもう一人登場しますが、三分の二くらいはずっと一人で演じます。一人で演じる狂言とは、人間関係の葛藤の中で生じる愚行とはまた別の、個人の内面に根差すもの、誰に注意されることもなく誰への配慮もいらず、たった独りでいるうちにだんだん膨らんでくる妄想や思い上がり、あるいは独りよがりといった人間の心の底の愚かしさを鮮明に浮かび上がらせ描いています。

シテは旅の出家、笠を被って数珠を持ち、括《くく》り袴に脚絆《きゃはん》を履いての登場。出家は始めに「次第《しだい》」という短い謡を謡います。「次第」という形式は能には多くありますが、狂言でもいくつかの曲で僧や山伏、鬼などが囃子の演奏に乗って登場し、短い謡を謡うことを言います。その「次第」の短い謡は曲のテーマを表すものだとも言われておりますが、この曲の次第は「戒壇《かいだん》踏んで受戒して、我が本山に帰らん」というもので、あまりテーマを浮かび上がらせていません。同じように旅の僧をシテにした『地蔵舞《じぞうまい》』では、「我は仏と思えども、人は何とか思うらん」（「私は自分を仏ほどの人間と思っているけれども、人々はどう思うだろう」）と謡い、ずばり曲の核心をついています。仏教の修行者としてすべての出家は仏を目指しているでしょう。その願いが高じ、自分はすでに仏の境地に達していると思いたいけれども、人様にはいったいどう映って見えるだろう。この出家の錯覚と奢《おご》り、自分の甘えを許す身勝手から起こる愚行を描き出します。

さて、『名取川』の次第の「戒壇」とは、『日本宗教事典』（弘文堂）によれば、「授戒の道場。中国では嘉平正元（二四九〜二五六）の頃、洛陽につくられたと伝えられ、律宗興隆後各地に作られた。日本では天平勝宝六年（七五四）鑑真の来朝により東大寺大仏殿前に築かれ、比叡山にも弘仁十三年（八二二）に最澄の創唱した円頓戒《えんどんかい》をうけるための円頓戒戒壇が築かれた」とあります。「授戒」、これは授ける方で、受ける方は「受戒」ですが、「受戒」とは「仏教の戒律を受けること」、また「戒律」とは、「一般的には修行のよりどころとなる規範をいう。しかし、厳密には、別々な意味を持った戒と律の合成語である。戒とは規則を守ろうとする自発的な心のはたらき、律とは他律的強制的な規則のことである。……」（『日本宗教事典』）ということで、「戒壇踏んで受戒して」とはつまり、仏教修行のある段階に到達したというお墨付きをもらったということです。

出家　「これは遙か遠国《おんごく》方の戒者法師《かいじゃほうし》でござる。愚僧は未だ戒壇を踏まぬことを口惜しゅう存じ、この度比叡山へ登り、まんまと戒壇を踏み済まいてござる。このような喜ばしいことはござらぬ。それに付き、良いついででござるによって、国々の寺々を廻ろうと存じ、ある山寺へ参ってござれば、大稚児と小稚児の手習いをしてござったが、あまり美しい御稚児でござったによって、先ず大稚児の方へ参り、ハアッ、愚僧は遙か遠国方の戒者法師でござるが、未だ定まる名がござらぬによって何卒名を付けて下されい、と申したれば、ここな者は、その年になるまで名の無いということがあるものか、近頃奇態《きたい》なことを言う者じゃとあって、すなわち、希代坊《きたいぼう》と付けられてござる。それより小稚児の方へ参り、愚僧は掛け替えの名が欲しゅうござるによって、何卒掛け替えの名を付けて下されい、と申したれば、ここな者は無沙《むさ》とした、弓や馬にこそ、乗り替えの、張り替えのというてあれ、名に掛け替えがいるものか、今ので不承《ふしょう》せい、とあって、すなわち、不肖坊《ふしょうぼう》と付けて下されてござる。さてそれに付き、私はつっと物覚えの悪しい者でござるによって、何卒名を書き付けて下されい、と申したれば、この如く、衣の左右の袖へありありと書いて下されてござる。このような満足な事はござらぬ。先ず急いで参ろう。」

「戒者法師」とは、戒を受けた法師という意味です。戒壇を踏まないことを日頃残念に思っていた、つまり一人前ではないと思っていた僧は、ようやく比叡山で受戒を済ませ、意気揚々と国元へ帰るところです。無事念願を果たして有頂天になっている出家、せっかく出た旅です、ついでにあちらこちらを廻って帰ろうと思い立ち、ふと立ち寄った山寺にとても美しい二人のお稚児さんがいました。少し大きいお稚児さんと小さいお稚児さん、二人は一生懸命お習字をしていました。おそらく京都近辺のお寺には都の上流社会の子弟たちも多く学んでいたのでしょう、遙か遠国方、つまり田舎のお坊さんの目には夢のように雅やかな美しい姿に映ったに違いありません。出家はこの美しい人たちとの出会いを旅の記念に残したいと思います。しかし、取っ掛かりになるものがありません。そこでまず大きい方の稚児に言葉をかけて、自分はまだ定まった名前がないので付けてほしいと頼みます。「そんな年になるまで、名がないなんてことはないでしょう、奇態なこと（不思議なこと）をいう人ですね」という返事。出家はそれでいいと、「希代坊」とつけてもらいます。そしてもう一人の小さい稚児に近づき、替えの名前をつけてほしいと頼みました。「馬だったら乗り潰してしまうこともあるし、弓だったら弦が切れることもあるから、乗り換えの馬、張り替えの弓も必要でしょうが、名前に掛け替えなんてあるものではない、『不承せい』、つまり不満でも我慢しなさい」という返答です。出家はそれでいいと、「不肖坊」とつけてもらいました。そして自分は物覚えが悪いのでその名を書き付けてくださいと頼んで、稚児たちが今手習いをしていたその筆で、衣の袖にそれぞれ「希代坊」「不肖坊」と書いてもらいます。

このような嬉しいことはない。出家は有頂天になって国元を目指します。

出　家　「イヤ誠に、国元へ下ってこの様子を皆の者に話いたならば、さぞ羨むでござろう。さてと最前も申す通り、私はつっと物覚えの悪しい者でござるによって、路地《ろし》すがら名を呼うで参ろうと存ずる。『希代坊、不肖坊。不肖坊、希代坊。希代坊、不肖坊。不肖坊、希代坊。希代坊、不肖坊。不肖坊、希代坊。』これこれ、加様《かよう》に致いて参ろうならば、なかなか忘れとうても忘るることではござらぬ。さてこれは何ぞに呼ばれそうなものじゃが、朝夕の看経《かんきん》に成りそうなものじゃ。さらば看経に言うてみょう。『希代坊、不肖坊、不肖坊、希代坊。希代坊、不肖坊、不肖坊、希代坊。希代坊、不肖坊、不肖坊、希代坊。』(笑って)これは一段の看経じゃ。まだ何ぞに言われそうなものじゃが。それそれ、今度は平家節に言うてみょう。『そもそも希代坊と申すは、不肖坊が事なり。又、不肖坊と申すも、希代坊が事なり。』(笑って)さてもさてもこれは良い慰みじゃ。まだ何ぞになりそうなものじゃ。オオ、それそれ、いつも盆になると、辺りの若い衆の愚僧の門前で踊りを踊らるる。今度はその踊り節に言うてみょう。『ハアーッ、希代な、希代坊よ、名よ、さて不肖坊よの。希代な、希代坊よ、名よ、さて不肖坊よの。希代な、希代坊よ、名よ、さて不肖坊よの。希代な、希代坊よ、名よ、さて不肖坊よの。』」

国元へ戻ってこのサインを皆に見せたらどんなに羨むことだろう、一刻も早く帰ってこれを見せびらかしたいわけです。そして自分は物覚えが悪いから忘れないよう道すがら名を呼び続けようと、「希代坊、不肖坊」と言いながら道中を始めます。そのうちにそのままでは平板でつまらないので、朝夕に上げるお経の節をつけてみようかとちょっと思い付きます。なかなかいいではありませんか。そうしているうちにほかにもまだ何かいい節がありそうだ、「平家節」ではどうだろう、これもなかなかいい調子です。悦に入った出家は今度は当時流行の「踊り念仏」で囃す「踊り節」で試してみます。これは面白い、出家はすっかり興に乗ってしまいます。

さて、そうこうしているうちに大きな川に突き当たりました。

名取川　旅の途中、川を渡ろうとする僧。

出家　「イヤ、これはいかなこと。何かという内に大きな川へ出た。見れば乗る物も見えぬが。イヤ、こう見た所が浅そうな川じゃによって、定めて徒渉《かちわたり》になるものでござろう。さらば徒渉に致そう。総じて、川では得て物を流すものでござるによって、用心して渡ろうと存ずる。これで一段と良うござる。さらば渡りましょう。エイエイ、ヤットナ。ホウ、これは思うたよりは浅いことじゃ。ヤットナ、ヤアッ、これはちと深うなった。ヤットナ、ヤアッ、余程深うなった。ヤットナ、ヤットナ、ヤットナ、アアーッ、悲しや悲しや。流るるは、流るるは。エイエイ、ヤットナ。これはいかなこと、一絞《ひとしぼ》りになった。耳へも水が入る。アアーッ、散々な目に遭うた。さて、それはともあれ、何も流しはせぬか知らぬ。先ず数珠もあり、扇もあり、笠もあり。アラ嬉しや、何も流しはせぬものを。先ず急いで参ろう。ヤアッ、南無三宝、大切な名を流いた。何と致そう。こう見たところが瀬の遅い川でござるによって、まだ遠うは参るまい。急いで掬《すく》おうと存ずる。

『流れは果てじ名取川、流れは果てじ名取川。底なる我れを掬わん。川は様々多けれど、伊勢の国には、御裳濯川《みもすそがわ》の流れには、天照大神《てんしょうだいじん》の住み給う、熊野なる、音無川の瀬々には、権現御影《ごんげんみかげ》を映し給えり。光る源氏のいにしえ、八十瀬《やそせ》の川と詠《なが》めける、鈴鹿川を打ち渡りて、近江路に懸かりては、幾瀬渡るも野《や》洲《す》の川、洲の股あじか杭瀬川《ぐんぜがわ》、側は淵なる片瀬川、思う人によそえては、阿武隈川《おおくまがわ》も懐かしや。辛きに付けて悔しきは、藍染川《あいそめがわ》なりけり。墨染の衣川、衣の袖を浸して、岸影や、真薦《まこも》の藻屑《もくず》の下を押し廻して、かづき上げ、掬い上げ。』

ヘエッ、これは雑魚《ざこ》ばかりじゃ。シイシイ、シイシイ。ヘエッ、これも雑魚ばかりじゃ。」

大きな川ですが、近くには橋も見当たりませんし、船もない。浅そうに見えるから歩いて渡ろうと、出家は川に物を流さないように、扇や数珠を懐にしまい、笠を被り裾、袂《たもと》を絡《から》げて渡り始めます。浅そうに見えた川ですが、そううまくはいかぬもの、不覚にも深みにはまって流されてしまいます。ずぶ濡れになりやっとのことで向こう岸にたどり着き、流した物がなかったか急いで確かめますが、やれよかった、何も流さなかった。さあ、急いで行こうとしたとき、さあたいへん、左右の衣の袖に書いてもらったサインが流れてしまったことに気づきます。しかし、この川は流れが遅いようだからまだ遠くへは行っていないだろう、急いで掬おう。出家は川尽くしの謡を謡いながら流した名を掬おうと試みます。

この場面は古くは「カケリ」で演じられたとも伝わっておりますが、そうした方法も悪くはないでしょう。なぜな

名取川　流した名前を掬い上げようとするが、掬うのは雑魚ばかり。

らカケリというのは、精神の錯乱した状態、心が異常に高揚した状態を表すものです。大事な大事な名前を流してしまった出家は、慌てふためき動転して半狂乱に近い状態です。現在はカケリの演出は用いられませんが、代わりに川尽くしの謡を謡いながら名前を掬い上げようとします。けれども掛かるのは雑魚ばかり、これを捨ててまた掬おうと必死です。

ちょうどそこへ通り掛かった土地の者は、出家の身分で魚を掬うなんてとんでもないと咎めます。当時の出家はもちろん菜食しか許されておりません。出家は自分は魚を掬っているのではないと言い、この川は何という川かと尋ねます。すると土地の男は「名取川」と答えました。出家は驚きます。何しろ大切な名前を川に流し、取られてしまったわけですから。

「向かいの宿は？」「名取の宿」、「あなたの名は？」「名取の何某」。出家はこの「名取」の何某が自分の名を取ったに違いないと思い込みます。そんな馬鹿な話があるはずないのですけれど、すっかりそう決めてかかった出家は何とか取り返したいと考えます。

出家「向かいの宿は賑やかそうな宿でござるが、定めていろいろの物が流行りましょうの。」

何某「なかなか、いろいろの物が流行ることじゃ。」

出家「定めてさようでござろう。中にもこの間は何が流行りまするぞ。」

何某「中にもこの間は、弓が流行ることじゃ。」

出家「ハハア、弓。」

何某「なかなか。」

出家「弓と申すものは面白いものでござるが、定めてこなたにも遊ばすでござろう。」

何某「致すと申す程のこともおりないが、巻藁前《まきわらまえ》などを少々致すことでおりゃる。」

出家「それは定めて御卑下《おひげ》でかなござろう。それについて、愚僧は人の手の筋を見まして、弓の上手、下手を見分けまするが、何とこなたをも見て進じましょうか。」

と言って出家は相手の手の筋を見るふりをして、隙を見てその手を後ろに取り、「さあ、自分の名を返せ。返さなければこの手をねじ上げるぞ」と脅します。名取の何某はびっくりします。突然そんなこと言われても何のことだかさっぱりわからない。何て変なこと言う奴だろう。

何某「アア、ア痛、ア痛、さてさて和御料は無沙《むさ》とした。みどもがそなたの名を取って何にするものか。近頃、

名取川　何某の腕をねじり上げ、流した名を返せと迫る僧。

出家　奇態なことを言う人じゃ。」
何某　「何、奇態。」
出家　「なかなか。」
何某　「きたい、きたい坊。イヤ、そのきたい坊が愚僧が名じゃ。」
出家　「何、このきたい坊がそちの名じゃ。」
何某　「なかなか。」
出家　「それならばここを離さしめ。」
何某　「イヤイヤ、まだ良うない。愚僧が名には掛け替えがある。その掛け替えの名をも返せ。返さずは、そりゃ、こちらの手もねじ上ぐるぞ。」
何某　「アア痛、ア痛、ア痛。ここな人は、弓や馬にこそ張り替えの乗り換えのと言うてあれ、名に掛け替えがいるものか。」
出家　「でも愚僧が名には掛け替えがある。おのれ、返さずは両手ともにねじ上ぐるぞ。」
何某　「アア痛、ア痛、ア痛、さてさてこれは不肖な所へ参り掛かった。」

出家　「何、ふしょう。」

何某　「なかなか。」

出家　「ふしょう、ふしょう坊、オオッ、このふしょう坊もみどもの名でおりゃる。」

何某　「それならそれで良いはさて。」

出家　「おお、それ候《ぞう》よ、それ候よ。きたい坊にふしょう坊、ふたつの名をば取り返し、その名は朽ちせざりけれ、その名は朽ちせざりけれ。」

こうして出家は目出度く二つの名前を取り戻し、首尾よくこの曲は終わります。水に流れて消えてしまった名前が掬い取れるわけがない。しかし、この恐ろしく馬鹿げた出来事を大の大人が大真面目に演じている。そこに何か鋭い示唆が込められていないわけはありません。つまりそれは「誇張」と「戯画」という表現手法なのです。

出家は、受戒のため比叡山に赴き、その帰りに方々の寺を廻っています。それは各地の寺々へ参詣し、教えを乞う修行の意味もあるでしょうが、それよりは受戒という大きな目標を達成して気分が高揚し、勢い余って行動範囲をどんどん拡大していく、地に足のつかない浮かれ気分が大いに影響しているに違いありません。そんな物見遊山の旅ですから、奇麗なお稚児さんを目にしたとき、是非ともお近づきになりたいし、何かその記念になるものが欲しいと思うのです。

楽しい観光旅行の思い出にどっさりお土産を買い込んで来る、あるいは有名人に会ったときサインをねだる、そういうこともあるでしょう。大昔のことですが、海外旅行で日付変更線を通過するとき、また赤道や北極点を通ったとき、機長がその日時を記した色紙にサインをして乗客にプレゼントしてくれるというサービスがありました。今ならそれがサービスであること自体も不思議ですが、飛行機に乗るということ自体がたいへんな出来事だった時代には、とても珍しく価値のある旅の記念品であったでしょう。他人にとっては、何だそんな物、としか言いようのない物であっても、ある人にとっては特別の思いのこもった品々、高価であるとか貴重であるということとは異なる、物そのものの価値とはまったく別の個人的な思い出の品々もあるでしょう。旅の先々でカメラのシャッターを押し、特産品を買いあさり、思い出作り、記念作りに興じる人は少なくありません。人それぞれに楽しみ方はあるわけですし、その程度のことなら害のない欲望かもしれません。しかし、「希代坊」「不肖坊」という悪趣味な名前を天にも昇る心地で嬉しがって、旅の間中口ずさみ続け、失ったとなれば執着のあまり、我を忘れるほどに動転するとは何と愚かなことでしょうか。

『狂言のすすめ』のなかでも繰り返し申し上げましたとおり、狂言には金銭に執着する出家、呪術をかさに横暴を働く山伏など、彼らの信奉する教義や目指す境地にはおよそふさわしくない人々がしばしば出て参りますが、決して宗教者の腐敗を暴き糾弾しようとするのではありません。それは宗教者の姿を借りることによって、曲のテーマをより明確にするため、一般人のすることだったとしたら、目をつぶって見逃してしまうような行為や弱点を、出家の姿を借りることによって、それがいかに愚かであるかを鮮明に浮かび上がらせようとするのです。たった今比叡山で受戒したばかりの出家が、美しい稚児にもらったサインをなくしてしまい、それを取り戻そうと我を忘れて捜し回り、行き会った人に因縁をつけ、たいへんな迷惑をかけてしまう、それはすべての人間に共通する執着の愚かしさにほかならないことをはっきりと見せているのです。

仏教は執着を捨てることこそが解脱《げだつ》への道だと説いています。人に対する執着、物に対する執着、生きることへの執着、この執着こそが苦の根本原因。「捨ててこそ」と言ったのは一遍だったと思います。どんなに力を奮っても、どんなに激しく執着しようとも、人は何ひとつとして留め置くことはできません。時は一瞬の間も留まることなく流れ去って行き、二度とは帰ってきません。そして人も物もこの世のすべてはその時の流れの中にあります。すべてが過去へ流れ去ってしまうことへの義憤《ぎふん》と抵抗、何とかしてその流れを食い止めようとする精一杯の努力、人間とはそういう生き物でしょうし、確かに決して忘れてはならない多くの出来事がありましょう。しかし、物事に執着する余り、その強迫観念から逃れられないことほど不幸なこともありません。後ろばかり振り返り、過ぎ去って行くものを必死に留め、すがりつこうとする者の浅ましさ、哀れさ、滑稽さ。『名取川』はそういう人間の愚かしさを、あらゆる執着を捨て去ったはずの出家の姿を借りて描いた心理劇なのです。

出家がこれほどまでに執着したものは、川に浮かぶうたかたのように実体のない幻影に過ぎません。

「行く川の流れは絶えずして、しかももとの水にあらず。よどみに浮かぶうたかたは、かつ消えかつ結びて、ひさしくとどまりたる例《ためし》なし。世の中にある人とすみかと、またかくのごとし。」

『方丈記』の始まりの部分です。中世の日本人は川の流れに「無常」を見ました。中世の文学で詠まれ謡われるとうとうと流れ去る川の流れは、単なる自然現象に留まらず、一瞬も留まることなく過ぎ去って行く時や人生への思いが託されています。出家が流した名前を掬い上げようとするところで謡われる川尽くしの謡の背景には、かつての日本人が共有していた精神文化が存在しています。

この「川尽くし」には、日本きっての名流が並びます。そして、伊勢の国の御裳濯川《みもすそがわ》には天照大神《あまてらすおおみかみ》、熊野の音無川には熊野権現、神代《かみよ》の昔からそこにあり、何ものにも侵食されることなく厳然と存在し続けるものと、その下を一瞬の猶予もなく流れ去って行く川との対比、神の絶対と人間の無常、大自然のなかにある人間の無力を垣間見せてもいるのです。

5　船渡聟《ふなわたしむこ》　ささやかな見栄が誤解を生む

聟入《むこいり》のため舅《しゅうと》の家へ向かう途中、乗った渡し船の船頭にせがまれ、婚礼用の酒をすっかり飲まれてしまう若者、『船渡聟』は大方、人のよい聟が狡猾な船頭に付け込まれて断り切れず、大事な酒を飲まれてしまうというようにいささか同情的に考えられている曲ですが、これもやはりそんな単純間抜けな話ではなく、人間の心理を鋭くついた心理劇です。

今日は聟が聟入の挨拶に来るとのことで、舅は召し使いの太郎冠者に言い付けて、聟を迎える支度をしています。さて、婚礼のため正装をした聟は酒樽を片手に下げて登場します。

聟　「これは人のいとしがる花聟でござる。今日《こんにった》は最上吉日でござるによって、舅の方へ聟入を致そうと存ずる。まず急いで参ろう。まことに、今日は祝儀のことでござるによって、ささえを持って参る。誰ぞ人を雇うて持たせて参ろうと存じてござるが、某《それがし》が人を使わぬことは舅殿は知っておらるるによって、少しも苦しゅうないことでござる。」

いきなり「人のいとしがる花聟でござる」と名乗ります。新婚家庭で新妻にちやほやされているだけのことを、世の中すべてがそう思ってくれているように錯覚しているのです。「ささえ」とは酒のことです。婚礼の祝儀の酒樽、それを聟は自分で持って舅の家に向かいます。婚礼というものは一生のうちでも最も晴れがましい行事ですが、こういう場合、人間というものは得てして、精一杯見栄を張りたがるものです。ある程度の身分の者なら当然、供を連れ、酒樽を持たせて出掛けて行くでしょう。この聟のように人を使う身分でなくても、せめてこの日だけは雇ってでも供を連れて行きたいと思うのが人情というものです。しかし、舅は自分が人を使わないことを知っているし、経済的事情もよく理解してくれて、その上で聟として認め、迎えてくれるのだから、見栄を張って臨時の使用人を雇う必要もない。だから聟としては非常に気が楽なのです。供がいなくてもかまわない、自分で酒樽を持って行ってもかまわない。聟は安心して一人で舅の家に向かいます。

さて聟は渡し場に着きます。舅の家に行くにはこの川を渡らなくてはなりません。聟は渡しの船に呼び掛け、船頭は聟を船に乗せて出発します。二人きりの船の上、船頭は聟に話しかけます。

船　頭　「さてこなたはこのあたりでは見慣れぬお方でござるが、どれへござるぞ。」

聟　　「私はこのあたりの者でござるが、所用あって川向かいの在所へ参りまする。」

つまり、この聟は近所に住んでいながら船に乗ったことがないのです。船に乗って向こう岸まで行くことがない。用足しに遠くへ出ることもなければ、遊びに出掛けることもない。職業はわかりませんが、朝から晩までわき目も振らず一生懸命働いている、そんな若者なのです。自分の日常生活の範囲からほとんど出ることもなく、ひたすら自分

船渡聟　聟入のため、船に乗って川向こうに渡る聟。

の仕事に打ち込んでいる。舅はおそらくそんな地味で実直な人柄を知っているから、聟入に供がいなくても気にかけないのでしょう。さて、船頭は聟に次のように言います。

船　頭「さて、その持たせられたは、ささえではござらぬか。」

聟「いかにもささえでござる。」

船　頭「こう見ましたところが、なかなか御自身で持たせらるるお方とは見えませぬが、何として持たせられてござるぞ。」

これがつまずきの始まりです。ふだん地味な暮らしをしていても、さすがに今日は聟入ですから立派な服装をしています。いつもとは似ても似つかぬパリッとした姿。「馬子《まご》にも衣装」ということわざもありますが、人間というものは身につけるものでずいぶんと印象の変わるものです。しかし、これが婚礼のための一張羅《いっちょうら》だということを船頭は知らない。だからこの派手な出で立ちの若者が供も連れずに自分で酒樽を持っていることをちょっと不審に思うわけです。同時に、相手はお客さんだからサービスで少しおだててあげようかという配慮もあるのでしょう。

タクシーに乗ったとき、運転手さんが気のいい話好きな人ですといろいろ話しかけてくることがあるでしょう。自分のこと、仕事のこと、家族のこと、時事問題まで、次から次へと話を弾ませ、またこちらのこと、仕事や趣味やこれからどこへ行って何をするのかなどとあれこれ聞き出してみたり、行きずりの人間相手によくもまあ、こんなにいろいろ話ができるものだなあと感心することもしばしばあります。それは別に自分の車に乗ってきた人間がどんな人物で何を考えているかを知りたいわけではなく、おそらく話相手が欲しいからなのだろうと思うのです。

船頭はふだん独りきりで川のこちらとあちらを往復するという単調な仕事をしています。退屈してもいるでしょう。そんなとき、たとえ見知らぬ相手でもいい、とりとめのない話でもいい、言葉を交わす相手がいれば、少しは仕事や生活の単調さから逃れることができるでしょう。初対面の相手なら、まずはさりげなく相手の背景を聞き出し、会話の糸口を探そうとするでしょう。相手が警戒したり構えたりせず、安心して気楽に口を利いてくれるよう、少しおだててみるということもあるでしょう。褒められて嬉しくない人間はいません。嬉しければ気分もいいし、口もずっと軽くなるものです。

さて、船頭に褒められた聟はお世辞をすっかり真に受けてしまいました。何しろふだん黙々と生業にいそしみ、あまり世間に出ることのない純朴な若者ですから社交辞令に慣れていません。「自分で酒樽を持っていくような身分の人間にはとても見えない」という船頭の言葉にすっかり乗せられてしまいます。先ほど、「舅はよくよく承知してくれているので、供なしで一人で聟入する」と言っていた実直な若者がここでつい見栄を張ってしまうのです。

聟　「さればそのことでござる。人もあまたござれども、今日は方々へさし使うてござる。その上留守をも申し付けてござるによって、それゆえ自身樽を持ってござる。」

船頭　「そう見えました。すれば今日は御遊山でござるか。」

聟　「イヤイヤ、遊山ではござらぬ。今日は心やすい方へ祝儀に持って参りまする。」

「そんなことありませんよ」と、まずは謙遜すべきだったのかもしれません。そして正直に「聟入に行く」と言えばよかったのでしょう。しかし、せっかく立派な人物と見てくれているのに、たった一人で婚礼に赴くとは言いづらい。どんなに多忙でも、人をたくさん使っている人間なら、聟入に供を連れて行かないということはありえません。それに男性にとっては婚礼というものはどうも気恥ずかしいものです。自分からはますます言い出しにくいところでしょう。それにどうせこの船頭は行きずりの人でもう会うこともないだろう、それならちょっとだけ見栄を張ってもいいかなと思ってしまうのです。そうしていかにもたくさんの人を使っているかのような言い方をしてしまう。

すると今度は船頭がその言葉を真に受けてしまうのです。この若者はいい恰好をして、立派な酒樽を持って、いったいどこへ行くのだろう。女の子のところへでも行くのか、あるいは遊び仲間と一緒に物見遊山に出掛けるのだな。遊山ではない、祝儀だなどと言っているけれども、供を連れないのは人目をはばかるからか、怪しいものだ。人が皆、働いている昼日中、遊びに行くとは言いにくいからの口実だろう。何しろ「心やすい方」（気楽なところ）へ祝儀に行くわりには身なりが良すぎます。船頭はまさかこれが自身の婚礼の支度だとは思いません。自分は生活のために来る日も来る日もここで船を渡して、もう人生も半ばを過ぎかけている。楽しみの少ない辛く憂鬱な労働。おまけに今日の寒さときたら！　この若者が持っている上等の酒を少しくらいねだったっていいじゃないか。船頭の心にそんな考えが浮かんだのです。

船　頭「祝儀に持っておいでなさるるならば、さだめてささえも御念《ごねん》が入ったことでござろう。」
聟　　「なかなか、念を入れて申し付けましてござる。」
船　頭「さだめてさようでござろう。さて今日は何と寒いことではござらぬか。」
聟　　「殊《こと》の外《ほか》寒いことでござる。」
船　頭「こなたにはさだめて、お出がけに一つ参ったでござろうの。」
聟　　「なかなか、一つ飲うでござるが、きょうの寒さではもはや醒めましてござる。」
船　頭「さだめてさようでござろう。私も今朝からこれへ出ておりまして、川風に吹かれ、殊の外寒う覚ゆることでござる。」
聟　　「さだめてさようでござろう。」
船　頭「さてそれにつき、こなたにちと願いがござる。」
聟　　「それはいかようなことでござる。」
船　頭「ちかごろ申しかねてござれども、何とぞその御酒《ごしゅ》を一つ振舞うては下されまいか。」

当然のことながら、聟は驚いて断ります。すると船頭は、

船　頭「アア寒や寒や、手がこごえて櫓《ろ》が押されぬ。ちと休もう。」

船渡聟　船頭が手から櫓を離すと、船は揺れて流され、驚き慌てる聟。

と棹《さお》を投げ出してしまうのです。船はどんどん流されて行く。聟は真っ青になります。

聟　「アア申し申し、船頭殿、船が流れまする。何とぞ留めて下されい。」
船頭　「船が流りょうとままよ。酒は飲めず、手がこごえて櫓が押さるることではない。」
聟　「それならば一つ振舞いましょうほどに、何とぞ船を留めて下されい。」
船頭　「なんじゃ、振舞おう。」
聟　「なかなか。」
船頭　「それはまことか。」
聟　「まことでござる。」
船頭　「真実か。」
聟　「一定《いちじょう》でござる。」
船頭　「それならば留めておまそう。ヤットナ。」

船頭はしめしめとばかり棹を立てて船を留めます。初めに聟が少し見栄を張ってもいいかなと思ったのは、あくまで船頭が行きずりの人間であったからでした。しかし、そのとき聟が気づかなかったこと、それはこの見知らぬ人間に自分は命を預けているということだったのです。もしそのまま船が流されて川に投げ出されたら、凍えるような寒さのなか、命はないでしょう。生きるも死ぬもただこの見知らぬ船頭の胸一つに掛かっている、非常に危うい状況にあるということを、このとき聟は悟るわけです。そういう微妙な相手を行きずりの人だと高をくくって、ついうっかりしたことを言ってしまった。自分にとって重要な人間ではないと思ったから、真心で付き合わずに調子のよいことを言ってしまった。聟はそうした心の隙を突かれたわけです。

世事に疎い若者と万事世慣れた中年男ではどちらに軍配が上がるか、目に見えるよりも明らかです。船に事故があったら船頭だって自分の命がないわけですから、寒くて辛くて嫌だけれども、ほんとうに手が凍えて櫓が押せないわけではない。そこはプロですから、危険か危険でないかは十分承知した上で、ちょっと聟を脅しているわけです。しかし、船に乗ったことのない聟にはそんなことはわかりません。酒を飲ませなければ船を無事向こう岸まで渡してもらえないのだと本気で思って、恐ろしくてたまらない。そうして船頭の計略にまんまとはまって酒を飲ませることになってしまうのです。

川の真ん中に船をしっかりと留め、船頭は悠然と座り込みます。

船　頭「サアサア、一つ振舞わせられい。」

聟　「これは迷惑なことでござる。さりながらただ一つでござるぞや。」

船　頭「何がさて、ただ一つでござるとも。」

船渡聟　やむなく飲ませた一杯だったが、そのうち賑やかな酒盛りに。

いくら何でも船頭も初めから酒樽を空にしてしまうつもりはなかった、ほんのちょっと飲ませてもらうつもりだったろうと思います。しかし、「一杯だけ」と言いながら一杯だけでは済まないのが酒飲みです。案の定、「一気に飲んでしまったので味がよくわからなかった」と言い訳して、「もう一杯だけ」とねだります。「ほんの少し」「味見するだけ」と言いながら、いざ飲み始めるとなかなか止めることはできません。そうしておいしそうに酒を飲む船頭を見ていると、聟は聟で自分も飲みたくてたまらなくなります。何しろこの酒は婚礼用に特別に誂えたもので、船頭も「うまい酒だ」と褒めちぎっています。それに船の上の寒いこと。「自分も飲んでみようか」と聟が言い出すと、船頭は「それはいい」と薦めます。こうして飲み始めた二人はもはや止まりません。代わる代わる酒を注いでは飲み干し、すっかりいい気持ちになって、仲良く打ち解けた二人は謡を謡い出すやら舞を舞い出すやら、賑やかなことこの上もなく、やがて二人はすっかり酒樽を空《から》にしてしまいました。

船頭はさすがに心配しますが、酒に酔って気が大きくなった聟は、向こう岸へ渡ったら酒屋を探してすぐに調達するから大丈夫だと言います。船頭はようやく重い腰を上げ、船を向こう岸へ着け、御馳走になったお礼を述べ、また帰りにも呼んでくれるようにと聟に言います。

船頭と別れた聟は、空の酒樽を持って行ってもその場ですぐに開けるということはないだろうから、ともかくこのまま持って行こうと思います。舅が自分の到着を今か今かと気を揉んで待っているだろうと、その方が気になってしかたがないのです。また、ほろ酔いの気分のところに、酒屋を探し出し酒を詰めさせるのは面倒です。そこで聟は真っすぐに舅の家に向かいました。

待ち兼ねていた舅は大喜びで聟を迎え、二人は挨拶を済ませます。気配りのいい舅は、せっかく持ってきてくれたのだからと、聟の持参した酒樽を開けようとします。聟はあわてます。何しろ中は空なのですから。召し上がられるような酒ではないと止めるのですが、聟の謙遜だと思う舅は太郎冠者に言い付けて樽を開けさせます。樽を持ってみて、それが空き樽だと知った太郎冠者は困ってしまいます。婚礼の酒を買う余裕もないのかと聟を気の毒に思うのです。しかし、早くしろと舅に言われた太郎冠者はしかたなく、それが空き樽であることを告げます。聟は面目もないと逃げて行きます。やはりかわいそうに思った舅は、気にしなくてもいいのだと聟の後を追いかけて行きます。

「自分で酒樽を持つような身分の人には見えない」と言われたとき、もし正直に、「これから聟入に行くところで、人を使えるような身分ではないから自分で酒樽を持って行くのだ」と話したなら、船頭は酒をねだったりしなかったでしょう。一生懸命働いて生活の糧《かて》を得ている若者、長年の苦労が実ってようやく妻を迎える余裕もできた、さあ今日は一張羅を着込んで、ふだん乗ったこともない船に乗り、聟入の挨拶に舅の家に行く。これで自分も天下晴れて一人前の男になるという喜び。この晴れがましい日をつつがなく無事に勤め上げようという気負い。緊張し浮き足立った気持ち。そこで出会った見知らぬ人に立派な人物だと認められた嬉しさに、すっかり舞い上がってしまった。聟はつい、張らなくてもいい小さな見栄を張ってしまいました。

その言葉に刺激された船頭の心のうちに芽生えた僻《ひが》み、そして甘え。船頭は生活のために厳寒の中を来る日も来る日も船を漕ぎ続けています。この厳しい職場環境、重労働。それに対して何不自由なく無神経なほど幸福に見える若者がここにいる。その立場を引き比べ、それゆえにほんの少し酒をねだった。しかし、酒樽が空になってしまったのは聟が船頭に付き合ってしまったためで、船頭のせいばかりではありません。もしも聟が正直に自分の状況・立場を話していたら、この船頭は、実は自分とさほど変わらぬ生活をしている若者の一世一代の晴れ姿に拍手を送り、このひたむきな若者を心から励ましてくれたかもしれません。

かく言う私も聟の役をやっていた若い頃にはこの曲の真意はここまではっきりとはわかりませんでした。船頭は意地悪で、理不尽に酒を飲まれてしまう聟が気の毒だと思っておりました。船頭の心理はその役をやるようになって初めて見えて来たのです。人が生きていくとき、その背景には様々な事情があります。その人の立場に立ってみなければ心のうちはなかなかわからないものだということを近頃しみじみと感じております。

6 伊文字《いもじ》

人間社会、善意・悪意は個々の事情

主人の妻となるべき女性がなぞなぞのように和歌で知らせた家の在りか、それを聞き漏らしてしまった太郎冠者が、主人と一緒に通り掛かりの人をつかまえて和歌の後の句を付けさせようと考える。『伊文字』とは、太郎冠者が忘れてしまった手掛かりの句が「い」の字で始まるため、思いつくかぎり並べ立てた「『い』の字のついた国の名」や『い』の字のついた里の名」、その「い」文字のことです。それでこの曲も例によって他愛のない言葉遊びと片付けられてしまうのですが、私はこれもやはり人間の心理を見事に描いた名作だと思っています。

未だ妻を持たぬ主人は、好ましい妻を授けてもらおうと、太郎冠者を連れ、当時縁結びで有名な清水《きよみず》の観世音に参《さん》詣《けい》し御籠《おこも》りします。通夜《つや》(本来は、仏前または神前で終夜眠らずに祈願すること)の最中、主人は、「西門《さいもん》の一の階《きざはし》に立ったを汝が妻に定めい」という観世音からの霊夢《れいむ》を頂きました。主従は大喜び、急いで西門まで飛んで行くと、確かに一の階にたおやかな姿で美しいかつぎをかついだ女が一人、立っていました。「かつぎ」とは中世の女性たちが顔を見られぬよう、頭からすっぽり被っていた着物のことです。様々な時代、国、社会で女性に対する差別や規制は数多くあります。日本でも過去の時代、とりわけ身分の高い女性は、夫や家人あるいは特殊な立場の人以外の者に姿や顔を見られぬようにする風習があったのです。しかし、それはイスラム教のような厳格な戒律による規制ではなく、見せないことによって神秘性を高め、男性の憧れをかき立てる、日本的で逆説的な自己表現でもあったと思います。

さて主人は、その女性が霊夢の妻であるかどうか確認せよ、と太郎冠者に言い付けます。太郎冠者はそんな恥ずか

伊文字　階に立つ女が御夢想のお妻様らしいと主人に報告する太郎冠者。

しいことは嫌だと思いますが、主人の命令ではしかたがない、冷や汗をかきながら、やっとの思いで、

「ハア、それに立たせられましたは、もし、頼うだ者の、御夢想《ごむそう》の、お妻様ではござりませぬか。」

と尋ねました。「頼うだ者」とは「頼みに思っている者」すなわち主人を指す言葉です。すると女は大きくうなずきます。急いで主人に報告する太郎冠者。再び主人の命令で、

「お迎いを進ぜとうござるが、お宿はどこもとでござるぞ。」

と尋ねました。すると女は、

「恋しくは問うても来たれ伊勢の国、伊勢寺本《いせてらもと》に住むぞわらわは」

と謡って、すっと姿を消してしまいました。

不意を突かれた太郎冠者はあわてて後を追いますが見失ってしまい、しかたなく事の次第を主人に報告します。困ったことに太郎冠者は緊張のあまり、女の残した歌の後の半分を忘れてしまいました。

伊文字　急ぎの用で通りかかった男は、運悪く二人が設けた歌関に止められ。

「恋しくは問うても来たれ、い」

覚えているのはそこまでです。後の言葉がわからなくては女の住まいを訪ねることはできません。困り果てた主従は思案の揚げ句、太郎冠者の発案でこの場所に「関」を設け、行き来の人にこの和歌の後を付けさせようということになりました。「関」とは今で言う警察の検問のようなもの、こんな平和な世の中にそんなことは、と渋る主人。しかし、太郎冠者は風流な「歌関《うたぜき》」なのだからいいでしょうと主人を納得させました。

さて、二人が待ち構えているところへ一人の男が走り出て来ます。

通りの男「のう、忙しや、忙しや。忙しや、忙しや。
頼うだ人の急なお使いに山一つあなたへ参る。
まず急いで参ろう。のう、忙しや、忙しや。
忙しや、忙しや。」

男は急ぎの用事を言い付かって主人の家を飛び出して

来たのですが、運の悪いことに、「歌関」に引っ掛かってしまいます。

太郎冠者「ソリャ、かかった、かかった。」
通りの男「かかったとは。」
太郎冠者「関じゃ、関じゃ。」
通りの男「ここな者は。この御政道正《ごせいとう》しい御代に、新関《しんせき》を据《す》ゆるということがあるものか。」
太郎冠者「イヤ、これは歌関じゃによって、苦しゅうあるまい。」
通りの男「何、歌関じゃ。」
太郎冠者「なかなか。」
通りの男「まずはやさしい関じゃ。それには何ぞ子細ばしあるか。」

というわけで、男は事情を説明されますが、「歌の後を付けてくれ」という太郎冠者に、「聞いたあなたが知らないのに、何で自分にわかるものか。それより自分は主人の急なお使いで山一つ向こうまで行かなくてはならないのだから、ここを通してくれ」と言います。けれども太郎冠者も必死ですから、飛び越えて行こうとしてもくぐり抜けようとしても、後へ戻ろうとしても座り込もうとしても、どうしても男を通しません。男はついに諦めて歌の後を付けてみようと言います。

通りの男「思いも寄らぬ関守に、思いも寄らぬ関守に、仲人《なこうど》するぞ、おかしき。」

これは「次第」ですが、例外的に囃子を伴いません。「次第」は『名取川』で申し上げましたとおり、曲のテーマを表すものです。「思いも寄らぬ関守に仲人するぞ、おかしき」とはまさにこの通り掛かりの男の心境であり、この曲の重要なポイントです。いったい何の因果でこんなことをしなくてはならないんだろう、何だか妙なことになってしまった、それが男の本心です。しかし、歌の後を付けぬことにはどうしても通してもらえない。男は一刻も早くこの関を通過したいがため、一生懸命に考えます。たぶんそれは「い」の字のついた国の名であろうと推測します。

「いの字のついた国の名、いの字のついた国の名」、「伊賀の国」、違います。「伊予の国」、違います。それでは「伊勢の国」、そう、伊勢の国でした。

太郎冠者は吟じてみます。

「恋しくは問うても来たれ伊勢の国、い」、

しかし、またまた「い」で詰まってしまいました。「い」で詰まったと言うと、この男、「それは灯心《とうしん》引きの娘だろう」なんて冗談を言います。「灯心」といっても今では使われませんからご存じない方が多いでしょうが、菜種油に火を灯すときに使う芯のことで、藺草《いぐさ》の芯、正確に言えば、そのいちばん中心にある細い細いスポンジ状の芯で、油を吸い上げるのに最も適しているので重宝されたものです。この「藺」が詰まったということで、灯心を作る職人の娘じゃないかと冗談を言ったわけです。

男は、「ここまで付けてあげたのだから、残りは後から来る者に付けてもらってくれ」と言いますが、太郎冠者は、「せっかくここまで付けたのだから何とか最後まで付けてくれ」と譲りません。男は嫌々ながら、だいたい「国里」というくらいだから、国の後はたぶん「い」の字のついた里の名であろうと推測します。

「いの字のついた里の名、いの字のついた里の名」、「櫟《いち》の本」、違います。それでは「伊勢寺本」、そう、それでした。

伊文字　男の努力で無事に女の住まいがわかり、男は別れの舞を。

「恋しくは、問うても来たれ伊勢の国、伊勢寺本に住むぞわらわは」

太郎冠者は無事最後まで吟じることができました。ほっとした男は暇を告げ、立ち去ろうとします。するとそれまで黙っていた主人が立ち上がり、男の腕に手を掛け、引き戻します。

通りの男　「これまでなりや関守、さらばいとま申さん。」
主　「アラ、名残惜しやの。」
通りの男　「こなたも名残惜しけれど、明年《みょうねん》も通ろよ。」
主・太郎冠者　「さ明年も通ろよ。」
通りの男　「あの日をごろうぜ。」
主・太郎冠者　「山の端《は》にかかった。」
通りの男　「めいめいざらり。」
主・太郎冠者　「ざらりやざらり。」
通りの男　「梅はほろりと落つれども、」

主・太郎冠者　「鞠《まり》は枝に留まった。」
通りの男　「留まった、留まった。」
主・太郎冠者　「留《と》まり留《ど》まり留《と》まった。」
通りの男　「トット、イイヤア。」

と舞の型によってきちっと留め、この曲は終わります。この最後の部分は謡によるやりとりですが、この曲独特の極めて特徴的な部分です。ほかの狂言にはない非常に叙情詩的な雰囲気のある曲だと評価してくださる方もあります。しかし、私はこの曲もやはりただ情緒に訴えるのではなく、人間の心理を鋭くついたものと考えています。

主従にとってこの婚姻はたいへん重要な出来事です。しかもそれは清水の観世音の引き合わせによるものですから、そのような有り難い縁を、居所がわからないからといって簡単に諦めてしまうわけにはいきません。主従は何とか歌の後半部分を探りだし、女性の住まいを割り出そうと躍起になります。溺れる者は藁《わら》をも摑むとでもいうのでしょうか、通り掛かりの見知らぬ人の足を留めさせ、袖を摑んで何とかしてくれと懇願します。

しかし、何と言われようと、単なる一通行人にとってそれはまさに他人事、どうでもよい出来事です。それどころか自分には主人から頼まれた大事な仕事があって、それを果たさなければならないのですから、「通せんぼ」とはあまりにひどい、迷惑以外のなにものでもありません。ですから、通りの男が二人を助けたのはただそこを通してもらいたいからであって、決して彼らに同情し、力になってやりたいと思ったわけではありません。『思いも寄らぬ関守に、思いも寄らぬ関守に、仲人するぞ、おかしき』という次第はまさにそうした男の心情を表したもの、親切心から始まったわけではないし、また自発的に始めたことでもない、前にも後ろにも引けないという状態に追い込まれて観念し、ようやく重い腰を上げたわけで、積極的な意志はまるでないのです。

しかし、一旦「いの字のついた国の名」と考え始めると、男も一生懸命になります。男は男で一刻も早く、その謎の言葉を言い当てて、先に進まなければならないので必死なのです。努力の甲斐あって、男は見事、「いの字のついた国の名」「いの字のついた里の名」を言い当てます。大喜びの主従。「やれやれほっとした。さあ、先を急ごう」と慌ただしく暇を告げる男。その時、主人が後を追いかけ、腕に手を掛け、引き留めます。

『アラ、名残り惜しやの』という主人の言葉は少しも飾らない本心です。すると、つい今まで通行止めを迷惑がっていた男が、『こなたも名残惜しけれど』と返します。これもやはり社交辞令ではない、思わず口をついて出た真実の言葉なのです。『こなたも名残惜しけれど、明年も通ろよ』。お別れは残念だけれど、また会うこともあるでしょう。『さ明年も通ろよ』。きっと何度も会うことがあるでしょう。再び会えたらどんなにいいでしょう。

『あの日をごろうぜ』『山の端にかかった』。太陽が山の端にかかる夕方、その太陽とも別れ、日暮れは誰もが皆、それぞれ家に帰る時刻です。縁あってここで短い時間を共に過ごした者たちが再びそれぞれの元の生活に帰って行く、その時の到来。

『めいめいざらり』『ざらりやざらり』、繋がっていたものがばらばらになって、てんでに散っていくということ。『梅はほろりと落つれども』『鞠は枝に留まった』。いつまでも枝に付いていてほしい梅の実はすぐに落っこちてしまって、落ちてこなければいけない鞠が木の枝に引っ掛かっている。自分は用事で行く先があるのに、こんな所で引っ掛かってしまっている。世の中はそんなにふうにどうもうまくは廻らないものだ。自分の都合の良いようにはいかないものだ。

けれども、それだって決して悪いことばかりではない。『鞠は枝に留まった』『留まった留まった』『留まり留まり留まった』。留まって出会った見知らぬ者、袖振り合うも多生《たしょう》の縁《えん》、共に時を過ごす間に生まれる温かな心の交流。

歌の後を付けようと一生懸命したことも、男にとっては自分のためで、決して親切心から起こったことではありません。思いも寄らず仲人をして二人の男女の縁を結ばせた。自分にはまったく関わりのない出来事ですが、しかし、心から感謝されたとき、ちょっと照れ臭いけれども、何か晴れやかな気分に変わりましょう。それはもはや、自分がここを通過できるという安堵や自分の利益を追い求めたものではない、目出度い出来事で人の役に立てたという喜び、皆にとって嬉しい出来事に及ばずながら参加しているという、充実した晴れやかな心地なのです。狂言ではこうした幸福感を「祝言性」と呼んでいます。

迷惑だ迷惑だと言い、自分には関係ないと言いながら、結局のところ一肌も二肌も脱ぐはめになる。そういうことは日常生活にしばしば起こり得る出来事です。別々の生活をしながら、人間は皆どこかで関わり合い、迷惑をかけたり、頼りにされたり、助けたり助けられたりしている。この曲はそうした社会の縮図なのです。困ったなあ、しょうがないなあとぶつぶつ文句を言い、嫌々ながら手伝わされ、ありがとうと言われたときに、ちょっときまり悪く、でもちょっと嬉しくうなずいてみせる、そんな心の揺れ動きを描いたのが、この『伊文字』です。人の善性への信頼、狂言が善き人の善き笑いと言われる所以《ゆえん》も、こうしたあたりにあるのでしょう。

7　靭猿《うつぼざる》　価値観の違う二人の思惑は純なものをも犠牲にする

この曲は、横暴な大名が無理やり猿の皮を剥《は》ごうとするが、無垢な猿の姿に打たれて優しい心を取り戻す話ということになっております。確かに表面的にはそういうことなのですが、この曲もやはり、大名と猿引《さるひき》の価値観の違いから生じる葛藤を描いた心理劇であると私は思っています。

大　名　「遠国《おんごく》に隠れもない、大名です。ながなが在京致せば、心が屈して悪しゅうござるによって、今日《こんにった》は野遊《のゆ》山《さん》に出《じょ》うと存ずる。」

こう言って大名が登場します。今で言えば単身赴任でしょうか、役目のためか訴訟のためか、いずれにせよ、どうしても成し遂げなければならない任務があって、大名は妻子と離れ、都に逗留《とうりゅう》しています。慣れない都での生活、側にいるのは身の回りを世話してくれるわずかな家来だけの寂しい毎日、国元ではいかに大人物であろうともここでは誰もそのようには扱ってくれません。地方の者と都の者では何かと軋轢があって人間関係もうまくいかない。一刻も早く国元に帰りたい、懐かしい家族や友人たちの元に戻りたいと思っても、なかなか思うように事は運ばず、いらいらが募ってくる、そんな心境でしょう。狂言では簡単に「心が屈して悪しゅうござる」と言っておりますが、実際のところはかなり大きなストレスを抱え込んでいるということなのです。

靭猿　気晴らしに弓矢を携え狩に出かける大名と供をする太郎冠者。

そこで大名は太郎冠者を伴って気晴らしに遊山に出掛けるわけです。このとき大名は弓矢を携えています。しかも矢の先には「大雁股《おおかりまた》」を付けています。大雁股とは猛獣を射るときに使う矢じりです。猛獣は必ず一矢で倒さなければならない、中途半端なやり方では傷ついて怒り狂った獣が凄まじい反撃に出て、たいへん危険なことになるからです。そのために殺傷能力の高い大雁股を付けているわけで、狩りは狩りでも鳥や小動物を射るのではなくて、かなり大きな獲物を狙った本格的な狩りということになります。遊山に出掛けると言っても風流な遊びではなく、あからさまに殺生をして気晴らしをしようという荒っぽい性格があるわけで、そのあたりにも都での人間関係がうまくいかないひとつの要因があるのかもしれません。

大　名「何ぞ居よかし、こぶしのほどを見せたいものじゃ。」
太郎冠者「おこぶしのほどを拝見致したいものでござ

る。」

「こぶし」というのは、鷹狩りで鷹をこぶしに据えて狩りをしたので、そこから転じて猟の腕前を「こぶし」というようになったということですが、そのように自信たっぷりに太郎冠者に自分の腕前を見せてやろうと張り切っているわけです。さて、そんな大名と太郎冠者の前に猿を連れた猿引が現れます。

猿　引「まし、行け行け、まし、行け行け。まかり出でたる者はこのあたりに住まい致す猿引でござる。今日は一段の天気でござるによって、檀那廻《だんなまわ》りを致そうと存ずる。まし、行け行け。」

大　名「ヤイ、太郎冠者。それへ出たは猿ではないか。」

太郎冠者「まことに猿そうにござる。」

大　名「さてもさても、毛の込うだよい猿じゃ。」

「まし」とは猿のこと。「猿」は「去る」に通じる「忌詞《いみことば》」で、これを嫌う人、あるいは使うのは控えた方がいい場合に、このような別称、「翳詞《かざしことば》」を用います。こうした「忌詞」「翳詞」もやはり、前に申しましたように、口に出した言葉が生命を持つ、実現するという「言霊信仰」に基づくものです。そんなものは迷信だと一笑に付される方もおいででしょうが、人生を左右する重大事のとき、また些細なことで動揺しやすい不安定な精神状態に置かれているとき、不用意な言葉がもたらす思わぬ不幸を避けるための配慮と思いやりの心は忘れてはならないものでしょう。

さて、大名は猿の側へ近づきます。すると猿は「キャア、キャア、キャア、キャア」と言って大名に飛びかかり、引っ掻こうとします。猿引は驚いて猿につけた紐を引っ張って呼び戻します。後でわかりますが、この猿はしっかりとしつけをし、芸を仕込んである猿ですから、普通なら人を引っ掻くなど絶対にないはずなのです。しかし、猿は突然大名に飛びかかろうとした。これはおそらく動物特有の鋭い勘で大名が自分をどのように見ているのかを感じ取ったためだろうと思わせる演出になっているのです。

「さてもさても、毛の込うだよい猿じゃ」、実は大名は猿を見た途端、その毛皮が自分の「靭《うつぼ》」に張るのにちょうどいいとひらめいたのでした。靭とは矢を入れて腰に付ける容れ物のことで、当時この靭に猿をはじめ様々な獣の毛皮を張るのが流行っていたのでした。大名は自分の靭に猿の毛皮を付けた様子を想像しながら猿に近づき、その毛並みと靭を見比べます。その殺気、自分の命に関わる一大事を動物の鋭い直感でぴっと感じ取った猿は、大名を敵とみなしていきなり飛びかかってしまった。猿引は良く仕込んであるはずの猿が突然大名を引っ掻こうとしたのでびっくりします。どんなお咎《とが》めがあるかもしれないとびくびくしながら、太郎冠者にとりなしてくれるよう頼みます。

ところが大名は太郎冠者がとりなすより前に、「ヤイヤイ、太郎冠者、苦しゅうないと言え」と言います。つまり、「気にするな」と言って許してくれるわけです。猿に飛びかかられたときも、大名はそれをかわしながら高らかに笑います。それをご覧になったらずいぶんおおらかな殿様だなと思うでしょう。通りすがりの猿に突然引っ掻かれそうになったら、誰だってカッとなります。よっぽど大人物でもなければ、鷹揚《おうよう》に笑っていられるものではありません。

しかし、この大名は決して心が広いので笑っていたわけではない。自分の靭にぴったりの毛皮におおわれた猿を見て一目で気に入ってしまったのです。目の前に恰好の獲物が現れた、それが嬉しくてたまらない。猿に引っ掻かれようがどうしようが、何とも思わないわけです。勿論、猿引はそんなこととは知りません。なんて心の広い、おおらかな殿様だろうと思うわけです。しかし、大名の心を占めているのはまったく別のことです。

大　名「太郎冠者、こちへ来い。」
太郎冠者「何事でござる。」
大　名「行て言おうは、あの猿は能猿《のうざる》かと言うて問うて来い。」
太郎冠者「心得ました。」

猿引はもちろん「能猿」、つまり芸能をする猿だと返事をします。皮が欲しいと思っているときに、なぜ「能猿か」と聞いたのか。それは、もしかして芸能をする猿であったら皮を剥ぐのはさすがにまずいだろう、猿引は簡単には手放さないだろうと考えたからです。それは次の言葉でわかります。

太郎冠者「いかにも能猿じゃと申しまする。」
大　名「ウーン、能猿じゃと言うか。」
太郎冠者「さようでござる。」
大　名「それならば行て言おうは、『猿引に初めて会うて、無心を言《の》うはいかがなれども、ちと頼みたいことがあるが、聞いてくりょうか』と言うて問うて来い。」
太郎冠者「畏《かしこ》まってござる。」

猿引の方は初め「能猿か」と聞かれて、次に「頼みたいことがある」と言われたら、当然、猿の芸を披露せよということだと思うでしょう。うまくいけばこの立派な殿様がスポンサーになってくれるかもしれない。猿引は大名の言葉にすでに期待をしているけれど、一応へりくだって、「自分のような猿引などに殿様が御用などあるとも思えません。ですが、分相応のお役に立つことがありましたら仰せください」と答えます。

太郎冠者「『猿引づれに何も御用はござりますまい。さりながら、似合いました御用ならば承りましょう』と申しまする。」
大　名「聞こうと言うか。」
太郎冠者「さようでござる。」
大　名「猿引に礼を言おう。」
太郎冠者「ようござりましょう。」

大名は猿引の返事を聞いて、待ってましたとばかり、猿引に直接、「のうのう、猿引」と呼びかけます。それまでは身分の違いもありましょうから、大名は猿引とは直接言葉を交わさず、すべて太郎冠者を通して話をしていたのですが、このとき初めて猿引に直接声を掛けるのです。猿引は突然殿様に声を掛けられて恐縮し、「ハアーッ」と畏まります。大名は言います。

大　名「初めて会うて無心を言うたれば、聞こうとあって、過分に存ずる。」

大名は少し頭を下げ、会釈します。

猿　引　「これはお礼までもござりませぬ。」

大名の「御用」、また「無心」とは猿の芸を披露せよということだと猿引は思い込んでいますから、なぜそんな当たり前のことに偉い大名がお礼を言うのかと、ちょっと不思議に思うわけです。しかし、大名はとんでもないことを言い出します。

大　名　「太郎冠者、こちへ来い。」
太郎冠者「畏まってござる。」
大　名　「行て言おうは、『無心と言っぱ別なることでもない。汝も知るとおり、この着けた靭を内々猿皮靭にしとう思えども、いまだ似合わしい猿の皮がない。見ればあの猿は毛の込うだよい猿じゃによって、皮を貸せ、靭にかけたい』と言え。」
太郎冠者「畏まってござる。」

たった今、自分でお礼を言ったばかりなのですから、ついでにお願いも自分で言えばいい。しかし、さすがに気が咎めるのでしょう、嫌なことは太郎冠者に言わせるのです。それを聞いた猿引はもちろん冗談だと思います。

猿　引　「それは殿様の御機嫌のあまりに、お戯れことをがな仰せらるるものでござろう。真実の御用が承りたいと仰せられい。」

何しろ心の広い良い殿様だと思っていますので、まさかそんな無茶苦茶なことを本気で言っているとは思いません。けれどそれは冗談ではなかった。猿引は驚きます。

太郎冠者「イヤ、のうのう、頼うだ人、仰せらるる、『長う借ることかと思うて、そう言うであろうが、一年か二年かけたならばあとはそのまま返そう』と仰せらるる。」

猿　引「ヤ、すれば御真実でござるか。」

太郎冠者「なかなか。」

猿　引「イヤ、申し、こなたもよう思うてもみさせられい。この猿は生きております る。皮をはげばそのまま命《めい》が失せまする。私もこの猿をもって身命《しんみよう》をつなぐ者でござる。いかにお大名でもそのようなことは言わぬものじゃと仰せられい。」

それを聞いた大名は激怒します。

大　名「ヤイヤイヤイ、猿引。」

猿　引「ヤア。」

大　名「ヤアとはおのれ、憎いやつの。最前は貸すように言うて諸侍《しよさむらい》に一礼までを言わせ、いまさら貸すまいということがあるものか。」

先に礼を言ったのは、これを盾に取るつもりだったのです。まず礼を言ってしまって、猿引に引っ込みがつかないようにしてしまう。猿が能猿だと聞き、そう易々とは手放さないだろうことを見越して先手を打ったわけです。しかし猿引も負けてはおりません。

猿引　「ヤアラ、こなたも御仁体《ごじんたい》でござるが、無体なことを仰せらるる。この猿は生きておりまする。皮をはげばそのまま命が失せまする。いかにお大名でもそのような無体なことは言わぬものでござる。」

大名　「おのれ、そのつれを言うたならば、ために悪かろう。」

猿引　「ために悪かろうと言うて何と召さる。」

大名　「目にものを見しょう。」

猿引　「それは誰が。」

大名　「みどもが。」

猿引　「猿引じゃと思うて侮っておしゃるか。似合いに檀那を持っていまする。おそらくそのつれなことに怖《お》ずる猿引ではござらぬ。」

大名　「ていとそう言うか。」

猿引　「おんでもないこと。」

大名　「悔もうぞよ。」

猿引　「なんの悔むものか。まし、行け行け。」

大名　「たった今、目にものを見しょう。」

靭猿　猿の皮を断られ、怒りのまま猿引ともども射殺そうとする大名。

太郎冠者「（猿引に）のうのう、お貸しゃらいでの。」
猿　引「ならぬことでござる。早う行け、早う行け。」

大名は脅しますが、猿引も一歩も後へ引きません。猿引だと思って馬鹿にしているのだろうけれど、自分だって立派な後ろ盾を持っているんだ、そんな脅しにびくびくするような猿引ではないと言って、猿を連れてその場を立ち去ろうとします。大名は目にものを見せてやろうと捨て台詞を吐きます。するとそれまで静観していた太郎冠者が猿引に「貸さなくてだいじょうぶですか」と言います。大名の性格を知り尽くしていて、このままでは済まないことを知っている太郎冠者が、猿引の身を案じて進言したのですが、猿引は頑なに拒否します。

大　名「太郎冠者、そこをのけ。猿引ともに射殺いてやろう。」

案の定、大名は弓に矢をつがえ、猿引と猿に向かってキリキリと弓を引き絞ります。矢の先には猛獣をも一矢で仕留める大雁股が光っています。こうなってはしかたがない、猿引は泣く泣く猿を引き渡すことを承知します。

太郎冠者「申し、貸そうと申しまする。」
大　名「そうのうて叶おうか。ヤイ、早う貸せと言え。」
太郎冠者「畏まってござる。（猿引に）サアサア、早う貸せと仰せらるる。」
猿　引「さてさてお気の早い殿様でござる。何とおわびことはなりますまいか。」
太郎冠者「イヤイヤ、それはならぬことじゃ。」
猿　引「それならば、そう仰せ上げられて下されい。『あの大雁股で射させられましたならば、猿の皮に傷が付いて御用に立ちますまい。ここに猿の一打《ひとうち》と申して、鞭《むち》一つで命《めい》の失《う》する所がござる。こればし打って上げましょうか』と仰せられい。」
太郎冠者「心得た。」

猿引はもしかして殿様の気が変わらないかと思っています。しかし、大名の方は一刻も早く皮が欲しくてならない。それで猿引は猿の皮が駄目にならないように、自分の手で猿の急所を一打ちにして殺して差し出しましょうと言います。

太郎冠者「『いかようにしてなりとも、早う貸せ』と仰せらるる。」

猿　引　「何とおわびことはなりますまいか。」
太郎冠者「くどいことをおしゃる。ならぬと言うに。」
猿　引　「それならばぜひに及びませぬ。ただいま打って上げましょうと仰せられい。」
太郎冠者「心得た。」

猿引はまだ一縷《いちる》の望みを託していますが、太郎冠者に駄目だと言われてしまいます。しかたなく猿に向かって、「やむなくおまえの命を取るけれど、決して恨んでくれるなよ」と因果を含め、鞭を振り上げる。すると猿はその鞭を取り上げて、船を漕ぐ真似をするのです。それを見た猿引は泣き出します。

大　名　「ヤイ、太郎冠者、何をぐどぐどしている。早う打って出せと言え。」
太郎冠者「畏まってござる。（猿引に）のうのう、『何をぐどぐどしている。早う打って出せ』と仰せらるる。」
猿　引　「さればそのことでござる。『この猿は子猿の時より飼い育て、いろいろ芸能を教えてござる。なかにもこの間、舟の櫓《ろ》を押すまねを教えてござれば、畜生の悲しさは、今おのれが命を失することをば存ぜいで、また例の舟漕ぐまねをせよということかと存じ、打つ杖をおっ取って舟の櫓を押すまねを致しまする。あの体《てい》を見ましては、たとえ猿引ともに射て取らせらりょうとござっても、猿において打つことはならぬ』と仰せられい。」

太郎冠者はそのとおり、大名に伝えます。するとそれを聞いた大名は、さめざめと泣き始めるのです。

大　名　「さてさて、あわれなことじゃ。猿引に、『な打っそ』と言え、『な打っそ』と言え。」

「な打っそ」、つまり係り結びの表現、「な……そ」、「な打ちそ」の詰まった形で、「打つな」という意味です。それを聞いた猿引は喜びます。

猿　引　「それはまことでござるか。」
太郎冠者「まことじゃ。」
猿　引　「真実でござるか。」
太郎冠者「一定《いちじょう》じゃ。」
猿　引　「アッアーッ、ひとえにこなたのおとりなしゆえでござる。猿にお礼を申させましょう。」
太郎冠者「それがよかろう。」
猿　引　「ヤイヤイ、まし、それへ出て殿様にお礼を申せ。」
猿　　　「キャアキャアキャアキャア。」
大　名　「ヤイヤイ、猿が礼を言うは。」
太郎冠者「さようでござる。」
猿　引　「太郎冠者殿にもお礼を申せ。」
猿　　　「キャアキャアキャアキャア。」
大　名　「汝にまで礼を言うは。」

靭猿　命びろいした猿のお礼の舞を見て、ともに興じる大名。

太郎冠者「私にも礼を申しまする。」
大　名「さてさて利根《りこん》なものじゃなあ。」
太郎冠者「さようでござる。」
猿　引「申し申し、太郎冠者殿、めでとう猿に舞わせましょうかと仰せられい。」
太郎冠者「心得た。（大名に）イヤ申し、『めでとう猿に舞わせましょうか』と申しまする。」
大　名「早う舞わせいと言え。」
太郎冠者「畏まってござる。（猿引に）『早う舞わせい』と仰せらるる。」
猿　引「心得ました。（猿に）ヤイヤイ、それへ出て舞を舞え、舞を舞え。」

猿引は命を助けてもらったお礼に猿唄を謡い、猿の芸を大名に見せます。

「猿が参りてこなたの御知行《ごちぎょ》、まっさるめでたき能仕《つかまつ》る。踊るが手もとたちみまやに、牧おろしの春の駒が鼻を揃えて参りたり。もとより鼓は波の音、寄せ来る波をかぞえ申せば、真如のさえずり音楽の声、諸法実相とひびき渡れば、地より泉が相生《そうじょう》して、天より宝が降り下る。……」

と始まる猿唄はおそらく、当時流行していたのでしょう、様々な風物を織り込んで賑やかに展開していきます。大名は大喜びで、褒美に自分の扇子・刀、着ていた小袖《こそで》・裃《かみしも》すべてを脱ぎ捨てて、猿引と猿に与えます。そしてすっかり身軽になって猿と一緒に舞い戯れ始めるのです。

「一の幣立《へいだ》て、二の幣立て、三に黒駒、信濃をとれ、船頭殿こそゆうけんなれ。泊《とま》り泊《どま》りをながめつつ、かのまた獅子と申すには、百済国《はくさいこく》にて普賢《ふげん》・文殊《もんじゅ》の召されたる、猿と獅子とは御使者のもの、なお千秋《せんしゅう》や万歳《ばんぜい》と、俵を重ねて面々に、俵を重ねて面々に、俵を重ねて面々に、楽しゅうなるこそめでたけれ。」

と留めて終わります。

この曲の中では二つの価値観が対立します。靭に張るために毛皮を手に入れたい大名にとって猿の価値は皮でしかありません。それに対して猿引は芸をやってくれるからこそ大事にしているのです。ひとつのものを挟んで両者の見方がまるで違う、同じものでも異なる価値観で見るとまったく別の意味が生じてくるということ、そういった皮肉のようなものも狂言は観ているのではないかと思います。違う価値観のもとでの両者の勝手な思い込みが対立をよりいっそう根深くしてしまう。しかし、人間の言葉を介さぬ猿は頭上で繰り広げられる人間同士の醜い争いを知りません。ただ無心に、自分が教わった芸を一生懸命にやって見せる、その無垢な姿、いじらしさが大名の心を解きほぐすのです。慣れない都での孤独な生活、そのストレスから生じる苛立ち、擦り切れて殺伐とした心が欲していたのは、狩りでも獲物でもなく、温かい心の触れ合い、そして涙ではなかったでしょうか。無垢な猿の姿に心打たれ涙した大名は、それとともに心のうちの屈託もきれいに洗い流してしまったのでしょう。

野生の生き物相手とはいえ、殺生を好み、猿引に無心して断られると猿引も猿と一緒に射殺してやると脅す猛々しい大名ですが、最初に猿が飛びかかって来たときに、その落ち度を盾に取って成敗し、皮を取り上げてしまうことをしませんでした。それはこの大名が本質的には善き人であるということ、また狂言は人間の本質は善であることを信じているということです。

猿の芸を喜んだ大名は、扇や刀や着ていた小袖・裃を与えてしまいますが、それは単に褒美を授けるということではない、そのとき持っていた品々を与えたということではないと私は考えます。扇を渡したのは心の交流がなされたことの象徴、刀、つまり武器を渡すということは敵対の気持ちを捨て去った証、小袖・裃を脱ぎ捨てたのは権威や身分を放棄したということ、それらを捨て去った大名がごく普通の一人間に立ち戻っていく姿を表しているのだと。現存する最古の狂言台本——もっともここに記されているのは粗筋だけですが——『天正《てんしょう》狂言本』には「これを見てふびんとゆうて殿も泣く。さてかたな小袖とらする後、猿になりて太郎冠者に引かるる」とあります。今はそこまではいたしませんが、人間は余計なものをすべて捨て、まっさらな気持ちになったとき、そんなにも純真になれるのかもしれません。

また猿引は一度失いかけた猿を再び自分の手元にしっかりと取り戻したとき、この猿に今までにない新たな意味を見出します。猿は芸をすることによって猿引に生活の糧をもたらします。もちろん子どものときから手塩にかけて育ててきたのですから、愛情はありましょう。しかし、あくまでも商売道具として大事なものであった。ところが、いざ殺されるというときになって初めて、自分にとって猿がどれほど大切なものであったか、その小さな命そのものの愛しさを見出したのだと思うのです。最初に猿引きは猿を紐で引いて出て参ります。けれど、九死に一生を得て我が懐に帰ってきた猿を、猿引はまるで我が子を背負うようにしっかりと自分の背に負って、去って行くのです。安心して心地よく猿引の背に負われていく猿、両者の絆がしっかりと結ばれた証としての無言の演出です。

ところで、問題の「猿皮靭」ですが、これを流行させたのは、世阿弥の後援者であり、バサラ大名として有名な佐々木道誉《どうよ》と言われています。佐々木家と比叡山延暦寺との長年にわたる確執、その末に道誉が天台宗妙法院に焼き打ちを企てたのは一三四〇（暦応三）年十月、怒り狂う延暦寺をなだめるために、形ばかりの流罪が道誉に言い渡されます。ところがこの時、道誉の見送りに付き従った若党《わかとう》三百人余りが皆揃って、猿皮の靭に猿皮の腰当てで身を固め、世間の度肝を抜いたのです。猿は比叡山の守護神である日吉神社の「神獣《しんじゅう》」、その猿の皮を剥いで靭に張った威風堂々の大行列はまさに比叡山への面当て、大胆不敵な挑戦にほかなりません。極めて無謀に見える道誉の振る舞いですが、確信犯的な行為と言いましょうか、当然、勝算あってのことでしょう。他人から見れば、そんなことに命を賭けてどうするのだというようなきわどく危険な行為も、名誉を守るためにはあえて辞さぬところに、佐々木道誉という、世間と時代を見据えた人間としての真骨頂があるのでしょう。

靭はまた、「うつほ」「空（うつほ）」「空洞（うつほら）」、つまり空っぽの状態、空っぽの物を表す言葉でもあります。流行というものはおおよそ奇抜で目新しいもので、それらは初め何らかの意味があってこの世に送り出されたのでしょう。しかし、いつの時代もそうした意義や信念はいとも容易《たやす》く忘れられ、虚《うつ》ろな形ばかりが流行るものです。大名が虚ろなる物の象徴としての「靭」にこだわり、それを覆う毛皮の獲得に血道《ちみち》を上げ、果ては人の命、動物の命を犠牲にしかねないという設定にしてあるところも、狂言の人間洞察の深さと言えるでしょう。そして大名が猿と猿引に与えた三つのもの、心の交流を表す扇、敵対心放棄の刀、身分権威を捨てた衣服、それらの譲渡には「人間とは善きもの」を根底に据えた狂言の描く後味の爽やかさが見て取れるはずです。

8 花子《はなご》 恋とは必ずうつろうもの、でも凡人はそれを繰り返す

『花子』は「極重習《ごくおもならい》」といって、年齢的に精神的に技術的に、高いレベルに到達した人でなければ演じることの許されない曲です。この「極重習」というような言い方はあくまで演者の側の問題であって、ご覧になるお客様に、「だからこれはたいへんな曲なんですよ」ともったいぶって宣伝をするような態度は極力控えなければならないことですが、なぜ「極重習」とされているのか、気軽に演じることを許さないのか、その理由を問うことは、狂言の表現や演技について考える上で大事なことでしょう。一部の演者や批評家の中には、こうした扱いを秘密主義、事大主義と捉え、現代の人々にとっては退屈以外のなにものでもないので、台本も演出も変えて他の狂言同様の扱いで演じた方がいいと言う人もいます。しかし、私はそれは間違いだとはっきり申し上げます。『花子』は権威主義から「極重習」とされているのではなく、そのように扱われるべき理由があるからです。

『花子』は簡単に言って、夫と妻と夫の愛人、つまり三角関係の話です。登場人物は三人、しかしこの三人とは、「夫と妻と夫の愛人」ではなく、「夫と妻と太郎冠者」であって、この曲のストーリー上の要となる夫の愛人「花子」は最後まで姿を現しません。何ゆえ「花子」を舞台の上に登場させないのか、これも狂言の演出の特徴でしょう。

花子　夫の必死の頼みに、一夜の座禅を許す妻。

主人公の男は以前、東国へ下った折、途中の美濃の国、野上《のがみ》の宿で「花子」という女と親しくなります。そういうときよくあるように、都へ戻るときには必ず連れて帰ろうといいかげんな口約束をするのですが、その言葉を頼りに花子は都へやって来て、しきりに会いたいと手紙を寄越しました。しかし、男には世話焼きの妻がぴったり寄り添い片時も側を離れず、会いに行くことが叶いません。そこで男は、この頃夢見が悪いので仏詣《ぶつけい》したい、国々の寺々を廻りたいので一年二年の暇が欲しいと言います。しかし妻はそんなに長い間離れて暮らすことはできないと許してくれません。それでは家の持仏堂《じぶつどう》に籠もり、七日七夜座禅を組みたいと言うと、妻は自分が側にいてあれこれ面倒見ようと言い出す始末。女性の存在は障《さわ》りになるから独りにしてほしいと懇願し、ようやく一晩の座禅を許可してもらいます。しかし、世話焼きの妻がほんとうにほっといてくれるわけはない。そこで覗かれても大丈夫なように、自分の代わりに座禅衾《ぶすま》を被って座禅の姿をしてくれるよう太郎冠者に頼みます。奥方が恐ろしい太郎冠者は断りますが、主人が刀の柄に手をかけて脅してくるのでしかたなく身代わりを引き受けます。男は喜々として花子のもとへ飛んで行きました。

さて、やはり夫のことが心配な妻は案の定、座禅の様子を覗きに持仏堂へやって来ます。その窮屈そうな姿が気の毒だと無理やり座禅衾を引きはがすと、中にいたのは太郎冠者、夫が花子のところへ行ったことを告げられた妻は怒り心頭、太郎冠者を下がらせ自分が被《かつ》ぎを被ってじっと夫の帰りを待ちます。

「美濃の国、野上の宿の花子という女」とお聞きになれば、能をご存じの方は、『班女《はんじょ》』という曲を思い浮かべるでしょう。美濃の国、野上の宿の遊女・花子が、再会を約束して扇を取り交わし別れた恋人、吉田の少将を恋い慕うあまり、心定かではない状態となり、都へ彷徨《さまよ》い出るという曲です。

確かにこの始まりの科白は『班女』を意識したものですし、穿《うが》った見方をすれば、能『班女』の最後で無事に恋人と再会できた花子の後日談が狂言『花子』であり、さらに恋人との間にできた子どもを人買いにさらわれた花子が、狂女となってたった一人、その子を探して遙々と東国まで旅する物語が能『隅田川《すみだがわ》』、これらは三部作となっていると言う人もいます。『班女』は世阿弥の作、『隅田川』はその長男、元雅《もとまさ》の作品。ですから元雅は父の『班女』を強く意識して『隅田川』を作ったということも考えられますが、『花子』に関して言えば、それらの能とは何の関係もありません。ただ一つ言えることは、能の描く恋愛の幸不幸、そして至上の幸福の後に訪れる痛ましい悲劇、それらによって人々を酔わせ涙させる能に対して、狂言は男女の関係、美しいはずの恋愛も人間の愚かしさの生み出す産物としてクールに捉えているのです。

話を『花子』に戻しますと、美貌の愛人との再会を果たして夢のような一夜を過ごし、その夢覚めやらぬ心地で帰途についた男が再び舞台に登場します。このとき男は素袍《すおう》の片袖を脱いだ姿で現れます。これは服装の乱れを表す表

花子　花子との一夜を過ごし、夢見心地で謡いながら帰宅する夫。

現です。

狂言では普通、大名は素袍、主は長裃《ながかみしも》、太郎冠者は狂言肩衣《かたぎぬ》に狂言袴というように、それぞれの役が着用する装束は身分や職種などによって決まっていますが、色や模様に関しては演者自身の選択に任されています。自分の好みや季節感、他の役とのバランス等を考え、その時々でいろいろな色や模様を使うことができますが、『花子』のシテに限っては決まった装束を使う習いがあり、この装束は他の狂言では決して使うことはできません。狂言の家々によって決まり模様があり、我が家では「枝垂《しだ》れ桜模様」の「紅地唐織《からおり》」に「紺地に藤と八ツ橋模様」の「精好素袍《せいごうすおう》」となっています。「精好」というのは厚手の絹地のことで、狂言で使用する素袍は基本的に麻地、精好地のものは、『花子』のシテの他には、『末広《すえひろがり》』の「果報者《かほうもの》」や「聟狂言」の聟役といった、特別に目出度い役にのみ使われます。『花子』のシテの着用するこれらの装束は狂言としては極めて華麗で豪華な品です。それはこの曲の格調を高めるためであると同時に、この派手な装束を形良く品良く着こなせるだけの風格を得て初めて演じることを許されるということでもありましょう。

さて、「花子」との忘れられぬ一夜を過ごした男、狂言はその心情を謡で表現します。

夫　「(小歌)ふけゆく鐘、別れの鳥も、ひとり寝《ぬ》る夜《よ》はさわらぬものを。アア、さて、柳の糸の乱れ心、いついつ忘りょうぞ、寝乱れ髪の面影。私の恋は、因果か縁か、因果と縁とは車の両輪《りょうわ》のごとく、たださかりそめに、いつの春か、思い初《そ》めて忘られぬ、花の宴や花の宴。寺々の鐘撞《つ》くやつは憎いな。恋い恋いて、まれに会う夜は日の出《ず》るまでも、寝《ね》ようとすれば、まだ夜深きに、ゴンゴウゴ、ゴンゴウと、撞くにまた寝られぬ。」

花子　花子との逢瀬を太郎冠者に謡い掛けるが、実は中には妻が。

そして持仏堂に帰りつくと、未だ夢心地の夫は被ぎを被った太郎冠者相手に、それが実は妻とも知らず、花子との逢瀬の様子を物語ります。ここでも科白の中に小歌が自在に織り込まれます。

夫　「（科白）まず今夜、はるばるとあれへ行てな。
内の体《てい》を聞いていたれば、花子はや
さしや、小歌でな。
（小歌）灯消えて暗うして、いと物すごき折
ふしに、君がきたろうにゃ
（科白）と、某《それがし》を君にして謡われたによって、
みどもうれしさに、妻戸《つまど》をほとほ
とと叩いたれば、内より誰《た》そと言う
た。その時腹がたって、
（小歌）雨の降る夜は誰が濡れて来うずろう
に、誰ぞよと咎むるは人ふたり待つ
身かの。ただ置いて雨に打たせよ
（科白）とかはの、と言うたれば、

(小歌)夜ふけて来たが憎いほどに
(科白)とは謡われたれども、何が待ちかねたことなれば、内よりもかけがねをりんと外された。その時、
(小歌)妻戸をきりりと押し開く、御簾《みす》の追風匂い来る。人の心の奥深き、その情けこそ都なれ。花の春、紅葉の秋、誰が思い寝となりぬらん
(科白)と言うて、ひったりと抱《いだ》き付いたれば、花子のおしゃるは、『一日《ひとひ》進じた文《ふみ》をさもしてお捨《す》ちやったとの、のう腹立ちや』と言うて突きたおされた。その時、
(小歌)情けの文は小車《おぐるま》よ、小車よ。ただ失うて叶うまじ、廻り会うまで。……」

そしてまた、夜が明けて別れの場面。

夫 「(小歌)寝乱れ髪をぼじゃぼじゃとゆり下げて、いつに忘りょうぞ面影。天竺《てんじく》・震旦《しだん》・我が朝、三国一じゃよの。夜はすでに明けければ、すごすごとさてお帰ろうよの。吹上の真砂《まさご》の数、さらばさらばよ。はるばると送り来て、面影の立つ方をかえりみたれば、月細く残りたり、名残惜しやの。」

狂言としては珍しく情緒的な謡ですが、謡によって表すのは、甘美な恋に酔いしれる心情を訴えるだけではありません。男女の逢瀬、ラブシーンの生々しさを封じ、能舞台にふさわしい格調と品位ある表現を保つため、それゆえにこの謡は狂言の他の小謡とは異なる、非常に難しい、微妙な抑揚をつけた節回しを用い、技術的にも精神的にもある境地まで到達した者でなければ演じることのできないように作られているのです。これは伝承の中で作り上げた規制

であり、抑制でもあり、また難しさを克服するために費やす緊張感を、より高いところを求める向上心にすり替えさせる目的と私は考えております。

　このように男女間に生じるなまめかしい感情の表現を謡の高度な技術によって能舞台にふさわしい次元に高めようとするやり方は、この他にもたとえば『節分《せつぶん》』という曲でも使われています。

　『節分』は、出雲へ年籠りに出掛けた夫の留守を独りで守っている若妻のもとに、節分の夜、蓬莱《ほうらい》の島の鬼がやって来るところから始まります。「夜更けて、一人暮らしの若い女性のところへ、見知らぬ男がやって来た」となると、どんなにおぞましい事件が起こるかと嫌な気分になりますが、それが「鬼」となれば話は全然別です。赤ちゃんを抱いた若妻が里帰りする途中で鬼に出会う『鬼《おに》の継子《ままこ》』や、眉目《びもく》麗しい若武者が鬼の娘に食い初《ぞ》めされそうになる『首《くび》引《ひき》』も、もしもそれが「鬼」でなかったとしたら、たいへんきわどい話でありましょう。鬼の姿を借りることによって一種の寓話として、子どもが見たら恐ろしい鬼と人間との知恵比べ、力比べとして見ることのできるように、また大人にとってはその奥に隠された様々な意味が解釈可能なように狂言は作られているのです。

　そしてまた『節分』では、先ほど申し上げましたとおり、若妻の美しさに一目惚れをした鬼が一緒になろうと口説く場面で、鬼が抱くやるせない心情を謡によって表します。それによって言葉の生々しさを回避し、能舞台にふさわしい抑制された表現が生み出されるわけです。

　さて、太郎冠者相手に存分に花子との一部始終を語った夫は、「あの美しい花子と一緒にならず、口やかましい妻と一緒になっているというのは、何と残念だ」と言いながら座禅衾を引きはがし、びっくり仰天。地団駄を踏んで怒鳴りつける妻は「どこへ行っていた」と責め立てます。慌てた夫はしどろもどろで、「筑紫《つくし》の五百羅漢《ごひゃくらかん》へ行っていた、信濃の善光寺へ行っていた」と言い訳しながら逃げて行く、ということになります。

狂言に登場する女性は、「わわしい女」という言葉で表現されます。「わわしい」とは、「うるさい、口やかましい」ということで、誠に失礼ながら、いつの世にも変わらぬ「夫から見た妻という存在」なのでしょう。けれども、女性は男性に従うものとされ、女性の在り方・生き方に厳格な規制が敷かれていた時代にこのような強くたくましい自立した女性像が認知され、また表現されていたことは、なかなか意味深いものではないかと思うのです。「わわしい」とは決して否定的な意味でのみ使われているわけではありません。実際、狂言に登場する妻はほとんどがかいがいしくけなげな働き者です。中には大酒飲みの困った妻（『因幡堂《いなばどう》』）もいますが、趣味に熱中するあまり、家のことはほったらかしの夫や、一日中友人と遊び歩き、収入のない夫に代わって、家の仕事や商売の一切を引き受け、朝から晩まで必死に働き、家計を支えている妻（『石神《いしがみ》』『河原太郎《かわらたろう》』『箕被《みかづき》』『鎌腹《かまばら》』）、世間の嫌われ者の夫のただ一人の味方である勇猛果敢な妻（『千切木《ちぎりき》』）なのです。うるさい、やかましいと言いながら、夫はその実、妻を心底頼りにしています。怠け者の夫についに愛想を尽かして実家へ戻ろうとする妻を、いなくなられては困るとあれこれ策略を巡らして思い留まらせようとする夫（『石神』）もいます。しかし、生活感あふれる妻たちは夫にとってあまりに現実的であり、恋心をくすぐることも、夫にとっての夢となることもないわけです。もちろんそれはたくましい妻にならざるをえない状況があるからこそであり、夫の側の身勝手以外のなにものでもありませんが。

『花子』の妻も太郎冠者に「あのおかみ様は余のおかみ様と違いまして、殊の外わわしゅうござりまするによって、このことが後日《ごにち》に知れましたならば」と恐れられている「わわしい」奥方です。けれどもただ怖いばかりではありません。「夢見が悪いので仏詣《ぶつけい》したい」という夫に、「こなたほどのお方が、夢などを心にかけさせらるると申すことがあるものでござるか。夢と申すものははかないもので、合うも不思議、合わぬも不思議、ただ何事もはかない夢の浮世でござるによって、そっともお心をかけさせられぬがようござる」というしっかりした人生哲学を持っている妻です。また「持仏堂へ閉じ籠もって、七日七夜の座禅をする」という夫に、「わらわがおそばに付いていて、湯も茶も取って進じましょうぞ」という、かいがいしく世話焼きの妻です。「どうしても独りで座禅させてくれ」と膝をつき、手を合わせて頼む夫に慌てて、「アアもったいない。まずこのお手を取ってたたせられい。こなたもよくよくにおぼしめせばこそ、女に向かうてお手を合わさせらるるに、あれもなるまい、これもなるまいと申すはあまりでござる。その儀ならば、今夜一夜の暇を進じましょうほどに、今夜一夜の座禅を《の》なされい」と夫を敬う気持ちも十分持っています。座禅衾を被っていたのが太郎冠者で、夫は「花子」のところに行ったと知って激怒するものの、「言うことを聞かなければ、手打ちにしようと脅されてやむ無く従った」と謝る太郎冠者に、「なんじゃ、そちが座禅の体をせずは、手打ちにしょうと言うたか。すれば汝に咎はない」とあっさり許す、さっぱりした気性をしています。そして、「汝はわらわが言うことをよう聞いてくるるによって、何事なりとも用のことがあらば言え、叶えてとらしょうぞ」、また、「さて汝は最前からくたびれにもあろうほどに、行て休め」という思いやりもあります。「またこの間、慰みに守袋《まもりぶくろ》や巾着《きんちゃく》を縫うておいた。あれを汝に取らしょうぞ」というとおり、寸暇を惜しんで働き、細々とよく気の付く、何と良くできた立派な奥方ではないでしょうか。

　しかし、人間とは勝手なもので、世話は焼いてほしいけれども、あまり始終側にいてあれこれ言われるのはうるさくてたまらないと思うのです。さらに言えば、どんなによくできた妻でも、「妻」は「夫」にとってはどこまでも「現実」、それに対して「花子」はまさに「夢」そのものなのです。そもそも恋愛などというものは「幻想」や「思い込み」や「勘違い」だと言う人もいます。当たっているかどうかはともかく、恋愛ほど主観的なものもないでしょう。夫がさかんに褒めそやす「花子」もほんとうに夫の言うとおりの「いい女」であるのかどうかはわかりません。恋に眩んだ目には、あばたもえくぼ、しかしそれはどうでもいいことです。夫を酔わせているのは、「花子」という女性の見た目の美しさや気立ての愛らしさではなく、「花子」という「夢」なのでしょう。話題の中心である「花子」は結局最後まで舞台に登場しません。それは、「花子」があくまでも男性にとっての究極の理想の女性の象徴なのであって、ご覧になる方それぞれが心のうちに最高の女性を思い浮かべて頂けばよいのです。

そしてまた、夫に悪しざまに言われる恐妻ですが、実はこの妻だって以前は、夫にとって「花子」であった、夢のような存在であったろうと思います。それが生活を共にし、長く連れ添っているうちに、「花子」ではなくなり、現実の世界の存在となっていく。それが人生であり、それはそれで納得し、満足はしていても、時折、心のどこかで何か夢のようなことを考えてしまう、それも人間の弱さ、愚かしさなのでしょう。夫が科白や謡で語りかけるとき、被ぎを被った座禅姿の妻を「花子」に見立てる習いの型が幾度かあります。ここに「過去の花子」つまり現在の妻と、今の夢の「花子」とを同時に描き表しているのです。それはうつろう恋の心を繰り返し求める人間の愚かしさの表現です。そして狂言は男と女の立場が入れ替わってもよい、男でも女でも同じこととしているのです。

歌舞伎ではこの曲から『身替座禅《みがわりざぜん》』を作りましたが、そこでは妻とは知らず、酔いの残る気分で愛人とののろけ話をするという方向に行ってしまって、狂言のように「過去の花子」「現在の花子」というような描き方はされません。さて、今度のようなことは、この夫婦にとって初めての出来事ではなかったのかもしれません。妻は「花子」の存在を知っています。ご主人が「花子様へおいでなされてござる」と言った太郎冠者に対して妻は、「花子って誰?」とは聞きません。「エエ、腹立ちや、腹立ちや。おのれまで、「様」というか、「め」と言えいやい、「め」と言えいやい」。つまり「花子」のことを知っているわけです。夫に対してたびたびラブレターを送ってよこす女、夫にぴったり寄り添っている妻がそれに気づかぬわけはありません。あるいはそういう女性がいると知ればこそ、いっそう夫の側を離れないのかもしれません。また妻は、「有様《ありよう》に、花子が方へ行くと言うたならば、一夜ばかりは暇をやるまいものでもないに、わらわをたらして行たと思えば、身が燃ゆるように、腹が立つぃやい」と言います。実際のところ、「花子のところへ行く」と言ったとして、「はい、いってらっしゃい」とすんなり許してくれるとは思えません。これはおよそ負け惜しみでしょうが、少なくとも「別れろ、切れろ」とは言っていないし、今まで見て見ぬふりをしてくれていたわけです。

最後の場面で夫の浮気に逆上した妻は、被っていた小袖で散々に夫を打ちます。ここは大切な「型」として「習い」となっているのですが、なぜでしょうか。実に象徴的なところで、妻は心の奥底では夫を許しているということの表れなのです。なぜなら、いくら小袖で打ったところで痛くもないし怪我もしません。夫を酷い目に会わせようと本気で思っているのなら、凶器となる物はいくらでもあるでしょう。しかし、それをせずに絶対安全な柔らかな着物で引っぱたく、これは妻が夫に愛情を持っているということです。浮気して帰って来る夫を妻はどんな気持ちで待っていたのでしょうか。一晩中座禅衾を被り、何を考えていたのでしょうか。夫を思い切り怒鳴りつけ、追い立てたのは実は、涙を隠すためだったのかもしれません。時折始まる夫の浮気癖、妻はそれを知りながら大きな気持ちで夫を許しています。他の人にはわからない、二人だけの夫婦の歴史があるのでしょう。

狂言は事件を演じません。「夫と妻と夫の愛人」の三角関係、一歩間違えば事件に発展していきかねない出来事をその遙か手前で押さえてお見せするのです。浮気した夫を怒鳴りつけ、小袖で打ちながら、心の中で許している妻の姿に、人間のいじらしさと優しさ、そしておおらかさを見るように思います。愛情の問題という最も根源的な、そして最も濃密な人間関係、それだけにともすれば最も醜悪な姿を晒しかねない人と人との関係を、狂言は「極重習」の「習い」によって幾重にもくるみ、包み込み、大切に丁寧に描こうとしているのです。

III

間狂言《あいきょうげん》の役割

間狂言は狂言方にとって非常に大切な役です。父は昭和十六年に『間狂言の研究』（わんや書店）という本を出し、間狂言を系統立てて整理し、様々な分析を試みました。私自身もそれに倣《なら》って若い頃、『能楽タイムズ』に「間狂言の作文」というエッセイを何回か載せて頂いたことがあります。

私が間狂言にこだわるのは、狂言と同じ基本の上に立ちながら、端役ゆえに軽視されがちなその役割と重要性を明確にすることによって、未だにいろいろな誤解が生じている狂言そのものの本質が正しく理解される裏付けになるであろうこと、もうひとつは、一曲の能のなかの間狂言の存在意義をはっきりさせることによって、能楽という総合舞台芸術のなかの狂言の位置づけを再認識して頂くことが可能になるであろうと思うからです。しかし、間狂言について語るには当然、かなり踏み込んで能について申し上げることになります。私は狂言方ですので狂言に関しては全責任を負いますが、能に関してはその一部に参加するだけですから、少々越権行為となってしまうかもしれません。しかしどうしても必要なことですので、間狂言の位置から見た能ということでお許し頂けたらと思います。

さて、能の間狂言として狂言の役者が必要とされている要素とはどのようなものでしょうか。現在上演されている能は二百曲あまり、そのうち『羽衣《はごろも》』や『隅田川《すみだがわ》』のように間狂言のない曲もありますが、約九割近くの曲に間狂言があり、主として「語リ間（カタリアイ）」、「会釈間（アシライアイ）」の二つに分けられ、その他に特殊演出としての「替間（カエアイ）」があります。

語リ間は主に「複式夢幻能《ふくしきむげんのう》」と呼ばれる形式の能において、ある土地に宿る神、あるいはその土地に魂を残した亡霊の化身である前シテが、通り掛かりの旅僧などに出会い、言葉を交わして舞台から姿を消した後、再び真の姿となって現れるまでの間、この神あるいは人物に纏《まつ》わる物語を語って聞かせるのがその役目です。役柄としてはその土地に住み、そこに語り継がれてきた伝承に精通している者で、狂言の「語り」の技術が必要とされます。

アイの語りの時間は実は、中入《なかいり》した前シテが面や装束を替えて後《のち》シテとなって現れるまでの時間を繋ぐために必要とされるものです。見所《けんしょ》（観客席）との間を遮《さえぎ》る幕のない能舞台では一つの曲の中に幕間を設けることはできません。シテ不在の、本来なら空白となるはずのこの七、八分ほどの時間をアイは一人で語り、後場《のちば》につなげていくわけです。シテが中入すると、床几《しょうぎ》にかけていた小鼓方、大鼓方が床几から下り、囃子方は皆、横に向きを変えます。すると見所に張り詰めていた空気が少し緩みます。アイの技量が拙いためかもしれませんが、以前は間狂言はシテが装束を替える間の単なる中継ぎとしか思わない方も多く、この間語りの間、退屈しきって欠伸《あくび》をこらえている人、お隣とひそひそおしゃべりをする人、この間にトイレにでも行っておこうと席を立つ人さえいたものです。有り難いことに今は、この語りもなくてはならないものだとわかって、一生懸命聞いてくださるお客様が多くなりましたが。

語りは狂言の重要な要素で、『文蔵《ぶんぞう》』『二千石《じせんせき》』『鱸庖丁《すずきぼうちょう》』など「語り物」と呼ばれるジャンルもあり、それぞれ身振り手振りを伴う仕方語《しかたがた》りが見せどころとなります。間狂言では、特別な場合を除いてしぐさを伴いません。

この間語りの芸の極致にあるのが、たとえば能『屋島《やしま》』（観世流以外では『八島』）に「大事」または「弓流し」の小書《こがき》（特殊演出）が付くときの間狂言「語《かたり》　那須《なす》」で、揺れ動く船上に翳《かざ》された扇の的を見事射落としてみせる弓矢の名人・那須与一の活躍を描くもの、これが先ほど申し上げた特別の場合で仕方語りとなります。また、仏法を極めるために天竺《てんじく》へ旅立とうとする明恵上人を、春日明神が何とかして思い留まらせようとする能『春日龍神《かすがりゅうじん》』で、特別のときに演じられる間狂言「町積《ちょうづもり》」は、天竺への道程がどれほど遠く険しいものであるかを語って、通常の間狂言の三倍の長さもあり、日頃鍛えた狂言の技量が徹底的に試される場ともなります。

能の小書は様々にありますが、その中でも『屋島』の「大事」や「弓流し」、『春日龍神』の各流様々ある小書は、シテ方にとってたいへん重いものです。もともと華やかな曲をさらに豪華にグレードアップするもので、間狂言もそれに倣って曲の格を上げるお手伝いをさせて頂くという意味もあります。

会釈間は語リ間と違って、曲により様々な役柄があります。語リ間の役目は物語の説明役であり、直接シテと関わらないのに対して、会釈間は能の物語のなかに一役として入り込み、その進行に大きく関わってくる役です。あまりにも多種にわたっておりますので、一言で申し上げることはできませんが、それらに共通することは、いずれも能の中にあって「人間の愚かしさ」を表す象徴的な役割をしているということです。

替間は原則として、幾つかの脇能で通常演じられる間狂言とは別に、お祝いなど特別な催し、あるいは特定の小書の場合に上演される間狂言のことです。それらは他の間狂言とは異なり、能の物語展開に必要な一パートではなく、能の中にありながらその能とは別の物語を成しています。替間の目的は、神々の祝福によって、国土の平安、大地の豊穣、人々の幸福を祈願する脇能に、よりいっそうの祝言性を添えることです。

1　姨捨《おばすて》　所詮当事者の心の奥は第三者には知る由もない

有名な「更級《さらしな》の月」を眺めようと、都から旅人たちがやって来ました。ところは信濃の国更級の里の姨捨山、たどり着いた一行を一人の老女が呼び止めます。旅人たちが噂に聞いた「姨捨」、すなわち棄老《きろう》伝説のあった場所を尋ねると、老女は桂の木陰を指し、遠い昔の話であるが執心はまだここに残っていると語ります。姨捨の山々には秋の夕暮れの冷たい風が吹き荒び、凄まじく荒涼たる風景が広がっています。そんなところに一人現れた老女の様子を不審に思った旅人たちが素性を尋ねると、老女は山の名の示すとおり、ここに捨てられた老女で、この世への執着心から現れたのだと言って姿を消してしまいました。

旅人たちは、名月を眺めにやってきた里の男を呼び止め、姨捨山の子細について詳しく物語るように頼みます。男は詳しいことは知らないのだがと言いながら、求めに従って昔語りを始めます。

その昔、早くに二親を亡くし、父方の伯母に引き取られ養育された男がいました。無事成人し妻を迎えたところ、その妻は夫の養母である伯母を疎ましく思い、伯母の悪口を言って山に捨てて来るよう懇願しました。男は困り果てますが、執拗な妻の頼みに負けてしまいます。信心深い伯母にこの山頂に尊い御仏がいらっしゃるのでそれを拝ませてあげようと騙して山に連れ登り、峰の高みへ捨ててしまいました。そうして家に帰った男ですが、後悔し、伯母を何とか山から連れ戻そうと思うのですが、妻の機嫌を伺っているうちに時を過ごし日を重ねてしまいます。しかしついに耐えきれなくなって山に駆け登って見ると、時すでに遅く、伯母は息絶え、石と化していました。前非《ぜんぴ》を悔いた男は出家し、伯母の亡き跡を弔ったということでした。

都の男たちが名月の出を待っていると、月の美しさに誘い出されたように白い装束を纏った老女が現れます。月光と戯れながら天上の美しさを讃え、昔を偲《しの》んで静かに舞を舞う老女。しかし夜明けとともにその姿は見えなくなり、旅人たちは下山します。再び一人になった老女の孤独な魂の寂寥感《せきりょうかん》だけを残して曲は終わります。

『姨捨』は『檜垣《ひがき》』『関寺《せきでら》小町《こまち》』と並び「三老女《さんろうじょ》」と呼ばれる曲のひとつで、最も高度な曲として大切に大切に扱われて来ました。年齢・技術・芸位、そのすべてを兼ね備えたと認められなければ演じることは許されません。

『檜垣』は遠い昔、美貌を謳われ舞の名手であった白拍子《しらびょうし》が、その罪によって死後、地獄の業火に苛《さいな》まれ、その苦しさから逃れるため、老醜を恥じながら白髪の腰の曲がった姿で火を消し鎮《しず》める水を繰り返し繰り返し汲む姿を、

『関寺小町』はかつて美貌と才気によって多くの人を魅惑した小野小町の百歳の老い衰えた姿を描き、思わぬ訪問者にふと若やいで和歌と舞に興じつつ、やがて元の老衰の姿に戻るというものです。日本における最も際立った美の表現である能のなかでもとりわけ重要な曲が、かつては美貌を謳われた女の老残《ろうざん》の姿を晒させたり、老女を野山に遺棄する悲惨な話であるのは、中世の日本人の考えていた美の本質を知る上でたいへん興味深いことです。仏教の無常観の影響からか、表面的な美に対して常に深い懐疑を抱き続けてきた現れであるのかもしれません。

能の『姨捨』は、各地に伝わる棄老伝説と一線を画しています。悲しい物語を下敷きにしていますが、やがて訪れる死をどのように迎え待つか、死という逃れることのできない運命をどのように受け入れるかという、すべての人にとって非常に重いテーマを負っているのです。『姨捨』は昇華された魂の曲です。曲中、老女に遭遇する男たちが一般的な夢幻能のワキの旅僧ではなく、都からわざわざこの遠隔の地まで月を見るためにやってきた風流人であることは重要なポイントでしょう。老女は自分を苦悩から救い出してくれる僧の祈りを必要としてはいません。憤りや悲しみ、恨み、それらは最早どうでもいいこと、老女の魂はすでに浄土にあり、現世的な苦悩や怨恨を超越しています。

しかし、老女の魂には深い孤独があります。前場《まえば》の冷たい風の吹き荒れるもの寂しい秋の姨捨山の風景と、一方、後段の真理を象徴する月の光に照らし出され、清浄高貴に輝く浄土と見まごう美しい風景、対照的なこの二つはどちらも老女の心象風景なのです。苦のない、すべて満たされた世界としての浄土、この時代の人々の究極の憧憬である浄土に至りながら、愚かで哀れで残酷な人の世に心を残し、恋しさを募らせていくのはなぜか。この世の苦悩から解き放たれ自由になった超越感、そして言い知れない深い深い孤独、死とはあるいはそういうものかもしれません。老女が遠い都から月に引かれてやってきた者たちの前へ姿を現すのは愚痴や恨みを聞いてもらいたいためではなく、ただ共に月を眺める人の心を求めた、そのためにほかなりません。『姨捨』では、もしアイの語りがなかったなら、老女の身に起こった出来事を誰も知ることはできません。老女は自分が昔この山に捨てられた老婆であることを仄めかしたこと以外は、その身に起こった悲惨な運命について最後まで一言も語らないのです。

貧しさゆえに老人たちが口減らしに捨てられるという、生きるためのせっぱつまった行為ではなく、ただ甥の妻の嫉妬心と、その妻に逆らうことができない甥の心の弱さによって捨てられてしまった老女、この残酷な仕打ちを当人ではなく、別の人間から語らせることによって、その悲劇性は否応もなく高まっていきます。能には、こうした淡々とした手法のなかに、人の心を見据える作劇法があるのだと思います。中秋の更級山を巡る月の美しさ、燦然《さんぜん》と輝く浄土の美しさの向こう側に、人間世界の醜悪な現実が透けて見える、そしてこの救いがたい人間の性《さが》を物語るのは、常に人間の愚かしさを追求し描いて見せる狂言方にこそふさわしい役目です。俗悪な世間から解き放たれた魂をひたすら美しく描く能『姨捨』が、現実には尊い生命との冷酷な引き換えによって生み出されたものであることをはっきり語るのがアイの役目なのです。

2　石橋《しゃっきょう》　真の勇気を持たなければ、石橋は渡れない

獅子を芸能に取り入れた例は世界各地に伝わっています。その中には中国の想像上の霊獣である獅子もいれば、実際に生息するライオンに近いものもあり、日本古来の民俗芸能にも、田畑を荒らす鹿や猪を鎮めることから起こった「ししおどり」や、渡来の舞楽や伎楽《ぎがく》の獅子と結び付いて出来上がった獅子舞などの芸能があります。

能『石橋』もまた、獅子の舞を中心にした曲です。中国の霊獣の獅子の舞と思われますが、私はこれは日本羚羊《かもしか》がその原型ではないかと連想しています。切り立った断崖や目も眩《くら》む痩《や》せ尾根を自在に走り、跳ね回るそのさまが『石橋』の獅子の世界を作る下地になったのではと思うのです。

それはさておき、能『石橋』は、その生涯が様々な劇的エピソードに彩られた大江定基《さだもと》が出家し、寂昭《じゃくじょう》法師と名を変え、穢土《えど》日本を捨て、唐から天竺《てんじく》へ浄土を求めて修道《しゅうどう》の旅を続け、ついに清涼山《せいりょうざん》の「石橋」の元に至り着いたところから始まります。谷を隔てる向かいは理想郷、笙歌《しょうか》の花降る麗しき文殊《もんじゅ》の浄土です。そこへ向かって延びる石の橋、寂昭はこの石橋を渡る決心をし、しばし橋の元に立ち止まりました。

そこへ登場した童子《どうじ》（演出によっては樵夫《きこり》）は次のように謡います。

「松風の花を薪に吹き添えて、雪をも運ぶ山路かな、山路に日暮れぬ樵歌《しょうか》牧笛《ぼくてき》の声、人間万事さまざまの、世を渡り行く身のありさま、物ごとに遮る眼《まなこ》の前、光の陰をや送るらん、あまりに山を遠く来て、雲また跡を立ち隔て、入りつる方《かた》も白波の、谷の川音雨とのみ、聞こえて松の風もなし、げにやあやまって、半日《はんじつ》の客《かく》たりしも、今身の上に知られたり。」

寂昭は童子に、これが文殊の浄土へ続く石橋かと尋ねます。童子は、確かにこの石橋だが少しばかりの法力《ほうりき》では渡ることは難しく危険だと厳しく止めました。なるほど童子の言うように、石橋は長さ十メートルあまりの小さな橋ではありますが、滝壺までは数千丈（一丈は約三メートル）に及ぶ目の眩むような高さ、その上、橋の幅は一尺（一尺は約三十センチ）にも満たず、苔むして滑りやすく、鳥さえ止まらないというのです。童子は、この橋は人の掛けたものではなく、自然が造り出したもので、今、奇跡をお見せするから暫くお待ちなさいと言って姿を消しました。童子の言葉に従って寂昭法師が奇跡を待っていると、猛々しい獅子が現れ、幽境《ゆうきょう》に咲く紅白の豪華絢爛たる牡丹の花に戯れながら、勇壮な獅子の舞を舞って見せます。

『石橋』は現在、「半能」といって前場（童子と寂昭法師の出会いから、童子が姿を消すまで）を省略し、後場の獅子の舞だけを見せる演出で上演される場合が多くなっています。絢爛豪華な獅子の舞がお祝いの会にぴったりなので、華やかなところを要領よく見せようということで、ますますそうなる傾向にあります。確かにみどころは獅子の舞に違いありませんが、前半の省略によって、この曲の真のテーマを伝えることができないとすれば残念なことです。

向こうの文殊の浄土は人間界とは厳然と隔たった存在です。そこへ至る唯一の架け橋である石橋。人間には渡ることのできない剣呑《けんのん》なその石橋で楽々と戯れ遊ぶ獅子。それらはいったい何を表しているのでしょうか。隠された意味が問われぬまま、目に見える絢爛豪華で難度の高い技の面白さの陰になって見過ごされてしまうことは、誠に惜しいことと言わねばなりません。

『石橋』には「習い物」として狂言方にとって極めて重要とされている間狂言があります。半能では必要ないため、めったに演じられなくなってしまったこの間狂言ですが、実はここに『石橋』のテーマの絵解きをする大事な手掛かりがあります。「奇跡を待て」と言って童子が姿を消した後、現れたのは「せがれ仙人」、これがアイの役です。「せがれ仙人」はこれまでも幾度か橋を渡ろうとして果たせず、今日もまたチャレンジしようとやって来ました。しかし、やはり恐ろしくて橋を渡ることができません。清らかな花降る文殊の浄土を目前にして、挫折した人は数知れず、誰も渡ることのできぬ橋。「せがれ仙人」は、「渡りたい。でも渡れない。なぜ。どうして」と様々愚痴を言い、煩悶《はんもん》しながら、橋のたもとをうろうろしていますが、獅子の出現を聞いてあわてふためきます。その勢いに巻き込まれて命を失っては元も子もないと退散することにしますが、なんとかもう一度仙家へ帰って修行をし直し、再び橋を渡る工夫をしたいものだと心を残してその場を立ち去ったのでした。

石の橋の幅は「尺にも足らず」、つまり三十センチに満たないものです。地面の上、床の上なら三十センチの幅からはみ出さずに歩くことは造作もないこと。しかし、目の眩むような高い場所に掛けられた橋となれば事情はまったく違ってきます。おまけにその橋は虹のように反り、苔むしてつるつると滑るというのです。

平常心を保っていれば可能なはず、一歩一歩確実な歩みを完璧にすれば渡り切れるでしょう。しかし、「もしも足を滑らせたら」「足元が狂ったら」「目眩《めまい》を起こしたら」「橋が崩れたら」「橋が動いたら」「強風が吹いたら」、生への執着心、恐怖心に支配された人間には様々な迷いがよぎりましょう。凡夫の我々は生死を超越する達観した心を持つことは不可能であると悟らねばならないのです。

能舞台の「橋掛り」と同様、「橋」は常に象徴的重層的な意味を持って存在します。それは物と物、場所と場所を繋ぎ、人や物を交流させる場所としての役割だけではありません。ある時はこの世とあの世を結び、本来なら決してまみえることのない者たちを出会わせることもあり、人と人との心を結ぶものとして現れることもあるでしょう。あるいは橋は、浄土を瞑想する者の前には現れ、衣食足ればそれで良しとする者の前には現れて来ない、そうしたものかもしれません。「橋」に象徴されるもの、また「橋」によって隔絶されるものは、人間の生き方、心の問題と言ってもいいかもしれません。

「せがれ仙人」の渡ることのできなかった石の橋は、ただ浄土へ至る橋としてそこにあるのでしょうか。「一声《いっせい》」という囃子に乗って童子（あるいは樵夫）が登場したときの謡をもう一度ご覧ください。ここには山の暮らしの視覚的風物、次いでそれぞれの人々の生活の楽しみや苦しみ、あるいは希望が描かれ、生きるための雑事や雑念との関わりが語られています。また、世俗や日常を少し離れ、真理を尋ねて山へ分け入り、心と身体を迷わせながら自分を見詰め直すといった意味のことを謡っているように思えます。勝手な解釈をお許し頂けるなら、人間の一生はこうしたことを真っ当に続けていけば、それこそがまさに良き人生であり、「幸せ」に繋がっていくのではないでしょうか。

今までの人間関係やしがらみを断ち、あらゆるものをかなぐり捨て、人間とはまったく関わらない、放浪、漂泊、隠遁《いんとん》の生活に入れたらどんなにか心安らかに、心正しく清く生きていくことができるだろう。心の片隅にそんな思いを抱いている人はきっと少なくないはずです。様々な欲望から離れ、生きていくためにほんとうに必要なわずかなものだけを身につけて、シンプルにストイックに生きていけたら、真の心の平安を得ることができるのではないか。

しかし、今ある生活を捨てることは難しい。物欲や快楽、地位や名誉、様々なものに束縛され、煩悶しながらやはり、今の生活を捨てることのできない人間。遙か遠くに聳《そび》える孤高の頂きを望みながら、目の前のささやかな満足を捨てられない人間。その間を迷いながらいつも行ったり来たりしている人間。こうした人間こそが実は、能『石橋』のアイ「せがれ仙人」にほかなりません。今の生活のどこかに満たされない心を持つ凡夫、遙かな浄土へ一歩でも近づきたいと願いながら、到底至り着けず、ただそれへの憧れを抱いて、「渡りたい、でも渡れない」とうろうろしているうちに一生を過ごしてしまう「せがれ仙人」はこうした我々の象徴なのです。

そんな凡夫に対して、「獅子」は、「真の勇気の象徴」として現れます。獅子の舞が世界中に存在するのは、一つには、獅子が百獣の王と呼ばれるにふさわしい強さ、賢さを備えたものであること、そしてもう一つは、獅子は我が子を千尋《せんじん》の谷に蹴落とし、その勇気を試すという伝承が人々の心に大きな感銘を与えてきたからに違いありません。

子が最も信頼している親から下されるこの恐るべき試練。自分自身の力以外誰の助けもなく、這い上がることのできなかった弱い子にあるのは死のみ。どうやって試練に耐え、深い谷底から自力で這い上がるか。それを成し遂げたものだけが百獣の王と呼ばれるにふさわしい獅子として君臨することを許される。心を鬼にして親が子に下す、この通過儀礼とも呼ぶべき試練を克服し、生き抜いていくからこそ、獅子は勇気の象徴となりうるのでしょう。そして獅子の舞は、最も輝かしく栄誉と歓喜に満ちた舞として世界の祭りに、芸能に伝承されているのです。

『石橋』のアイは、寂昭法師が渡らなかったこの橋がいかに危険極まりなく、人間の能力を越えたものであるか、並の人間がどのように挑もうとも、決して渡ることのできない橋、この橋を目の前にして空しく引き返していった者たちのいかに多かったかを語ります。そしてそれゆえに獅子の舞はなおいっそう、人の手の届かぬ奇跡、勇気と憧れの象徴として燦然《さんぜん》と輝いていくのです。しかもその勇者・獅子は華麗な花牡丹と戯れています。真の王者は香り高い文化に心を寄せることを讃えている、それも芸能者の根底にある悲願でしょう。しがらみから離れられず、暖かい寝所や団欒《だんらん》を捨てられぬ平凡でやわな人間。それらを厳然と拒絶して孤高に聳える橋。そこに現れる奇跡の凄さ。このまさに天と地ほどの落差、それを表す凡人の代表「せがれ仙人」、これこそがやはり、狂言の役どころなのです。

3　一角仙人《いっかくせんにん》　己を絶対と思う自尊心を他人は理解できない

能『一角仙人』の舞台は天竺波羅奈《はらな》国です。その辺境の山中に鹿の胎内から生まれ、額に一本の角を持つ通力《つうりき》自在の仙人がおりました。人々から「一角仙人」と呼ばれています。その仙人、あることに腹を立て、龍神をことごとく岩屋《いわや》に閉じ込めてしまいました。そのため、国土には雨が一滴も降らず、渇きに苦しむ人々を憂えた帝王は、一角仙人のもとへ国一番の美女、旋陀夫人《せんだぶにん》を送ります。この策略は見事当たり、一角仙人は旋陀夫人の色香に惑わされ、勧められる酒に酔い潰れて眠り込んでしまいます。その隙に解放された龍神たちは岩屋を破り、躍り出ます。眠りの覚めた一角仙人は剣を取って龍神に立ち向かいますが、もはや神通力は失せ、龍神たちを押さえることはできません。天地に雷鳴が轟き、大雨を降らせて龍神たちは飛び去って行きました。

龍神が岩屋へ閉じ込められ、一滴の雨も降らなくなった。草木は皆枯れ、人々は渇きに苦しみ、国中が死に瀕している、天下の一大事です。いったいどのような理由で一角仙人はそんな暴挙に及んだのか。一角仙人が腹を立て龍神と争うことになったその原因とはどのようなものだったのか。ワキ方演じる「帝王の臣下」がセリフのなかで一言、「さる子細あって」と言っているだけで、ほかのどこにもそれを説明する言葉はありません。勢力を拡大するための政治的な闘争、あるいは宗教的な権威、権力を巡っての抗争、大方想像されるのはそんなところでしょう。

ところがとんでもない、争いの原因はそんな壮大な野望とはまったく掛け離れた、実に些細な出来事だったのです。それは何と、雨の中で足を滑らせて転んだためでした。何事にも完璧で、どんな小さな落ち度も許さない、非常にプライドの高い一角仙人としては、足を滑らせて転ぶなどという、取るに足らない失敗がどうにも我慢なりません。足を滑らせた原因は地面が濡れていたためで、それは龍神が雨を降らせたから。怒り狂った一角仙人は以後決して雨を降らさせまいと龍神を岩屋に閉じ込めてしまったわけです。この何とも呆れ返るような話、一角仙人の取った行動の真相をただ一人知っていて、観客にそっと教えてくれるのがアイの仙人です。一角仙人の友人であるこの仙人は、旋陀夫人の奸計《かんけい》にはまり眠り込んだ友のもとに危機を知らせに走ります。

現在この曲は都合で、アイなしで上演されることがほとんどですが、このアイがあるかないかで曲の趣は随分異なったものになるでしょう。

アイの暴露話がなければ、類い希な能力を持った英雄がたった一人の美女に籠絡《ろうらく》され、超能力を失ってしまう物語、世界各地に存在する英雄伝説の系譜に連なるものと解されましょう。生まれ落ちた因縁から人心に交わらず、遙かな仙境に一人暮らす孤高の聖者が、思い掛けぬ優しい人の心、暖かな情緒に触れ、気を許したばかりにすべてを失う悲劇となります。

しかし、アイの語る真相から発すれば、完全無欠と思われる超能力者が、その異常に高いプライドによって破滅する物語になりましょう。確かに誇りは大切なものに違いありません。しかし、度を越したそれは心の弱さの裏返しではないでしょうか。誰でもやってしまうような他愛のない失敗、恰好の悪い些細な過ち、人間だったら当然、誰にも起こり得ること、けれど自分だけは決してそんなことはありえない、そして人に笑われることに我慢がならず、自分の過失を他人に転嫁し、自分自身に傷のつかぬよう振る舞う、それは取りも直さずその人の心の弱さの露呈にほかなりません。個々の小さな失敗など、人が生きる上でたいしたことではありません。そうした自分の弱さ愚かしさを真っ正面から受け入れられないことこそ、真に脆弱さを表しているでしょう。虚栄心の強さ、自尊心の高さという弱点、自分に限って間違いはないという奢りが、まさかの美女の誘惑に他愛もなく屈し、破滅を招く引き金になってしまったのです。アイの語りはこうした一角仙人の隠された真実の姿を教えているのです。

4　黒塚《くろづか》　他人の秘密は何としても暴きたくなるもの

『黒塚』（観世流では『安達原《あだちがはら》』）は、陸奥の国、安達原に伝わる鬼女伝説をもとにした曲です。諸国行脚《しょこくあんぎゃ》を続ける熊野の山伏の一行は陸奥の安達原へ行き掛かります。果てしなく広がる荒れ野にたった一つ見えた明かりを頼りにたどり着いたのは、一軒のあばら家、一行はそこで一夜の宿を求めます。その家の主は何か曰《いわ》くありげな女で、旅人を泊めるにはあまりにみすぼらしいと一度は断りますが、行く当てのない一行を気の毒に思い、家の中に招き入れます。山伏たちに乞われるままに女は静かに糸車を回しながら、孤独で貧しい独り住まいの哀しさ辛さを言葉少なに語ります。やがて、夜が寒いのでせめて上の山へ行って薪を取ってきましょう、けれども閨《ねや》（寝室）の内だけは決して見ないようにと言い残し、漆黒の闇の中へ出掛けていきました。

冷たい風の吹きすさぶ東北の荒野、しんしんと冷えていく夜、孤独がひしひしと胸を打つ痛切な曲の中にあって、間狂言はあくまで、愚かで滑稽な人間の姿を描きます。覗いてはいけないと言われた閨の内、いけないと言われるとかえって見たくなるのが人間の性《さが》、どうしても見たい。アイの能力《のうりき》（雑役を兼ねる下級僧）は師匠の寝入った隙を見すまして、抜き足差し足こっそりと禁断の閨に近づいて行き、覗いてしまいました。すると何とそこには腐敗し白骨と化した人間の死骸が山のように積まれているではありませんか。恐ろしさに震える能力から女の所業を知らされた一行は、あわててその場から逃げ出します。秘密を知られた女は怒りに狂い、鬼と化して追って行きます。

『黒塚』の間狂言はほとんど一人芝居のようなもの、抜き足差し足で閨に忍び寄っていく滑稽な場面は、ともすればいい気になってやり過ぎ、能の情趣を壊してしまうことにもなりかねません。能の一員であるという自覚、狂言方の見識が問われる場でもありましょう。

人里絶えた荒野で孤独と貧しさに耐えながら、黙々と糸車を廻す女、どのようなわけでここで暮らしているのか、女のもらした言葉の端には若い頃は美貌を謳われ、華やかな生活をしていたらしい様子が窺《うかが》えます。それゆえに訪れる者もないあばら家で一人、生き続けることの苦しさは計り知れないものがありましょう。

アイの能力は、この女の心に土足で踏み込む無神経な人間です。しかも自分のしていることの愚かしさにまったく気づいておりません。閨の内に積み重なった死骸は、あるいは女の過去の象徴であったのかもしれません。誰にも覗かれたくない、おぞましい過去。その心の秘密を強引に覗かれ、暴かれたときの悔しさ悲しさ恥ずかしさ、それが女を鬼と化してしまったのかもしれません。

たとえ女が鬼であったとしても、通りすがりの旅人を暖めるため、風の吹きすさぶ夜更けの荒野をたった独り薪を取りに出掛けたのです。「こころだにまことの道に叶いなば、祈らずとても神や守らむ」、辛い境遇からいつか抜け出し、成仏することをひたすら願っているのです。もし閨の内を覗かれたりしなかったら、翌朝には一行を静かに送り出し、旅の無事を祈っていたかもしれません。好奇心に駆られた無分別な行為が思いも寄らず邪悪な心を呼び起こす結果となってしまったのかもしれないのです。旅行く人を食い殺す恐ろしい鬼女の物語と見ることも、また、誰にも知られたくない過去を暴かれた女の悲しみ苦しみを描いた曲とも、見る人の心のままに受け取ることができる、これが能の面白さというものでしょう。そしてそこには現代のように作る側の意図を見る側に押し付けるという姿勢はありません。ご覧になる方にお任せする、これが古典の特徴です。

誰でも人に知られたくないことはあるでしょう。小さな過失、後ろめたく感じる行為、そっとしておいてほしいこと。しかし、他人の過去や秘密に立ち入って行く無神経な人々、さらには、ただ好奇心の赴くまま、面白半分に眺める人々は跡を絶ちません。人の心の内を思いやることができず、土足で踏み込む愚かな人々、それがどれほど人の心を傷つけ、時には大きな悲劇をもたらすか。人を鬼にするのは人間自身かもしれません。アイは能の中でもやはり、普通の人間の何げなく犯す行為の愚かしさを、とことん描こうとしているのです。

5　道成寺《どうじようじ》

思わぬ抜擢は小者を不遜にし、禁をも破る

『黒塚』と同じようにアイの愚行が悲劇を招く結果になる曲に『道成寺』があります。この曲のアイも能力《のうりき》で、仏に仕える身でありながら、己を律し謙虚に学ぶことをせず、ただその地位にいることによる奢りや気の緩みからでしょうか、愚かな行為に走ってしまいます。

『道成寺』は、能の中でも最も有名な曲でしょう。紀州・日高川を鬼の姿となって男を追う女、安珍清姫《あんちんきよひめ》伝説をもとに作られ、能面といえば誰もが真っ先に思い浮かべる鬼の面「般若《はんにや》」が用いられる劇的で華麗な曲です。この曲でアイ「能力」はいくつもの役目を受け持ちます。

まず鐘を吊る役目。道成寺では以前起こったある事件のため、長らく鐘が消失していましたが、この度ようやく再興され、本日は吉日でもあり、新しい鐘を鐘楼《しようろう》に吊って供養することとなりました。住僧の命令に従って能力たちが鐘を運び、吊り上げます。

道成寺　鐘はアイ二人と後見四人で、橋掛かりを通って舞台へ運び込む。

『道成寺』はこうして始まりますが、このように役を演じる者が曲中で鐘を吊る演出は金春流《こんぱる》・金剛流《こんごう》・喜多《きた》流で行われるもので、観世《かんぜ》流・宝生《ほうしょう》流では曲の始まりに先立って、狂言方の後見《こうけん》が紋付・裃姿で鐘を吊ります。金春流・金剛流・喜多流では曲中の役として登場するので、狂言装束を付けた二人の能力が、補助役である二人（または四人）の紋付・裃姿の後見の協力を得ながら一緒に、四人（または六人）がかりで巨大な鐘を舞台中央まで運び出します。能力は能舞台の天井に取り付けられた滑車に鐘の紐を通して吊り上げます。

　繰り返し申し上げておりますように、能や狂言の演技はすべて「型」によって行われます。このような場合でも生《なま》の動作は厳禁、必ず「型」で行います。膝を付き腰を落とした姿勢で吊る決まりで、立って吊った方が遙かに楽ですが、少しでも鐘を大きく見せようという配慮から敢えて腰を下ろして行うのです。

　『道成寺』の鐘は単なる大道具ではありません。舞台中央に不気味な緊張をはらんで、見る者を威圧しながら存在するこの鐘は、計り知れないエネルギーをうちに秘めた暗い情念の象徴です。昔起こった悲劇を思い起こさせ、これからそれにもましていまわしい事件が起こる予感を与えるでしょう。狂言方が最初にこの鐘をどう扱うかによって、観客の舞台に対する緊張感の募らせ方が違ってきます。これから起こる出来事を待つ人々の期待と不安に満ちたエネルギーが大きければ大きいほど、この曲はよりドラマティックになるのです。

鐘は一度で吊り上げなければならず、やり直しは許されません。能舞台天井中央の梁《はり》に取り付けられた小さな金属の滑車に、直径四センチもある太綱を長い竹竿を操って通すのは簡単ではありません。『道成寺』は最初から最後まで高い緊張感をはらんだ曲ですが、とりわけクライマックスの鐘入りは非常に危険なものです。何しろ鉄や鉛の重りの入った八十キロにもなる鐘が一気に落下してくるのですから。うまく入ることができず頭や肩を打ったりすることもあり、打ち所が悪ければ頭蓋骨骨折などで死すら招きかねない大事故に繋がる惧れもあります。

鐘を落とすのはシテ方の鐘後見《かねこうけん》の役目ですが、このタイミングが微妙で非常に難しく、そのため鐘後見はシテにとって、親子、兄弟、師弟など絶対的な信頼関係で結ばれた人が勤めます。最善の努力を尽くし、その上で万が一のことが起こっても恨みっこなし、曲の始まる前に生死を分ける水盃を交わしたなどという話も伝えられています。そんな曲ですから、観客のみならず、舞台上の人間の緊張もたいへんなものです。そんな時にもし、うまく鐘を吊ることができず、二度三度とやり直しをしたら、どんなことになるでしょう。ある一点に向かって徐々に高まっていく緊迫感に水を差してしまうことになります。シテをはじめとする全演者に対して、また観客に対して、大きなダメージとなるでしょう。緊迫した状態のなかではわずかの失敗も不安と動揺を起こす原因となり、一旦壊されたリズムは修正することは難しく、その不快ないまわしさは舞台の最後の最後まで引きずられていくことにもなりかねません。

さて、鐘を吊り上げた能力ですが、まだ仕事は終わりません。次に住僧の言い付けに従って鐘供養式典が始まるこ

道成寺　アイの能力二人が長い竹竿を使って鐘の綱を天井の滑車に通す。

とを告げ知らせ、その場を女人禁制の「結界《けっかい》」とします。「結界」とは仏道修行の妨げとなるものの侵入を許さないことです。現在、女人禁制などと大声で触れ回ったらたいへんな抗議を受けるでしょうが、仏教思想では長い間、女性は罪深い存在とされてきました。男性にとって最も根源的な煩悩の対象はいうまでもなく女性です。何としてもこれを遠ざけなければなりません。とりわけ、以前の鐘が消失した事件が女性がらみのものであったので、いっそうこの結界は厳重に言い渡されました。

能力は結界のために、シテ柱から目付柱へ、目付柱からワキ柱へ、ワキ柱から笛柱へ、舞台を重々しく一巡します。もしこれをご覧になって、何をもったいぶって歩いているのだろう、話が先に進まないからさっさと歩いたらと思われたならば、それは残念ながら演者の力不足です。これは「鐘楼固《しゅろうがた》め」という狂言方の「習い」で、結界された場所の神聖さ、清められた場所の犯しがたさをこの「鐘楼固め」によって感じて頂かなくてはならないのです。この結界が厳しければ厳しいほど、その禁忌を破ることが大きな意味を持ってくるでしょう。ところがこの結界を能力自ら破ってしまうことになるのです。

結界された供養の庭へ一人の美しい白拍子《しらびょうし》が現れます。白拍子は鐘供養と聞いてやって来たのですが、中へ入ることを能力に止められてしまいます。「中に入れてくださったら、御礼に舞を舞ってみせましょう、どうか供養をさせてください」と懇願された能力は迷いますが、白拍子を中に入れてしまいます。それは絶対にしてはならないことでした。

なぜ、そのように愚かな行為をしたのか。それは今日という日の重要な役目を仰せつかった嬉しさ、晴れがましさ、それが奢《おご》りとなり、この件に関して自分には絶大な権限が与えられているかのような錯覚を抱いてしまったからにほかなりません。この浮かれた気分が、絶対にいけないと言われたその禁忌を、いとも容易《たやす》く破らせてしまう、ここにもごく当たり前の人間の犯す愚かしい心理が見えるのです。

白拍子は喜んで、「あら嬉しや。涯分《がいぶん》舞を舞い候うべし」と言いますが、この時能力はパッとあらぬ方に向きを変えます。視線を外す型をする、これは後ろめたさや他人の目を意識した複雑な感情がその一瞬に込められた「習い」の「型」の表現です。

白拍子は「乱拍子《らんびょうし》」、続いて「急ノ舞」を舞っているうちに、突然鐘の中に飛び込んでしまいます。すると鐘は落下し、天地を揺るがすような地響きが轟き渡ります。二人の能力は雷が落ちたか、地震が起こったかとあわてふためいて逃げ惑いますが、鐘の落ちたのを見つけ驚きます。このことを住僧に報告しないわけにはいきませんが、言い付けに背いて女性を招き入れたことがわかってしまうので、この嫌な役目を互いに押し付け合おうとします。

「乱拍子」、続く「急ノ舞」、そして「鐘入り」と、手に汗を握り、息を詰めて舞台を見守っていた観客は、この狼《ろう》狽《ばい》と押し問答の珍妙なやり取りの間、ほっと一息つくことができます。しかし、笑いによって今まで積み上げてきた様々な努力をゼロにしてはなりません。なぜなら、やがて鐘の中から蛇体に変じた白拍子が姿を現し、物語を一気に結末に向かって急展開させていくからです。

この時の間狂言の役目には、鐘入りでクライマックスを迎えた緊張感の高まりが、そこで消え失せることなく、形を変えて結末へ向かって突進していくための、いわばしきり直しの意味があります。またそれと同時に、シテが暗く狭い鐘の中で後見の手を借りず、たった独りで面や装束を替えるという、たいへんな作業の時間を十分取ってあげる手伝いもしているのです。

さて、結界を行った者自らがそれを破ってしまうという、能力の犯した愚行は、そのまま狂言の描く世界に繋がっていくものです。いけないこととは百も承知、しかし誘惑に打ち勝つことのできない心の弱さ、禁止されているがゆえにそれを破ってみたくなる傲慢さ、皆、狂言のテーマに共通しています。これがもし狂言であったなら、それは大事件に発展することなく、日常的な次元の他愛のないトラブルで済んでしまうでしょう。しかし、能『道成寺』は恐ろしい悲惨な事件へと展開していきます。人間にはどうすることもできない運命の力によって起こる悲劇。人はそれに翻弄され、誰も決して逃れることはできないという主張は狂言のものではありません。悲劇を起こす種は一人一人の人間の心の中にあるというのが狂言の考えであり、能の作者もそれを見据えて狂言方を起用採用し、活動の場を与えているのです。こういうところに能と狂言の密接不可分の関係が成り立っているのだと考えます。

6　夜討曾我《ようちそが》　人はどんなときでも楽に安穏に生きていたいもの

眠りを誘うほどゆったりとした謡や舞、夢とうつつの境界にいるような不思議な趣。能は動かない、静かなものとのイメージをお持ちの方が多いかもしれません。しかし能には「斬組物《きりくみもの》」と呼ばれる激しい斬り合い、打ち合いのある曲もあります。バタバタと敵を斬り、飛んだり跳ねたりはもちろん、たとえば「仏倒れ《ほとけだお》」といって、全身を真っすぐに硬直させたまま後ろ向きで舞台にバッタリ倒れ落ちる、驚くような型もあります。

敵討《かたきう》ちで有名な『曾我物語』、これを素材にした「曾我物」と呼ばれる一連の曲があります。『夜討曾我』『小袖《こそで》曾我』『禅師《ぜんじ》曾我』『調伏《ちょうぶく》曾我』『元服《げんぷく》曾我』『切兼《きりかね》曾我』などで、そのうち『夜討曾我』『禅師曾我』は斬組物、それ以外はいずれも敵討ちそのものではなく、敵討ち前夜の物語、あるいは後日談を描いております。敵討ちの当日を描いた『夜討曾我』にしても、曾我十郎・五郎兄弟が父の敵、工藤祐経《すけつね》を討ち果たすまさにその瞬間ではなく、それを遡る数時間前のエピソードと、本懐を遂げた後の模様を描いています。

ドラマとして最も盛り上がるに違いないその瞬間をカットしてしまう、何とも不思議な話です。テレビの時代劇では、弱きを助け悪を挫《くじ》く正義の味方が悪党どもをばっさばっさと切り捨てる場面がいちばん人気があるでしょうし、現に『水戸黄門』で視聴率が最も高くなるのは、助さん格さんが葵の御紋のはいった印籠《いんろう》を悪人たちの前に突き出す瞬間だと聞きます。アクションドラマや刑事ドラマでもやはり同じこと、何といってもクライマックスは、正義の味方が悪い奴に勝つ、善が悪を駆逐する、その瞬間でしょう。ところが能は最高の見所であるはずのこの大事な場面をあえてばっさり切り落としてしまいます。能が作劇法に疎いわけではありません。ひとつの曲が始まり、いくつものエピソードを積み重ねてクライマックスへと向かって行く作劇法は、世阿弥によって「序破急《じょはきゅう》」という言葉で表されています。ただ能の方法は他のジャンルの芸能とは明らかに異なっていて、刺激的な場面構成を徹底的に排除するところにあります。人間の本能を満足させるような仕掛けをしない、それが能なのです。

これと対照的なのが歌舞伎で、いかにして観客を喜ばせるかに心を砕き、観客の望むよう、望むようにと物語を展開させる。人間の嗜好を敏感に読み取り、先手を打って作っていく、それが歌舞伎の手法です。そういった意味では、現代のテレビドラマもその延長上にあるといえるでしょう。そして高い視聴率を獲得すれば、「時代を先取りした」とか「現代のニーズに合った」といって称賛されるわけです。人が芸能に求めるものの多くは、現実の生活では満たされない感情でしょう。しかし、「事実は小説よりも奇なり」という言葉もあるとおり、「そんな馬鹿なことが！」「まさかそんなことはありえない！」と思わず叫びたくなるような事件が毎日のように起こっています。人間は抜群の適応能力で何にでも慣れてしまいます。刺激にもすぐに慣れてしまい、今刺激的なものも明日にはそうではなくなるでしょう。「もっともっと刺激的なものを」という欲求は果てしなく強くなるもの、こうした日常のなかで多くの人の好奇心を煽り、欲求を満足させる刺激的な物語作りはもはや限界に達しているのではないでしょうか。

能楽は初めからこうしたやり方を徹底的に排除してきました。人間の求めるものに焦点を合わせることをしないと言いますのも、そもそも能楽がその起源を神事におくからであって、それは人間のための芸能ではなく、神に捧げられるものであったからです。神に捧げられる「神楽《かぐら》」の「神」の字の「示偏《しめすへん》」を取り去った、つまりその対象を人々に移したので、「申楽《さるがく》」になったとする説もあります。能楽が神事から離れ、一般の観衆に向かって演じられるようになっても、この本質は変わることはありません。変わりやすい人の好みに応じることなく、もっと別の次元を見つめているのです。もし皆様が能楽を何らかの意味で近づきがたいと思われるなら、それはこんなところに理由があるのかもしれません。能楽は幸いにも長い間、観客の動員数を思い煩うことなく、観衆への迎合によって内容や表現を改竄《かいざん》させられることなく、生き延びてくることができました。それは徳川幕府の式楽として、あるいは大名家の保護を受け、守られてきたという幸運があったことは間違いありません。しかし、能楽が彼らに愛され、厚い処遇を得てきたのは、能楽の持つ美意識ゆえにほかならず、能楽は自らの力によって自分の命を救ってきたともいえるでしょう。美意識という言い方は非常に趣味的に聞こえるかもしれませんが、それは日常生活における精神性の表現と考えて頂ければいいかと思います。

さて、前置きが長くなってしまいましたが、『夜討曾我』では曾我十郎・五郎兄弟が宿敵・工藤祐経を討ち果たすそのクライマックスの瞬間をあえて描きません。この曲の焦点は、長年思い描いてきた父の敵を討ち果たす瞬間を目前にして、二度と生きて会うことのないであろう母を思い、長い間行動を共にしてくれた二人の従者に形見を託して、母の元へ送り出す曾我兄弟の心情を前段で描き、後場は、本望を遂げたものの兄・十郎を失い、敵陣のまっただなか

夜討曽我　仇討の場から、女の着物を着て大慌てで逃げてきた大藤内。

にひとり取り残された五郎の、悲しい孤立無援の闘いを描いています。

敵討ちは見事に成し遂げられました。その報告がなされなくては物語は進みません。血まみれのめった切りの場面、無残な工藤の死体なしにどのようにしてそれを観客に伝え示すのか、ここで間狂言、吉備津《きびつ》の宮の神主・大藤内《おおとうない》と、狩り場の見回りをする下級武士の登場となるのです。

曾我兄弟が鬼王《おにおう》・団三郎《だんざぶろう》兄弟を見送り、いざ夜襲に向けて身支度を整えるため、舞台から一旦姿を消すと（中《なか》入《いり》、または、後見座で装束を替える場合もある）、早鼓《はやつづみ》という大小（大鼓と小鼓のこと）の囃子によって、女物の着物を羽織り、左手に帯、右手には尺八をつかんだ大藤内が転げるように舞台に登場します。そのただならぬありさまを不審に思い、後を追って来た狩り場見回りの武士は、大藤内を助け起こし、いったいどうしたわけかと尋ねます。大藤内は、河津三郎の子、曾我十郎・五郎兄弟が工藤祐経を親の敵と付け狙っていたこと、そして

夜討曽我
狩り場見回りの男に助け起こされる大藤内。

たった今、曾我兄弟は工藤祐経の寝所へ突入し、ついに祐経を討ち果たしたことを語ります。

「さすが、河津の子供にてあるぞ。祐経殿の枕元に立ち塞がり、いかに祐経、敵《かたき》をも持つ者が、そのように枕高う寝るものか、起きよ起きよと、あゆみの板をドウドウと踏み鳴らいたれば、祐経殿も御用心の上は心得たと言うて、枕元の刀をおっ取って、立ち上がろうと召された所を、兄の十郎がばったりと切り付くると、弟の五郎もばったり、ばったり、ばったり、ばったり。……アッアーッ、昨日までは、一老別当工藤左衛門祐経とも言われた御方が、どこが頭やら、手やら足やら、知れぬように切って仕舞うた。」

大藤内と狩り場の男の役を何ゆえ、狂言方にさせるのでしょうか。大藤内は目撃した出来事をリアルな言葉で一気に語ります。それでは何ゆえ、修羅物で合戦のさまを地謡に謡わせるように、ここで敵討ちの模様を地謡に謡わせず、アイに語らせるのでしょうか。大事なところです。

その理由はこれが遠い過去の物語ではないからです。夜の闇に紛れた恐ろしい襲撃はたった今行われ、まだすべてが終わったわけではありません。確かに敵討ちは済みました。しかし、十郎・五郎兄弟は未だ敵陣にいて、四方を敵に包囲され、ここには蟻のはい出る隙《すき》もありません。彼らはどうやって逃げ延びるか、あるいはそれは不可能か、積年の宿願を果たした薄幸な二人の青年はどうなるか、ひとつの嵐が過ぎ去った後には、今またもうひとつの嵐が胎動しています。それを予期する不気味な静けさ。何が起こるのかわからないが、何かがもうそこまで迫っているという不吉で不気味な気配。ここで最も重要なのはこうした高い緊張感を舞台に、そして観客の心に維持させておくことでしょう。中入後の一時的なシテ不在の能舞台で、その場にいる者に余分な疲労を与えず、しかし、絶えず高い緊張感を持続させること、そのためのアイの登場なのです。

大藤内は着の身着のまま逃げ出した臆病者です。手にした尺八はと問われ、突然の襲撃に恐怖と狼狽《ろうばい》のあまり、刀と取り違えて持って来てしまったことが暴露されます。万が一の襲撃に備えて毎夜寝所を変えていた工藤祐経に、「この大藤内がお側にいるからには、彼らに指一本触らせないからご心配なく」と放言していたにもかかわらず、このありさまです。おまけに曾我兄弟に向かって、今夜の夜討の証人として、「大藤内、これにありや、ありや」と叫ぼうとしたが、実は声も出なかったこと、手が震えて帯を締めることもできないことを白状しました。前夜は酒を飲み、尺八に興じ、女をはべらせての遊興、そして多分同衾《どうきん》していた女の小袖を無理やり引ったくって羽織ってきたのでしょう。当時の武士は女性は斬りません。つまり女装は安全のしるしです。後段で、時宗が女装した御所五郎丸《ごしょのごろうまる》に不意を突かれてしまうのもそれなのです。夢中で逃げて来た大藤内は背中がヒリヒリするので、もしや切られているのではと狼狽し、狩り場の男が意地悪して、「ひどく切られている」と偽ったのを本気にして真っ青になり、「死んでしまう、死んでしまう」と騒ぎ立てる始末です。自分が切られているかいないかすらもわからないほどのうろたえぶり、呆れはてた狩り場の男が、「曾我兄弟は大藤内を切りそこなったことを残念だと言って、今ここへ切りに来ると言っていた」とからかい半分に脅すと、慌てふためいて、半分腰を抜かしながら逃げて行くのです。

　何とも哀れで情けない姿です。こうした人間は大義のためには個人の命を厭わない武士道から見れば、最も恥ずべき人物に違いありません。しかし、これは人間のもう一つの真実でもあります。突然の暴力によって奪われる人間の命、この唐突とも思える人間の死を目の前にして、恐怖に脅えながら、とにかく何としてでも助かりたいと思うのが、ごく普通の人間ではないでしょうか。ペルーの日本大使館人質事件のとき、女性と子どもが先に一部解放されました。その整然と進む行列の中をころげるように一人の太った中年男が紛れて逃げ出したのをテレビカメラがとらえていました。大藤内はどこにもいるのです。みっともない、あさましいなどと言ってはいられません。何しろ命はたった一つしかないのです。宿敵・工藤を討ち果たしたとしても、生きて母に会うことは叶うまいと覚悟し、母への形見を従者に託す曾我兄弟を描いた前場、また、兄・十郎を失い、たったひとりで修羅の世界を彷徨し、工藤方の荒々しい武者たちに体当たりで挑んでいく五郎を描いた後場、彼らの雄々しさ凛々《りり》しさとはまったく対照的な大藤内の姿。しかし、大藤内こそ、ごく当たり前の人間であって、それだからこそ、曾我兄弟の凄絶な生死が際立って見えるのです。そして刀を手に人間を斬りまくる精神状態は実は異常なものなのです。このおどけて哀れに見える大藤内こそこの曲の中で一人、人間らしい人間だと言っているのかもしれません。『曾我物語』や『忠臣蔵』のように自分の命よりも名誉や誇りを重んじた敵討ち物語が長く日本人に愛好されてきたのは、様々な屈辱や憤りを耐え忍びながら平凡な日常生活に甘んじ、やはり少しでも長く生きたいと思う人々の、自分には決してできないであろう、もう一つの壮絶な生への憧れなのではないでしょうか。命よりも大切なものはないはずだが、本当は命を賭《と》してでも守りたいものもあるのだという、二つの価値の間で揺れ動く人間の心情を慰めてくれるのが芸能というものなのでしょう。逃げ惑う大藤内が羽織っていた着物は、縫箔《ぬいはく》という女性用の着物、手にした帯も女帯です。アイの科白のなかには一言の説明もありませんが、これは前にも申しましたとおり、命が助かりたいために、同衾していた女性の着物を奪ってきた証なのです。神職に携わる者は妻帯の許されなかった時代、神主の身でありながら、しかも曾我兄弟が今夜にも夜襲を仕掛けるかもしれない非常時に、この振る舞い、そして今まで一緒にいた女を見捨てて一人で逃げ出してきたこと、その着物を奪い取って女装し、難を逃れようとしたこと。説明せずともこの姿は大藤内という人物の人格と行為を明確かつ雄弁に物語っています。もしもそれらすべてをあからさまに言葉に出して語ったら、どんなに嫌らしいことでしょう。それは見ればわかることなので、あえて言葉にする必要はありません。大藤内は臆病者であるゆえ、笑われる対象ではありますが、ことさら卑しめられることはありません。窮地に追い込まれたとき、自分だけは卑怯者にならないといったい誰が言えるでしょう。大藤内の姿が呼び起すのは、たった一つしかない自分の大切な命をそう潔く捨てられない、どんなにしても助かりたいと切望する人間への哀れみや共感でもあるのです。

縫箔を羽織った大藤内は、その下に「白練《しろねり》」と「下袴《したばかま》」を着込んでいます。この出で立ちは、狂言の『蚊相撲《かずもう》』や『文相撲《ふずもう》』で大名が相撲を取るとき、また『二人大名《ふたりだいみょう》』『靭猿《うつぼざる》』『入間川《いるまがわ》』など上服を脱いだり脱がされたりするときのおなじみのスタイル、つまり「裸」の象徴的表現です。「白練」は純白の着付けで、何も着ていない身体を表すもの、下袴は黒や青などの繻子《しゅす》や綸子《りんず》に丸紋の刺繍を施したあでやかな袴で、ふくらはぎから足首にかけて必ず黒の脚絆《きゃはん》で締められております。これは下帯、つまり下着を表すもの、つまり、今で言えばパンツ一枚の姿を意味しています。本来なら人前に出るような姿でないということです。白練も下袴も鮮やかな装束で、「パンツ一枚の裸」を連想される方はほとんどおいでにならないでしょうが、これは能舞台の品格を保つための工夫、約束事です。

現代では至るところでお目にかかるヌードですが、日本人の伝統的な感覚では人前で裸になるなど、まったく失礼千万なことでした。とりわけ能・狂言はできるかぎり生の肉体を隠し、その媚態を徹底的に排除する芸能です。練りを加えていない張りのある絹や麻で作った布地の硬い直線的なラインをもつ装束で身体はすっぽり包まれ、出るところといったら手の先がほんの少し、着物の胸元もきっちりと着付けられております。足には足袋を、その上、能の場合は頭には鬘《かずら》を、さらに面をつければ、生身の肉体で人目に晒す部分はほとんどありません。また装束の下には「胴着《どうぎ》」と呼ばれる綿入れが着込まれます。これはたとえ着物をいくつも重ねて着込んだとしても、どうしても浮き上がってしまう生々しい身体の線を消すためであり、同時に個々の人間に特徴的な身体の線を消すためでもあります。

日本美術の最高峰のひとつである『源氏物語絵巻』、そこに描かれた人物の顔形は、「引目鉤鼻《ひきめかぎはな》」と呼ばれる類型的な表現を取っております。能の面もたとえば、「小面《こおもて》」や「中将」や「般若」といった「類型」です。それは人間の究極的理想美であり、この揺るぎない普遍性に比して、個性やら個々の人間の特徴などいかほどのものかと言っているのだと思います。古来の日本人の肉体という造形への意識は、人間の裸体にこの世で最高の美を求め続けてきた西洋文化とは決定的に異なっていました。生身の肉体は人目に晒すものではなく、包み隠すところに美は存在し、顔かたち姿かたちの美しさは常に象徴化されて表現されていたのです。

さて、この大藤内は狂言方にとっては重要な役で、「習い物」とされています。なぜこんな道化た役が、と思われるかもしれませんが、それはこの役が曲全体に対して負っている役割の重要性の問題なのです。大藤内はみっともない役です。しかし、これを見苦しくなく演ずることが肝要《かんよう》です。滑稽が度を越して能を壊してはなりません。狂言方の無分別な演技によって、シテ、ツレ、ワキ、囃子が慎重に綿密に作り上げてきた世界を壊してはならないのです。どんな役でももちろん同じことですが、このような道化役ほど狂言方の見識と曲への配慮が必要とされるものはありません。人を笑わせることは快感に繋がります。演じる人間が厳しく節度を持っていなければ、本来の道筋から逸脱した演技に走りかねない危険を負っています。曾我兄弟の悲劇、彼らを取り巻く人々の悲哀、前場で描かれた繊細微妙なその心情、後の五郎の孤独な闘いに繋げていくための高い緊張感が、アイの演じ方次第で良くも悪くもなることさえあります。こうした一見、道化た役こそ、能の中の狂言であることが最も問われる役なのです。

7 烏帽子折《えぼしおり》 手柄を立てて一山当てたいが、命は惜しい

能『烏帽子折』は以下のように少し込み入った筋立てです。源氏再興を賭け、鞍馬山《くらまやま》を出奔《しゅっぽん》した牛若丸は、奥州の金売り商人、三条吉次《きちじ》兄弟に旅の同行を頼みます。途中の鏡の宿で平家方の追っ手が迫りつつあるのを知った牛若丸は、姿を変えるために髪を直し、成人男子の証である烏帽子を求めて烏帽子屋へ急ぎます。注文した烏帽子は源氏の印である左折、烏帽子屋はこの見知らぬ少年に、八幡太郎義家が安倍貞任《さだとう》・宗任《むねとう》を討伐した折に着用したという、左折烏帽子の由来を語って聞かせます。牛若丸が烏帽子の代金として置いていった刀を見て、烏帽子屋の妻は驚愕します。それは牛若丸誕生の折、父・義朝が守り刀として授けた品、自分こそその刀を届ける使者の役目を仰せ付かった者で、実は自分は義朝の家臣、鎌田兵衛正清の妹であることを夫に告白します。二人は急いで牛若丸の後を追い、自分たちの身分を明かし、餞《はなむけ》にと刀を返しました。

赤坂の宿についた牛若丸と吉次一行に宿の主人は、このあたりの悪党どもが彼ら一行の泊まりを聞き付け、夜襲を

掛けるかもしれないので警戒するようにと忠告します。牛若丸は、鞍馬山で学んだ兵法を試すチャンス到来と、あたりが暗くなった頃、悪党の襲撃を待ち受けます。そこへ偵察にやって来た熊坂長範《ちょうはん》の手下三人は、牛若丸にやっつけられ、命からがら逃げ帰ります。熊坂は、年の頃十二、三の少年に悪名高い盗賊たちが次々に切られているのを知って胸騒ぎを覚え、また三つの松明《たいまつ》が牛若丸に切り落とされて揃って消えてしまったことに不吉な予感を抱き、一旦退却しようと考えますが、今引き返すのは屈辱と思い直し、勢い込んで切り込んで行きます。牛若丸は並み居る盗賊たちをたった一人でことごとく切り倒し、最後に熊坂と切り合い、躍りかかる熊坂を真っ正面からばっさりと切り下していきます。

この曲は、『船弁慶《ふなべんけい》』（前シテ・静御前、後シテ・平知盛）と同様、前シテは烏帽子屋、後シテは熊坂長範という変則的な曲です。このように、能の中にはシテが前場で演じる人物と後場で演じる人物が何の繋がりもなく、それゆえ、なぜそれを同じ人間が演じることになっているのか、不可解な曲がいくつかあります。理由は私にもわかりません。多分花形役者が広い芸域を見せ、観客を喜ばせるためではないかと思います。ただ一つ言えることは、この曲のシテは烏帽子屋であり、熊坂長範ですが、物語としての真の主役は子方の演じる牛若丸で、すべてはこの少年を中心に回っていること、それだからこそ、まったく繋がりのないこの二人の人物、片や牛若丸の味方となる烏帽子屋、片や敵となる熊坂長範を一人の人間が演じ分けるという、荒唐無稽な演出が成り立つのだと思うのです。変化の自在さを見せることも芸能の面白さの一つでしょう。また、子方の演じる源義経を中心に展開する『船弁慶』も、シテは義経の愛人・静御前と義経の宿敵・平知盛という、まったく相反する二つの役を演じなければなりません。薄幸可憐な佳人と勇猛果敢な武将、同じ演者が一つの曲のなかでまったく対照的な二つの役を演じて見せるのも芸能の面白さです。

さて、『烏帽子折』は、迫りくる危機を前に自らの意志で元服する牛若丸が鞍馬山で鍛えられた兵法を初めて試すその活躍ぶりを描いたもので、『夜討曾我』と同じく、「斬組物」と呼ばれる種類の曲です。優美な鬘物《かずらもの》などとはまったく違って、ただならぬ緊迫した雰囲気に絶えず包まれているのがこの曲の特徴であり、それは迫りつつある追っ手の気配を感じながら危険な旅をしている牛若丸の心中の表れでもあります。

この曲には三種類のアイが登場します。

一番目のアイは鞍馬山から逃げ出した牛若丸を討ち取れとの六波羅《ろくはら》、すなわち平清盛の命令で、牛若丸を追う「早打《はやうち》」。

「早打」は『土蜘蛛《つちぐも》』『鉢木《はちのき》』などの曲にもある、緊急事態勃発を告げ知らせる急使の役、「忙しや、忙しや。忙しや、忙しや」という科白を言いながら杖をついて足早に登場し、一気に科白を言って、また慌ただしく去って行きます。決して早口で言っているわけではないのですが、独特のテンポが非常に差し迫った様子を伝え、緊張感を高める役です。

二番目のアイは牛若丸・吉次一行に宿を提供し、盗賊たちが夜襲を掛けようとしていることを教える宿の主人。「ヤアヤア、それは誠か真実か。さてさて苦々しい事じゃ」と言って急を伝える亭主の役は、狂言の『髭櫓《ひげやぐら》』や『老武者《ろうむしゃ》』『若市《にやくいち》』などでも「御注進《ごちゆうしん》」といって、ある一団が戦闘態勢にあるという情報を得て、攻め込み先へ急を告げる役と同様です。ストレートに状況を語るアイの科白は、緊迫した空気をつくる独特のリズムがあり、これから展開される場面へ、その高揚した気分を繋いでいきます。

そして最後に、熊坂長範の手下の盗賊、三人。熊坂は大泥棒の豪傑ですが、この三人はその末の末の子分で親分とはまったく正反対です。

俗に「金売り吉次《かねうりきちじ》」として名高い商人、三条吉次信高《のぶたか》の宿泊する宿屋へ、熊坂の命を受け、褒美欲しさに様子を探りに、盗賊、甲・乙・丙《へい》、今風に言えばA・B・C、がやって来ます。まず甲がその先陣を切ります。丙が橋掛りの欄干《らんかん》の下に伏して踏み台になったところへ、甲はシテ柱に手を掛けさっと欄干に昇り、そこから常座《じょうざ》へ飛び込みます。これは塀を乗り越え、内部に侵入したということ。そして「クワラ、クワラ、クワラ」という擬音としぐさによって、塀の内側から戸を開けたことを表します。そこは真っ暗闇、甲は手探りで宿屋を探る様子を表し、舞台を一回りし、もとの場所に戻ってきます。ひっそりと静まり返った宿の気配に不審を抱き、今度は三人で探りに行きます。真っ暗闇のなかぶつかったりつまずいたりし、そのうち松明《たいまつ》をつけることを思い出し、明かりを灯します。ところが暗闇の中で待ち伏せていた牛若丸はその松明を切り落とし、うろたえた甲は一目散に仲間のもとへ逃げ帰ります。今度は乙が忍び入り、牛若丸を見つけて、持っていた松明をその足元に投げると、牛若丸はそれを足で踏み消してしまいます。乙はびっくりして逃げ戻ります。この二人以上の臆病者の丙は、二人があれこれいっている間にこっそり逃げ出そうとしますが、それを見咎められ、無理やり第三の偵察として宿のなかへ追い込まれます。おっかなびっくり忍び込んだ丙の松明を牛若丸は奪い取り、背後から切り付けます。丙は助けを求めて大声で叫び、飛んで来た二人に担がれてその場から逃げ帰りました。

一応プロである盗賊たちが、たった一人の少年相手に翻弄され逃げ惑うのです。抜け目のなさと敏捷《びんしょう》さが身上のはずが、松明を持ってくるのを忘れたり、怖いので腹痛を訴えてその場から逃げ出そうとしたりと、間抜けなこと極まりなく、特別な演出ではここで恐怖を紛らわすための酒盛りを始めてしまうことさえあります。

前にも申しましたが、能は緊張感を持続させることが大事で、この曲でも特にこの後、はらはらするような激しい斬り組みが展開されるわけですから、いかに賑やかで他愛なく滑稽な場面であっても、悪ふざけに見えたり、ドタバタ喜劇に走ったりして、その緊張感を損なうことがあってはなりません。ちょっと目にはドタバタのように見えるかもしれないこのアイも、この後の場面をより鮮明に効果的に見せるために必要なものなのです。

このアイの役目は、臆病で足並みの揃わない盗賊たちとの対照から、牛若丸がただの少年ではないということを暗示することにあります。このアイたちの行動は一見滑稽ですが、これもごく当たり前の普通の人間の代表なのです。こんな状況下で怖くないわけがありません。真の勇気とはいかなるものか。それに対して、暗闇の中でたった一人じっと息を殺し、恐ろしい盗賊たちの来襲を待ち構えている少年。強盗の出現を怖がるどころか、鞍馬山で身につけた兵法を試す絶好の機会と手ぐすね引いて待っている牛若丸。彼は単に勇気ある少年ではない、生まれついての軍神。その後ろに付いているのは鬼神か、何かとてつもない力に守られているのであり、そのどこか神がかったさまを強調するのが、アイの役目でもあるのです。能『鞍馬天狗《くらまてんぐ》』の大天狗のパワーを連想なさる方もありましょう。

こんな現実的な曲でさえも、得体の知れない、目に見えないものの気配が濃厚に漂っているのが能かもしれません。三人がそれぞれ手に灯し、ことごとく牛若丸によって消された松明は単に暗闇を照らす明かりではありません。一の松明は軍神、二の松明は時の運、三の松明は彼らの命を象徴するものです。松明を占わせた盗賊の首領、熊坂長範は、三つが三つ、牛若丸の手に掛かって消えたことを知り、不吉な予感を覚え、一旦は退却しようとさえ考えるのです。どんなに奮闘しようとも人間の背後には目に見えない力が働いていて、人間の生はその宿命の上に乗っているのだという中世の思想がそこにはあります。これに従えば、熊坂が不吉な予兆を見たとき、すでに両者の勝負は決まっていたのかもしれません。

三人の盗賊の間抜けで滑稽なやり取りは、勇気と恐怖は常に表裏にあるものだという真実を見せるのと同時に、運命の時、生死を分かつ戦いがもうそこまで迫っているという危険な信号、胃の腑《ふ》に冷たいものが流れ落ちるような不安感を徐々に醸し出していく、非常に重要な役ですが、それを何げないように、さらりと演じていくところに狂言方の真の意味での技術があるでしょう。

8 船弁慶《ふなべんけい》

お得意様の悲劇も不幸もビジネスチャンスに

能『船弁慶』は上演頻度の最も高い曲で、ご覧になったことのある方も多いでしょう。平家を打ち滅ぼし一躍英雄となったのもつかの間、兄・源頼朝と不仲になった義経は追われるように西国に逃げ落ちます。その途上の大物《だいもつ》の浦の船宿で、義経は弁慶の進言に従って、ここまで供をしてきた愛人、静御前を都へ帰すことにします。悲しみにくれる静ですが、別れの盃を交わし、名残の舞を舞います。

『船弁慶』のアイは大物の浦の船宿の主でもあり、また大船の梶取《かんどり》、つまり船長です。この曲では義経一行は、子方の義経、弁慶、それに付き添う三人の武者、つまりたった五人しか舞台に登場しません。けれども道行《みちゆき》の謡の中でおわかりになるように実は供は十数人いるわけですし、船頭が一人で持ち出す船も能では川舟より小さなものですが、これはれっきとした軍船、何丁もの艪《ろ》を備え、何人もの漕ぎ手が乗っている、いざとなれば戦闘だってできる船なのです。なかなかわかりにくいかもしれませんが、能では多くのものが省略されて、最も重要なものだけが象徴的な姿で舞台の上にあるのだとご理解ください。

さて、船頭は義経一行に宿を提供し、義経と静の別れの宴の一部始終を目撃し、感涙にむせびます。そして「急ぎお船を出《いだ》すべし」という弁慶の命に従って、疾風のように船を用意すると、一行を乗せ、西国へ向け、船を漕ぎ出します。と、にわかに天がかき曇り、暴風が吹き始めます。

不気味な闇が立ち込め、波高く荒れる海、強風に煽られ、木の葉のように揺れる船。しかし能舞台には船体に叩きつける波や吹き荒ぶ風の音を表す効果音も、不吉な暗雲に覆われ、闇に閉ざされていく景色を表す照明もありません。それらを表すのはただ波風と闘い、船の均衡を保とうと必死の努力を繰り広げるアイ・船頭の科白と動き、それに大小の鼓の打ち分けしかありません。今にも転覆するかもしれないという手に汗にぎるようなこの場面、胸のつまるような緊迫した雰囲気をつくり上げるのはアイの重要な役目です。

この荒れ狂う海の脅威は、壇ノ浦の合戦で海底に沈んだ敵将、平知盛の怨霊の現れる前兆にほかなりません。船頭は長い経験から、この突然の海の変化は単なる気象の変化ではなく、何か恐ろしい災いの起きる前触れだということを知っておりますが、口には出しません。義経の家来の一人が「この船には怪《あや》かしがついている」と口走ると、「船のなかでそのような事は口にしないものだ」と厳しく叱りつけます。「言葉として発したものは現実のものとなって現れる」という言霊《ことだま》信仰が、この時代にはまさに生きていたわけです。案の定、船頭の危惧したとおり、この言葉に誘われるかのように知盛の怨霊が現れるのです。この「怪かし」についての大切な件《くだり》ですが、近来省略して上演されることが多くなりました。能の上演時間を短くしようとするものですが、こういった風潮は残念と言わざるをえません。

怪しく荒れ狂う波、死の恐怖に満ちた暗い海のなかを、たった一人、多くの人命を預かって、櫂《かい》さばきも鮮やかに大きな船を操っていく機略《きりやく》と経験に富んだこの船頭は、狂言方の役としては珍しく、ちょっと恰好いい役です。しかし、この船頭は単純な人の良さや義侠心《ぎきょうしん》から、この危険極まりない役を引き受けたのではなく、思うところあって、これを買って出たのでした。

西国へ落ち延びるための船を用意し、人々を乗せ船出して間もなく、船頭は弁慶にこのように言います。

「只今こそ加様《かよう》に御仲違《おんなかたが》わせられ、西国《さいこく》の方へ御下向《おんげこう》なされ候えども、上は御同一体の御事なれば、追っ付け御仲直らせられ、御上洛《ごじょうらく》有ろうずるは疑いも御座ない。左様の時は、此の西国の海上の楫取《かんどり》を某一人《それがしいちにん》に仰せ付けらるる様に、御取りなし有って下されいかしとの申し事にて候。」

つまり、「頼朝・義経兄弟が仲直りをし、義経が無事返り咲いたあかつきには、この西国の海上の利権を自分一人に独占させよ」との要求を弁慶に突き付けているのです。生きるか死ぬかの瀬戸際に追い詰められている人間に対して、相手の弱みに付け込んだこの無心は、柔らかいなかにも脅迫にさえ近い響きがあります。その上、船頭は、利権の独占を約束した弁慶に向かってこうも言います。

「さりながら、御主《おぬし》の御用の時は、いかようなる御約束をもなさるれども、思召《おぼしめ》すままになれば、えて忘れさせらるるものにて候間《そうろうあいだ》、構えて御失念有って下され候な。」

つまり、「人間は困ったときには何でもハイハイと言うけれど、状況が変わって自分の天下になれば途端に、約束を忘れてしまうもの。決してこの約束を忘れないでくださいよ」ということ。楫取は弁慶にしつこく念を押し、固い約束を取り付けます。いつか必ず頼朝の怒りが解け、義経は新政権の中枢を担う役に返り咲くと踏んで、抜け目なく損得勘定をした上で助けようというわけなのです。

義経と愛妾《あいしょう》・静御前の悲しい別れ、迫りつつある死を感じながら、この世のどこまでも、あるいは地獄の果てまでも主人に付き従おうとする弁慶はじめ供の一行、また一門をことごとく海の藻屑《もくず》とされた平知盛の終わりなき闘い、静の舞の優美さ、亡霊・知盛の逆襲の激しさ、しかしそれ以上に、この曲が刃の上を渡るような痛みを伴い、凄絶な悲しみに満ちているのは、この曲の登場人物が皆、敗者であるからに違いありません。そのなかに唯一、現実感覚によって生きるしたたかな人間、それが狂言方の演じるこの船頭であり、それによってこの夢幻のようなエピソードがリアリティーを持って浮かび上がってくるのだと思います。

9 嵐山《あらしやま》（替間）猿聟《さるむこ》　純粋なものばかりが理想どおり動くとは限らない

奈良・吉野山の桜の見事さを聞いた嵯峨天皇は、是非それを見たいと思いますが、吉野山はあまりに遠く、天皇の御幸《みゆき》は難しいので、この千本《ちもと》の桜を都に程近い、嵐山に移し替えました。『嵐山』は天皇の命に従って、この嵐山の桜の開花具合を見に、臣下がやって来るところから始まります。吉野山の千本の桜は吉野山を守護する神々、蔵王権現《ざおうごんげん》、木守《こもり》の神、勝手《かって》の神の宿る霊木であり、この桜の木の移し替えられた土地・嵐山は、それゆえにこれらの神々によって末永く守られ、繁栄することが約束されます。

さて、この千本の桜にくっついて、猿の一行が吉野山から嵐山へやって来ます。彼らの目的は「聟入《むこいり》」、つまり新婚の夫婦が新婦の父である舅《しゅうと》のもとへ結婚の挨拶に向かおうというのです。聟猿、その妻である姫猿、そして召使い

猿聟　吉野から嵐山に、聟入の挨拶にやって来た聟猿と姫猿の一行。

の太郎冠者猿をはじめ数名の供猿たちは、このために遠い道程を遥々旅してやって来ます。

『猿聟』の登場人物は全員猿で、皆、猿の面をつけ、「キャーキャーキャー」という猿語で会話をします。セリフのほとんどが「キャーキャーキャー」ですので、初めてこれをご覧になった方は当惑されるでしょうが、狂言の聟入の儀式はどの聟狂言でも同じですし、舅と聟の初対面の挨拶、盃事《さかずきごと》、祝賀の謡と舞といった動作は、誰にでもすぐそれとわかるよう作られております。また重要な部分、たとえばいちばん初めの舅のセリフ、「かように候者《そうろうもの》は、都の西、嵐山にすむ〝まし〟にて候。今日は最上吉日にて候間、和州《わしゅう》三吉野《みよしの》より、聟殿の見えらりょうとの事にて候間、此の由《よし》を申し付けばやと存ずる」や聟のセリフ、「これは和州三吉野の花の本に住む〝まし〟にて候。今日は最上吉日にて候間、都の西、嵐山へ、聟入りせばやと存じ候」によって、いつどこで誰が何をしようとしているのかという、最低限の情報はお知らせしておりますので、それによって何をしているのか、何と言っているのかを推測し、理解することはそれほど難しくないかと思います。

狂言の中でもかなり異色であるのは確かですが、それがおふざけではないことはご理解頂けると思います。しかし、いったい何のための「猿」なのでしょうか。「猿」の生態を演じているわけではなく、「人間」とまったく同じことをするのに、なぜわざわざ「猿」の姿で演じるのでしょうか。それは、この狂言が、「猿」という動物の持つ祝言性に平和と繁栄への思いを託したものであるからなのです。

『猿聟』は「彼の又、獅子と申すには、百済国《はくさいこく》にて普賢文殊《ふげんもんじゅ》の召されたる、猿と獅子とは御使者の者を、猶《なお》、千秋《せんしゅう》や万歳《ばんぜい》と、俵を重ねて面々に、俵を重ねて面々に、楽しうなるこそ、目出度《めでた》けれ」という謡で終わります。日本では古くから、おそらくはアジアの各地でも、猿は神の使者と考えられ、特に比叡山においては神獣と崇められるほど、特別な意味を持った動物でした。『西遊記』で三蔵法師を守って天竺までの旅を共にする孫悟空、桃太郎と一緒に鬼が島に鬼退治に行く猿、それらは猿の持つ特殊な能力、呪術性が、人間がある目的を達成するための大きな助けになると考えられていたからに違いありません。

狂言には猿の登場する曲がいくつかありますが、いずれも「さる」とは言わず、「まし」と呼ばれます。「さる」は「去る」に繋がる「忌み言葉」とされているからです。逆に「まし」という言葉は、言うまでもなく「増し」に掛けられたもので、そこには、子孫絶えることなく、繁栄していってほしいという願いが込められています。

『嵐山』の「吉野の花の種取りし、吉野の花の種取りし、嵐の山に急がん」というワキの次第には、それが単に桜のことを謡っているだけのこととは思えない、非常に切迫した感情が伺えます。天皇家にとって正統な後継者の不在は、次期天皇の位を巡っての壮絶な戦い、国土を荒廃させ、多くの人々の血を流す不毛な戦いを引き起こす引き金となります。治世者《ちせいしゃ》の子孫が絶えることなく、繁栄を続けるということは、単にひとつの家の盛衰の問題には留まらず、万民が心安らかに暮らしていけるかどうかという重大な出来事であるのです。

「まし」という言葉には、単なる言葉遊びの次元を越えた「言霊信仰」、「増し」ていくことへの強い願望が込められています。秩序正しく群れを成し、巨大な集団の和を乱さず、平和と安定を保ちながら、子孫を増やして繁栄していく猿の姿に、絶えざる平和と豊穣への強い祈りが託されているのです。

そうしてもう一つ、これはいかにも狂言のシニカルな部分だと思われますが、何かが移動するとそれに伴い、便乗するように良き悪しきを含めて様々なものが移動して来る、そんなことも言いたいのだと思います。たとえば、仏教という宗教の伝来と共に、仏教美術・音楽・建築・衣装・祭具・習慣など諸々のものが渡ってきました。卑近なところでは、果実の輸入によって害虫や病原菌までもが入ってきます。嵐山には花の外《ほか》に、猿までやって来ました。良いか悪いかは別ですが。

10　賀茂《かも》（替間）御田《おんだ》

大自然の摂理を受け入れ豊穣を神に祈る人間たち

能『賀茂』は、京都の鴨川上流にある上賀茂神社、下鴨神社の縁起を物語る能です。昔、このあたりに住んでいた秦氏《はたし》の娘は、朝夕、賀茂川の水を汲んで神に捧げていましたが、ある時この川を流れてきて手桶に止まった白い矢を家に持って帰って軒《のき》に差しておいたところ、身ごもって、男の子を産みます。三歳になったとき、周りの人々に父は誰かと尋ねられた子どもが、軒に刺さった矢を指さして、父はあれだと言うと、矢はたちまち雷となって天に駆け登り、天地を揺るがせました。そのようなわけで、別雷《わけいかずち》の神とともにこの母子を祭ったのが、上賀茂、下鴨神社であ

御田　お田植の神事を行う神職と早乙女。

るということです。

『賀茂』の替間、『御田』は、のどかな早春、神主と早乙女《さおとめ》によって行われる田植えの儀式を描いたものです。田植えの神事は、古来から農耕に関わる人々にとって最も重要な行事であり、科学万能の現在でもそれは民俗芸能の形をとって日本各地に伝承されています。春に蒔《ま》いたわずかの種が、秋には驚くほど多くの実りとなるこの不思議。生命の連続と増大の神秘。そこには、目に見えない偉大な力が働いていると考えられたのは当然のことでしょう。この目に見えぬものに向かって捧げられる祈りこそがそもそも芸能の起源だったわけです。これらの芸能が大地を離れ、能舞台の上で再現されるようになったとき、それは、ある特定の領域や限られた人々のための豊穣を祈るものではなく、あらゆる土地、あらゆる人々の幸いを願う普遍的なものへと変わっていきます。地上に存在するすべての生物のために、万物の生命を育むその偉大なる力が、絶えることなく尽きることなく働きかけてくれるよう、この力の根源に向かって捧げられるのです。めざましい科学の発達のおかげでより多くの良質の農作物を作ることができるようになった今も、農耕における最も重要な要素だけはどうしても、人間の思いのままになりません。旱魃《かんばつ》のとき、冷夏のとき、雨の降り止まぬとき、人間がいかに無力感を味わうか、それは昔も今もそしてこれから先も変わることはないでしょう。大自然の力の前には人間は謙虚にならざるをえないということです。

ところで、能の物語とは何の関係もなさそうな農耕神事が、何ゆえここに描かれるのでしょうか。『賀茂』は水に縁の深い能です。御手洗川《みたらしがわ》の水を朝夕汲んで神に手向けていた娘が、この川を流れて来た矢を拾ったことから身ごもって子どもを産んだこと、その矢とは、雷、別雷の神の化身であること、雷とは無論、雨を降らせる神の象徴です。生命を産み出し、維持させる水、水は万物の生命の源です。しかも、その水とは、ひとところに澱《よど》みたまったものではなく、絶えることなく流れ続け、常に新しくなり変わっていくもの、生命を宿し、また穢《けが》れを洗い流して清め、新しく生まれ変わらせるものなのです。

『賀茂』の舞台、上賀茂神社、下鴨神社は京の都を潤す賀茂川の上流に位置しています。とうとうと絶えることなく流れ続け、都の人々の生命を支える賀茂川の水、この大切な水を守り司るのが上賀茂神社、下鴨神社であるのです。そしてまた、『御田』の田植えの神事も、大切な水の源、田の水口《みなくち》を祭る神事です。『賀茂』も『御田』も共に、生殖と豊穣の神秘を象徴的に表現したものです。川を流れ来る一本の白矢と、その止まった桶、また、水に潤う大地に、一苗一苗植えられていく稲、これらによって明かされる生殖の神秘。『御田』には子孫誕生につながる男女の戯れ事も、御田植《みたうえ》の早乙女とそれを祭る神職との間でそっと描き添えています。『賀茂』そして『御田』は、生命の誕生の根源に向かって捧げられた曲なのです。

豊穣への祈りはまた、平和への祈りへと繋がっていきます。穏やかに暖かく大地を照らす陽の光、とうとうと絶え

御田　めでたくお田植の神事を舞い納めた神職。

ることなく注がれる水、戦乱によって踏み躙《にじ》られ乱されることのない大地、共に助け合い喜びを分かち合い、農耕に励む人々。天・地・人、そうしたすべての要素が揃わなくては、黄金色の稲が重たげに頭を垂れる幸福で豊かな実りを得ることはできないでしょう。

『賀茂』も『嵐山』も通常の場合、間狂言は「末社《まつしゃ》の神《しん》」によって演じられます。聞き馴れない言葉でしょうが、「末社」とは神社の境内にある小さな社のことで、特に大きな神社の場合、「末社」がいくつもある場合もあります。そこには本殿とは別の神様が祀《まつ》られているのですが、それが「末社の神」で、本殿に祀られた神様を大親分とすれば、「末社の神」は子分の神様とでも言いましょうか。「末社の神」は普通は、末社頭巾《ずきん》を被り、「登髭《のぼりひげ》」という面を付けて、軽やかに登場します。一段位の上の末社は、「白垂《しろたれ》」という白髪の長いストレートの鬘《かずら》を付け、杖をついて出て来る場合もあります。その役割は、大親分の神様を称えること、その威徳《いとく》のすばらしさを語り、自分にも何かこの大親分のためにできることはないかと、得意の「三段ノ舞」を披露します。

脇能のアイの約半分はこの「末社の神」であり、替間では、この「末社の神」の祝言性がよりいっそう高められることになります。脇能は平和と豊穣への祈りを込めた能であり、替間はこの祈りの力をいっそう強固にするためのもの、替間の祝言性とは天・地・人の平和と豊穣への祈りにほかならないのです。

Ⅳ

三番三《さんばそう》　稲の精霊の舞

天下泰平・五穀豊穣の祈禱人

毎年お正月の能会で父が舞う「三番三」、凜然《りんぜん》として重厚、それでいて軽快なその舞は子どもの目に父が最も恰好良く見える瞬間でした。「いつかきっと自分も伝授を受け、あれを舞う日が来る」、その日の来るのが待ち遠しく、心躍らせながら思い描いたものでした。そしてその時が来たのです。

昭和二十七年、戦火で消失した観世喜之家の能舞台・矢来《やらい》能楽堂が再建され、その舞台披《びら》きに、「そろそろ息子さんに三番三はどうですか」と父におっしゃってくださったのは先代の喜之師で、私は生意気盛りの十五歳の少年でした。思わぬ大役を名指しでくださったことにびっくりしながら、ほんとうに嬉しく有り難く思ったものです。それから五十年、「三番三」を舞って、もう二百回を越えたでしょうか。

「天下泰平《てんかたいへい》、五穀豊穣《ごこくほうじょう》」を寿《ことほ》ぐ舞『翁《おきな》』は、「能にして能にあらず」と言われるとおり、能のなかでも特別な位置にあり、私たち能楽師は特別な思いを抱いて臨みます。たとえば「精進潔斎《しょうじんけっさい》」。「翁」や「三番三」の役が付いた者は、「別火《べっか》」といって古くは三×七、二十一日間、精進潔斎して役に臨んだと言います。大蔵虎明の『わらんべ草』の中にもこの「精進潔斎」についての言及があります。

「惣じて精進の儀に四つ有。（中略）一、魚鳥を断つ、二、身を浄め、三、火を忌む、四、心を浄む（中略）然るを近年精進せざる人有。是よく知れるか、知らざるかいぶかし。古八郎殿まで、精進せられし事、皆人知れり。我又三番三舞い、相手になりし事も度々有しゆへよく覚ゆる。先祖なをなを其通申伝べし。誠に道の冥加、子孫の事もおぼつかなし。尤恐るべし。人いか様の振舞、末世に有共、我家には、古来より仕付たる古法、少しも相違すべからず。いかにも慎しみうやまひ、いるがせに思ふ事なかれ。」

現代は悲しいかな、正しい伝統に従った精進潔斎を行う余裕がなく、私もこの精進潔斎を完全な形で三日間やり遂げたのは抜《ひら》きの時以来、数回に留まっております。しかし、身を修し、煩悩を排し、ひたすら祈る、精神の集中と身の浄化、どのような状況のもとでもこの精神だけは根底にしっかりと持っていなければならないと強く念じています。

何ゆえ『翁』は特別なのか。『翁』をご覧になった方々はおそらく、「翁」「三番三」が観客とは別のところを向いて演じられることにお気付きになるでしょう。もちろん、舞台芸である以上、観客を無視するわけではありませんが、明らかに他の曲とは違います。それは『翁』が何よりも「天下泰平、五穀豊穣」を祈ることに大きな意味があるということです。おそらく古き時代の能楽師たちは、この「翁」や「三番三」の役に、天下万民から選ばれた祈禱人《きとうにん》としての自負を持って臨んでいたであろうと思います。随分大袈裟な言い方ですが、国の命運にも繋がるこの二大祈禱「天下泰平」「五穀豊穣」を任されたことの喜びと責任、その根本は今でも変わってはいないでしょう。

足拍子――三番三を踏む

「さんばそう」は、和泉流あるいは歌舞伎舞踊では「三番叟《さんばそう》」、つまり「三番目に登場する老人」の意で用いております。大蔵流ではこの老人を表す「叟」の字を用いず、万物化成の象《かたち》を現す「三」の字を当て、「三番三」と言います。「三番三」も一種の「舞」ですから、当たり前に言えば「三番三を舞う」でしょうが、私たち狂言方は「三番三を踏む」という言い方をします。「舞台に立つ」こと自体を漠然と「舞台を踏む」と言いますが、こと「三番三」に関してはこの「踏む」という言葉に呪師《じゅし》芸能以来の信仰にも繋がる重要な意味があり、またその内には舞台に臨む積極的姿勢を示す意図をも込めているのです。「三番三」は「舞」ではあるものの、実は大地を踏み鳴らす「足拍子」にこの芸の全生命があるといっても過言ではありません。

もともと「足拍子」というものは多くの芸能の中で「舞い手」と「囃子手」あるいは「謡い手」との間のコミュニケーションを取るための手段でした。それは「舞い手」の望む「謡」や「囃子」の速度や位を、舞いながら無言で「謡い手」や「囃子手」に伝える合図だったのです。それが能楽の完成につれていつしか「足拍子」も様式の中に固定化され、本来の役目を失っていきました。しかし「三番三」の「足拍子」にはまだまだ原始の底力と訴え掛けがあるように思います。このあたりに敢えて「踏む」という表現を用いる意味もあるのでしょう。

また技術面で言えば、囃子の流れに乗りながら、心の「間《ま》」、技の「間《ま》」、身体の「間《ま》」を駆使して、複雑な足拍子を踏み込んでいく。しかも「鈴ノ段」では鈴を規則的なリズムで振りながら、その「間」とはまったく異なる別のリズムで、「翁」の「天・地・人」の足拍子と順序をずらした「人・天・地」の足拍子、また「種蒔《たねま》き」「面返《おもがえ》り」「達《たつ》拝挙《ぱいあ》げ」と様々な足拍子を踏むのです。

前段の「揉《もみ》ノ段《だん》」にしても、冒頭の「縦拍子」から始まって「左拍子」「右拍子」「抜き拍子（鶴足）」「横拍子」「烏《からす》飛び」「留め拍子」とあり、その足拍子の数も一項目ごとに十三回から三十二回まで多彩な足拍子の踏み分けがあり、囃子のイチ・ニ・サン・シというリズミカルな拍子の、イチ◎・ニ◎・サン◎・と当たる所を「表の間《ま》」とし、イチとニとサンの谷間に当たる所を「裏の間《ま》」とすると、二十ほどある足拍子の途中、「表の間」に並べて踏み込んでいて、突然、「裏の間」に踏み込んでいったりする。それも一・五マ先の「裏の間」に、そしてまた、〇・五マ先の「表の間」に戻す。ある時は「表の間」「裏の間」を六ツ並べ続け、ひょっと二マ待って踏み込むなんていう拍子の間がたくさんあるわけで、初心者には難しく、よく踏み損なうことがあるのです。しかもメトロノームのような正確なリズムで刻むのではない、演奏する者と舞う者の間でその時その時に作られる「間」で舞われていくのですから、いかにも日本的な好みかもしれません。

こうした技を完璧に体得していく上に欠かせないのが「百日稽古」、これは「三番三」や『釣狐《つりぎつね》』などといった大曲を披く折に必ず課せられるものです。稽古に掛かってまったく休みのない連日の百日、しかも一回きりではなく、初期の頃は何回となく繰り返されます。そしてその百一日目に演じるのではなく、百日間を特訓の期間に当て、その稽古を終えて後、三カ月ほどの心身の充電期間を置く。もちろんこの期間も稽古は続けられますが、これは習い覚えたものを本当の意味で自分のものにする期間なのです。この期間を過ごして初めて舞台に乗せる、これが百日稽古の考え方です。これほどの稽古、やり過ぎるほどに十分な稽古、それでもなお、踏み損なう危険が残るのが「三番三」なのです。

「三番三」の習得はまず「膝叩き」の稽古から始まります。実際の足拍子を膝を叩きながら「間」を覚えていくのですが、全曲の足拍子を覚え切るのに普通の人で約十日は掛かると言います。覚えの早い父でも一週間掛かったそうですが、私は半日で覚えることができました。子どもの頃から父の「三番三」に強い憧れを抱いて、「いつか自分もあれを舞うのだ」と心を躍らせながら、その姿を穴のあくほど見つめているうちに、そのリズムや間が自然とからだのなかに染み込んでいたのでしょう。また、あの摩訶不思議な「間」の秘密は「挙げる足にある」という、父の的確なアドバイスが働いたのだと思います。この大地を踏み鳴らす「足拍子」のもたらす効果的な役割、そこから生じるリズミカルな躍動感、それはまた、踏む前の「挙げる足」の重要さでもあるのです。

「三番三」には様々な口伝・秘伝の類が存在しているのですが、これらを公にすることがどれほどの弊害を招くか、計り知れません。変形、誇張、あるいは事大主義的に脚色されたりすることを恐れます。大蔵虎明は『わらんべ草』の中で各所に「神道あり」とだけ書き残しており、詳しい記述をあえて避けておりますが、これもやはりそうした危惧によるものでしょう。口伝・秘伝の類はそれに興味を持つ人々にとってはこの上なく面白いものかもしれません。興味本位に聞いて知ることは知的欲求を満足させ、優越感や話の種ともなるでしょう。しかし、それでは「真の教え」や「あえて隠すことによって、その重要性、また伝えるということの責任の重さの自覚を促した部分」が安易に一人歩きを始めてしまい、その本質は失われてしまうでしょう。すでに変形したり、誇張化された例も散見され、これはあるいは他家の芸への中傷となってしまうかもしれませんが、正しい伝承を考える上で必要なことなのであえて書かせて頂きます。

「千歳《せんざい》（面箱持《めんばこもち》）」から「三番三」へ「鈴」を渡す箇所で、「千歳」が後見から渡され、隠し持った「鈴」を一つ「シャン」と振ってから「三番三」に渡すという「型」をする家があります。しかもそれをたいへんな「習《ならい》」としているのですが、これは明らかに間違いです。「鈴」は「三番三」の手によって初めて振り出されることに意味があり、たとえ一回でも「千歳」の手で振られることは許されないことだと私は父から教えられました。

また、「揉ノ段」で「烏飛《からすと》び」といって、大小前からシテ柱に向かって、「エイ、エイ、エイ」と鋭く掛け声を掛けながら、三回大きく跳躍する型があります。この「烏飛び」の私の家の飛び方が烏の飛び方に似ていないと時折非難されることがあります。しかし、「烏飛び」はただ烏に似せて飛べば良いというものではありません。それは「呪師猿楽」の系譜の技や、「延年《えんねん》」の跳躍にも通じる精神的呪術的なもので、単に烏の物まね芸ではないのだということを申し上げておきたいと思います。

「三番三」は、テクニックとしての難しさもさることながら、その中に含まれる「呪術性」に重い意味があります。大地に宿る種々の悪しきもの、悪魔、害虫、病気、災害、これらを激しい足拍子と共に追い出し、入神状態の演者の清浄にして壮烈な魂を踏み込んでいく。それは地馴らし、地固め、耕作の呪術であり、ここに穀物の実りが約束されるのでしょう。この呪術性こそが、「三番三」の基本的精神、「五穀豊穣を寿ぐ」ことの根幹に繋がって来るのです。

稲の精霊の舞

「三番三」の様々な型は「五穀豊穣への寿ぎ《ことほ》」を示します。しかし、「三番三」とは実際何なのか、「黒式尉《こくしきじょう》」の面をかけた「黒い翁」はいったい何を意味するのか、それは明らかになってはおりません。「三番三」を舞いながら五十年、私はそれを自問自答して参りました。最初に申しましたとおり、能楽の成立当時の諸問題については実証できないことが多いのですが、その中でもとりわけ『翁』については、先ほど申し上げたような技術的な口伝・秘伝を除けば、その由来や歴史を示す文献資料がごくわずかしかありません。そもそも芸能というものはその意図や真の意味をあからさまにはせず、奥深くに抱え込み、場合によっては意識的に隠してしまうことさえあるものです。けれども、芸の中にしっかりと込められたそれらは、そう簡単に消えるものではありません。まして長年その道に携わって直接触れている者には、点々と散在しているわずかな痕跡からも過去へ遡る一本の線を見つけだすことができるのではないか。私にも「三番三」を舞い続けながら見えて来たものが多くあります。生意気な言い方で誠に恐縮ですが、

面箱　神輿の意味が込められた面箱を厳かに捧げて進む面箱持。

現代で最も多く「三番三」を舞っている者の一人として、その中から見えて来たものについて申し上げることはお許し頂けるのではないかと存じます。

『翁』はまず、「翁渡り」という行列で始まります。最初に登場する「面箱」（または「面箱持」）は、私たち狂言方の役で、下掛《しもがか》りの金春流、金剛流、喜多流ではそのまま「千歳」を兼ねることもありますが、ともかくこの最初に登場する役が捧げ持つ「面箱」は、中に「神体」であり「神面」である「白式尉《はくしきじょう》」・「黒式尉《こくしきじょう》」・「神鈴《しんれい》」が納められた、言わば「神輿《みこし》」のようなものです。その後に司祭役たるシテの「翁」、「三番三」、囃子方、シテ後見、三番三後見、地謡と続いて、全員が本幕から登場します。この「翁渡り」は神社の祭礼で行われる御神体の移動の行列「神体渡御《とぎょ》」を能舞台に移したものと考えられます。

初めに舞うのは「千歳」、若い演者による元気いっぱい、颯爽とした「露払い」です。その後、厳かで静かな気品に満ちた「翁」が舞われ、そして最後に「三番三」

千歳
翁と三番三に先立って舞われる、露払いの千歳の舞。

が登場するのです。この「三番三」は、直面《ひためん》で潑溂《はつらつ》と舞う「揉ノ段」と、黒式尉の面をつけ鈴を振りながらゆっくりとしたテンポで舞う「鈴ノ段」の二つから成っております。両者はまったく趣を異にする舞です。それをなぜ同じ一人の演者が舞うのか、それは長い間、答えを見出すことのできない疑問でした。ぎりぎりに煎じ詰められた儀式的芸能の中で、なぜ一人の演者が質の違う二通りの舞を舞う必然性があるのか。儀式芸能というものは必ず清冽《せいれつ》な水の流れに似た進行性があります。もちろん、現行の「千歳」「翁」「三番三」という演じ方に流れがないといっているのではありません。しかし、「三番三」が二つでなく一つの舞である方がよりシンプルで密度の濃い仕上がりになるのではないか、「千歳」の舞、「翁」の舞に比べて、「三番三」の舞はずっと所要時間が長いのです。時間的、質的、分量的なバランスから考えてみると、どちらか一方の舞だけで十分でしょう。しかるにそれを一人が二つの舞を受け持つのはなぜなのか。

「揉ノ段」と「鈴ノ段」の最も顕著な違いはそのリズ

ムにあります。前者はリズムのアクセントが一拍の頭に当たり、従って舞は前へ前へ先へ先へと急き立てるように乗って突き進んで行き、上昇・発展・旺盛・攻撃の思いを強く表します。それに対して後者はアクセントが一拍の終わりに当たっており、明らかに前者とは違う、一歩後ろに退いて周囲をゆったりと静かに見渡し、すべてを包み込んで舞う安定・充実・保守を感じさせます。

また、「三番三」の手にする中啓《ちゆうけい》（閉じているときにも先が末広がりに広がっている扇のこと）の図柄にも同様にそれらが暗示されています。「揉ノ段」では中啓は一度も開かれることがありません。ですから無地だって構わないはずです。しかし、決して開かれることのないその扇には、力の籠もった絵が色鮮やかに描かれているのです。激しく波打つ海の上を真っ赤に燃える太陽がぐんぐん昇っていく巨大な日の出、その周りを伸びやかに羽ばたく鶴、それはこれから生まれ出ようとする勢いと力強さにあふれています。そして「鈴ノ段」で使われる中啓に描かれているのは、蓬莱《ほうらい》という図柄で、島のような巨大な亀の背中に松竹梅（梅が橘の場合もある）が生い茂っているというものです。そこには苦しみも悲しみもなく、誰もが心豊かに明るく楽しく暮らしているという憧れの島の連想があるのでしょう。幸福と豊かさの象徴。能楽師の魂とも言える扇、これらの絵が単なる装飾的図柄とは言えますまい。ここには「三番三」を舞う者が遠い祖先から受け継いできた、無言の、しかし心からの願いが込められているはずなのです。

「成長」を表す「揉ノ段」、そして「成熟」を表す「鈴ノ段」、この二つの舞の対照的な性格から、私は、「三番三」は「稲霊《いなだま》の舞」「稲の精霊の舞」ではないかと考えるようになりました。「揉ノ段」「鈴ノ段」の質的な異なり方を稲の一年間の生態、つまり周年経緯に着目して見てください。苗代《なわしろ》から早苗《さなえ》、そして初穂が見え出す頃までの青々とした稲の姿と、実りに実って一夜の内に黄金の穂波に変わる稲の姿はあまりにも違い過ぎる印象です。実は「鈴ノ段」の中に「面返《おもがえ》り」という型があるのですが、それは実った稲が一夜にして深い緑から目を射るような黄金に輝く田の面となる、私はこれがまさに「オモガエリ」であろうと想像しています。この時、演者が持つ「鈴」が「稲穂」の象徴であることは言うまでもないでしょう。また、「鈴ノ段」に入る前の「鈴渡し」から「序の掛かり」「遠拝」「鈴振り出し」までの間の様々な型の中に、宇宙規模の呪術的意味を持つものが多くあり、これらも「稲」の生育を祈る「型」と考えれば、すべて必然に繋がる事柄です。

私は今、「三番三」は稲作を中心に発展してきたこの国で、祈りを込めて稲の成長と実りを見守り続けてきた我々の祖先が、人間の一生のあるべき理想の姿を稲の生涯の中に見つけ、それになぞらえた舞だと確信しています。すな

三番三
五穀豊穣を寿ぐ三番三の舞。溌溂とした舞で稲の成長を表す揉ノ段。

わち、「揉ノ段」は青々とした稲の成長期、人間にたとえれば青壮年期に当たるでしょう。また「鈴ノ段」は稲の実りの時期であり、それはすぐ先に死を予感しながら、生きたことの証となる豊穣の実りを抱いて揺らぐ黄金の穂波、人生においても最も豊かな結実を迎える時です。

「千歳」の舞が終わり、「白式尉」を着けた「翁」が舞に立ち上がるとき、「三番三」も立って「翁」と一瞬の対面を致します。「陰陽の会釈」と呼ばれる型で、わずかな会釈に「翁」への敬意を表すものですが、それからすぐ後ろを向いて後見座へと引きます。先ほども申しましたが、両手いっぱいに広げ、天下泰平を言祝《ことほ》ぐ「翁」の大事なくだり、この重要な場面を「三番三」はなぜか本舞台に背中を向け、陰に引き籠もって聞くのです。この演出を私は長年、深い疑問と戸惑いを持っておりました。その謎が解けたと思ったのは数年前の川越氷川神社の薪能のときでした。

現在はどこの能楽堂も舞台の照明には陰影がありません。平面的と申しましょうか、後見座も地謡座も橋掛りも端から端まですべて、ほとんど同じように明るく照らされています。本来の能舞台はそうではありませんでした。電気による照明ではなく、自然光の中で能や狂言が演じられていた時代、いちばん明るいのは目付柱《めつけばしら》の付近、そこから遠ざかるに従って少しずつ暗くなっていったはずです。後見座に至っては演能の時間帯によってはそこに座っている人の姿はほとんどおぼろだったでしょう。

さてその日、氷川神社の特設舞台の後見座はとても暗かったのです。夜、野外で行われる薪能でも近頃は隅から隅まで煌々《こうこう》と照らされています。ですからそんなに暗かったのはほんとうに珍しいことでした。後見座の深い闇、そこに控えていると、まるで穴蔵の内に閉じ込められたかのようでした。その時私はフッと土の中に居るような錯覚を覚えたのです。次の瞬間、脳裏に閃きました。今、稲の種、土に蒔かれた「籾《もみ》」は地中でじっくりと発芽の時を待っている。その表舞台には太陽神たる「翁」が大地に見立てた舞台をゆっくりと照らし彷徨し、天地人の足拍子を踏んでいる。その地下、陰の部分に「三番三」は静かに出を待っている。それこそが「三番三」の本質「稲の一生」を表現する「稲霊の舞」「稲の精霊の舞」のスタートにふさわしい演出ではないか。間違いない。そして次に来る大鼓の激しく派手な打ち込み・「揉み出し」は「籾出《もみだ》し」、すなわち稲が籾を割って殻から出て来る状態、つまり発芽のエネルギーにあふれる表現ではないのか。籾殻《もみがら》を破り、一粒万倍《いちりゅうまんばい》のもといとなる生命体の誕生なのだ。

この体験は、「三番三」が「稲の精霊の舞」であるという私の考えをまさに確信に至らしめたものでした。そう、「三番三」は、稲という日本人が最も尊んできた生物が伸びやかに成長し、実りをもたらすさまを二つの舞に託した

三番三
黒式尉を掛けて舞う鈴ノ段は、豊かに実った黄金の稲を表す。

もの、そしてさらに、この稲の一生を人間の理想的な生き方として暗示している。毎日が前進と発展に満ち、撥剌《はつらつ》とした若い時はすばらしい。けれども、瑞々《みずみず》しい若さも輝くような美しさも失い、年老い枯れ果てて後に、人間も稲のごとく最後に見事な実りを獲得できるとしたらどんなにか幸せでしょう。それが古来から日本人が理想としてきた、充実した幸福な生涯だったのではないでしょうか。

豊穣への祈り

過去の人々にとって常に切実な願いであった「天下泰平、五穀豊穣」、しかし、この二十一世紀に生きる者たちはそれを真に望んでいるのでしょうか。自国の利益や面子のためには他国を破壊することなど何とも思わない超大国、そんな国に半世紀以上も媚びへつらっている日本という国、また減反《げんたん》政策のために休耕田となった田圃を目にするたびに、日本人にとって豊作は喜びではなくなってしまった、「五穀豊穣」への祈りは最早必要ないのではないかと空しい思いに駆られるのです。

かつての日本人は思慮深い人々でした。二千年もの間、この狭い国土の自然をほとんど破壊せず、わずかな土地を開墾し、少しでも多くの実りを収穫できるよう必死に知恵を絞って生きてきました。温暖で多雨、恵まれた地理的条件はあるものの、根底にある輪廻転生の思想、己にとってと同様、子どもたち、孫たちにとっても善いことが真の善であり、そのためには現在の自己に節度を持つ、再び巡り来るものへの思いやり。

しかし、今の日本は違います。何よりも自分の利益を優先させるという考え方、義務や責任は人に転嫁し、己の権利のみを執拗に主張する風潮。そしてまた、神や自然を畏れることも敬うこともなくなってしまったのです。一神教を信奉する人々にはいい加減に思われるだろう八百万《やおよろず》の神々への信仰、しかし、これは紛れもなく人間の知恵です。人知の及ばない自然の掟を「神」と呼び、決して触れてはならない、畏れ敬わなければならないとして、小賢しい人間たちから遠ざけ、破壊されることのないよう、大切に守って来たのです。

狭い国土、急峻《きゅうしゅん》な山、降り来る雨はすぐに海まで流れてしまいます。しかし、山神のまします山は守られ、深い原生林が降り来る雨を蓄え、さらに田の神のために整備された田圃がしっかりと雨水を溜め、それを静かに静かに地下水にする。我々の住む地球の表土がいかに薄い不安定なものであるか、尾根や山頂から始まる山の破壊で、薄い表土が風水によって失われ、その結果として水源がすぐに汚れてしまう、昔の人々はその事実を知っていたとしか考えられません。私たちの祖先がそこに水神様を祭ったのも、神という存在で様々なものを守る叡知《えいち》を持っていたことの証拠です。

けれども、科学万能の世の中、恐れを知らぬ傲慢な人間たちでこの世があふれかえっていく。「天下泰平、五穀豊穣」を祈る意味はあるのだろうか、この思いは「三番三」を舞うとき、深くなるのです。

一九四五年八月十五日、見渡す限りの焼け野原と無一文から立ち上がった日本は、ただひたすら復興と新たなる繁栄を目指し、ひた走りに走り続けました。その結果、経済は奇跡的な急成長を遂げ、日々の暮らしはありあまる物資にあふれかえるようになりました。けれども、それで日本はほんとうに豊かになったと言えるのでしょうか。

戦後六十年近くの間、日本人を呪縛し続けて来た、明るく開放的なアメリカ文化への強烈な憧れは、日本人が古来から大切にしてきた心の在り方さえも否定し、捨て去らせてしまいました。そこでは若さや新しさが価値あるものとされ、古いもの、伝統あるもの、老いた人々が周囲に与える安定感、安心感、落ち着きや安らぎはもはや意味のないものとなってしまいました。「長寿」が何にもまして心身の優れた能力の証明とされた時代、老人とはまさに「知恵者」でありました。社会や共同体は、長い時を生き抜いて来た老人の知恵を必要とし、それは次の世代へと守り伝えられていくべき大切な宝だったのです。しかし、科学が容易く長寿を作り出す現代、それはもはや能力ではなくなり、老人は単なる社会的弱者とみなされてしまう、それは人間にとって何と不幸なことではないでしょうか。

誰もが焦燥感に追い立てられ、欲望の充足のために走り続けなければならない現代は、人生の折り返し地点、つまり「鈴ノ段」のリズムへの移行が忘れられています。「三番三」の「五穀豊穣」、豊かな実りとは、ただ物質的な充実に限らず、精神の豊かさ、幸福をも願うもの、私は、「三番三」を、シテ方ではなく、人間の愚かしさ、すなわち「ハレとケ」のうちの「ケ」の部分、つまり日常を描く狂言師が、人間の「ハレ」の部分として演じる理由がここにあるように思います。何かに追い立てられるように、目の回るようなハイペースで先へ先へと突き進んでいく現代のなかで、一歩後ろへ引いてゆっくりと自分のなすべきことを確認しなければ真に豊かな人生の実りは獲得できません。一歩後ろへ引いてゆったりと自分の来し方行く末を見つめ直す、人生の折り返し地点を回った私自身が今そう考えます。死は必ずやって来ますし、老いも日々その深さを増します。しかし、人生の最後に、豊かな人間としての実りを結ばせられるような一生を送ることができるとしたら、それ以上に幸せなことはないでしょう。

V　あすへの話題

餅と酒

二〇一五年一月一〇日

私たち日本人が正月になると好んで食べる「餅」、けれども習慣的に何気なく口にしているため、そこに深い信仰の裏付けがあることを意識し、畏怖畏敬の心をもって頂いている人は多くないかもしれない。

日本人は古来より「米」という穀物を非常に尊んできた。おいしさはいうまでもないが、特別な霊力が備わっていて、食することで健康な生命が保たれる。さらにその尊い米をついて固めた餅は、まさにその霊力が凝縮された素晴らしい賜り物、これを年の初めに食することで、この一年が活力に満ちたものとなり、無病息災に過ごせると信じてきたのだ。

同じような信仰は「酒」にもある。米を発酵させて作る酒は、紛れもなくその霊力の結晶で、古くは薬としても用いられた。

また酒には、狂言『餅酒《もちさけ》』で称《たた》えられるように十徳がある。「百薬の長《ちょう》、寿命長遠《ちょうおん》、旅行に慈悲、寒気《かんき》に衣《ころも》、推参《すいさん》にたより、孤独を慰む、徒労の疲れを癒《いや》す、憂いを払う、位《くらい》なくして貴人《きにん》に交わる、万人と楽しむ」。狂言ではつい飲み過ぎての失敗もあるが、酒のもたらす幸福はより豊かで、私たちの心を喜びで満たす。

新年や祝賀の催しで舞われる『翁《おきな》』、その中で我々狂言方が勤める「三番三《さんばそう》」は五穀豊穣《ごこくほうじょう》への祈りである。私はさらに一歩踏み込んで、こうした信仰から生まれた「稲の精霊の舞」と理解している。稲の尊いところは多くの実りを結んで枯れていくこと。昔の人はこの稲、死を目前にした時、最も充実する稲に人の一生を重ね合わせ、理想の姿とした。この稲の如《ごと》くありたいと願った先人たちの教えをどんな時代でも忘れてはならないと思っている。

梅が香《か》に昔を問えば

二〇一五年一月一七日

齢《よわい》百四年の我が家の能舞台は子どもの頃から稽古に明け暮れた聖なる場所だ。この舞台を背に玄関を一歩出ると頭上を梅の古木が覆う。今年は東京でも元旦から粉雪が舞い、この冬の厳しさが思いやられたが、梅の枝には無数の固い蕾《つぼみ》がつき、春の訪れを待っている。

小さい時からこの梅が好きだった。どんな寒さにも負けない凜《りん》とした花姿、門の脇の潜《くぐ》り戸をはいった途端、別世界に迷い込んだような馥郁《ふくいく》とした芳香に包まれる。

梅の花は夜に香る。二十代の終わり、父の急逝で様々な試練を経験した。それまで当たり前だった諸々が、「若いから」という理由で無視され、片隅に追いやられそうになる。悔しさに酒を過ごしての深夜の帰宅、潜り戸を入ると闇の中の優しい香りが心を鎮めてくれた。凍える月の光を受けて闇に浮かぶ白い花、辛いこと悲しいこと、舞台の出来不出来、そして「今は我慢するしかないんだよな」、物言わぬ梅が応えてくれる気がしていつも語り掛けていた。

いつの間にか日本は「桜の国」になったが、万葉の時代、梅は花の王であった。狂言の『庵梅《いおりのうめ》』、能では『東北《とうぼく》』、『胡蝶《こちょう》』等、その気高い美しさを讃《たた》えている。有名な王仁《わに》の「難波津に咲くやこの花冬籠もり、今は春べと咲くやこの花」の「花」も梅のことである。また中国の故事に、左遷された将軍 趙師雄《ちょうしゆう》が仙境・羅浮山《らふざん》へ向かう途中、森の奥で行き暮れ、そこに天女の如《ごと》き女性が現れ、酒家《しゅか》に誘い、楽を奏《かな》で、歌い舞って慰めてくれた、朝になってそれが梅の精だったことに気づくという話がある。

人が容易《たやす》く暖を取れるこの時代、なお冬の寒さに耐えている「歳寒三友《さいかんさんゆう》」を改めて讃えたい。

千年の若緑《わかみどり》、古今の色を現す

二〇一五年一月二四日

表題は狂言『栗隈神明《くりくましんめい》』の終盤で舞われる「松囃子《まつばやし》」の一節、同じ針葉樹でも杉や檜《ひのき》は初春に緑を失うが、松は一年中色を変えない。不老長寿につながり、目出度《めでた》きものの代表とされる所以《ゆえん》である。神の降臨を待ち受けるから「マツ」だという説、また松を崇《あが》め用いて神事を行うことから「マツリ」という語が生まれたとも聞く。もう門松は取れたが、松飾りは年神を迎える正月の大事だ。

我々が立つ能舞台の後方には必ず老松が描かれている。これは奈良・春日大社の境内にある「影向《ようごう》の松」に由来する。影向、すなわち神が降臨する依《よ》り代《しろ》の松の前で芸能を奉ずることで神慮を和らげる。人々はその周りに集い、芝生の上でこれを眺めた。「芝居」という言葉の起こりである。

能楽では老松の描かれた板を「松羽目《まつばめ》」とは言わず、神聖な存在への敬意を込めて「鏡板《かがみいた》」と呼ぶ。神社社殿の正面奥に据えられた「鏡」と同じ意味合いである。老松は大自然の象徴と考えて頂きたい。自然の脅威の前に人間はいかに無力か、科学の世紀の私たちも嫌というほど経験した。与えられた命をただひたすら、懸命に生きるしかない。そんな人間の喜怒哀楽を時を経て生き続ける松は無言で見守っている。

さてもう一つ、松が目出度いとされる理由。五葉《ごよう》の松、一つ葉の松など例外もあるが、多くの松の葉は二枚（二本というべきか）一組である。この松の葉はしっかりと結びついて、枯れ落ちても離れない。

「先人たちはここに夫婦の理想を見たのです」。ある女子高校での講演の際、こう言った途端、最前列の生徒の声が聞こえてきた。「気持ち悪ーい！」。新世代の辞書に「添い遂げる」の語は無いようである。

替わり武悪

二〇一五年一月三一日

狂言『節分』は、蓬萊《ほうらい》の島からやって来た鬼が美しい人妻に懸想《けそう》して、ねだられるまま宝物の隠れ蓑《みの》・隠れ笠、打出《うちで》の小槌《こづち》を差し出し、挙げ句の果てに「鬼は外」と豆を投げつけられ追い出されてしまう。鬼が言い寄る場面を独り、小歌《こうた》で謡い舞う難曲である。

狂言でも役によって面を掛ける。七十年近く前、小学校の教科書に「能は面を使うが狂言は使わない」とあった。能・狂言では面を「オモテ」と言う。芸の根幹を成す大事なものだ。当時私は面への敬意や扱いの作法を父から厳しく教えられ、精一杯実践していた。それが「使わない」と一蹴された。「教科書に嘘が書いてある！」。悔しいが当時の狂言に対する認識はこの程度だったのだ。

狂言面の代表は鬼の面「武悪《ぶあく》」だろう。狂言二百曲のうち面を用いるのは五十曲、武悪は最多、十二曲で使う。厚めの上瞼《まぶた》の奥に光る愛嬌《あいきょう》のある眼、大きな鼻が胡座《あぐら》をかいて、口はカッと開いているが歯は鋭くない。泣いているようにもユーモラスにも見える。狂言の鬼とはつまり、人間の心の内に潜む負の部分を言うのではないか。

能・狂言の面は典型がある。我が家に伝わる武悪は十面、私の代に六面が加わったが、さらに「替わり武悪」に巡り逢《あ》った。鼻が一段と高く、引き締まった顎、眉間に深い皺《しわ》が刻まれ、鋭く品格ある造形で、「蓬萊の島から渡来した」風の趣を備えている。是非『節分』の鬼に使いたいと、譲ってもらった。「一体いつまで鬼をやる気だ」、亡くなった弟の則直にからかわれたのが十数年前、体力気力の要る鬼の役は年齢的にとうに限界を越えているが、「いつかきっと納得できる鬼を演じる」と誓って「替わり武悪」を見つめている。

哲夫成城《てつぷせいじよう》

二〇一五年二月七日

私は新宿区にある中高一貫教育の男子校、成城中学校・高等学校に学んだ。本年一月に創立百三十周年を迎えた学校で、元は軍人を目指す若人たちの学舎だったと聞く。校名の謂《い》われは『詩経』にある「哲夫成城」、「優れた男は城を成す」。ところがこの言葉には問題の対句がある。「哲婦傾城《てつぷけいせい》」、つまり「できる女は城を傾ける」。

これには抵抗があった。けれども明治以来の建学精神だから仕方がない。

漢文の授業の折、聞いた話であるが、小田急電鉄が新宿から鉄道を敷設し、沿線に良き街作りのための土台となる良き学校を誘致したいと考え、各所に打診した際、成城の関係者の中に陸軍系の校風に批判的な人々がいて、新たに学校を創立しようと名乗りを上げた。問題の校名は捨てたかったろうが、学校側は「御縁が無くなるのは寂しいから是非とも残してほしい」ということで「成城学園」という形で名が残った。やがてほぼ理想通りの学校に仕上がっていったが、「セイジョウ」という響きが多くの人々に気に入られたのだろうか、今では誰もが羨ましがるセレブタウンに発展した。

私が通っていた当時の校長・本井嘉一先生は生徒の怪我を気遣って、グラウンドで黙々とガラスの破片を拾っているような人格者だった。校章の「三光星」(丸を外したベンツのマーク)は『中庸』から採った「知・仁・勇」を表す。城は成さずとも三光星のような生き方であれと教わった。

さて、時代は変わった。元気な女子が活躍し輝いている昨今、「哲婦成城・哲夫成城」、これが最もふさわしいのではないか。奇しくも、我が成城では現在、建学以来初の女性校長が活躍をされている。

春霞《はるがすみ》、立つを見捨てて

二〇一五年二月一四日

数年前、春浅い北海道千歳附近《ふきん》の湖沼で、北へ帰って行く白鳥の群れに遭遇し、見送ったことがあった。「もう北へ帰るんですね」。地元の人に尋ねると、一週間くらい前から始まっているとのこと、渡り鳥たちの姿に私の思い入れも重なり、旅立ちの厳粛感も手伝って、その遥《はる》かなる帰路に思いを馳《は》せた。

その時ふと、こんな和歌が思い出された。

「春霞立つを見捨てて行く雁《かり》は花なき里にすみやならへる」

伊勢の作だが、私は「古今集」の歌人《うたびと》の強烈な美意識を感じる。人々が長い冬の寒さから解放され、あたりにほんのりと春の気配が漂ってくる頃、何故か雁や白鳥はいまだ凍《い》てつく北の地へと帰って行く。「なんと己に厳しい鳥たちなのか」、人々の目にはそんな風に映ったのだろう。もう少しここに滞在すれば、百花繚乱《りょうらん》、待ちかねた花々が艶《あで》やかに咲き競う。満ち満つ香りに酔いしれ、人間たちは花見にうつつを抜かす、それをよそ目に。

しかし、実際のところ、その頃日本を出発しないと、最も子育てに適した時期に帰り着くことはできない。雪も氷も溶けて、やさしい陽光の溢《あふ》れるシベリアの大地、その湿原には天敵はまったくいない。その上、豊富な食物にも恵まれ、暖かい晴天が続くという。これ以上望めない環境の待っていてくれる故郷へまっしぐらに急ぐのだ。

当時の都の人々はそんなことは知らず、鳥たちの行方を案じた。知識と情報でいっぱいの現代には最早《もはや》こんな感性は生まれない。渡り鳥の姿に己を重ねて感慨に浸り、また姿勢を正そうとした遠い平安の都人たちに心が慰められるように思っている。

紫煙棚引く

二〇一五年二月二日

昭和初期、東京には十数カ所も能舞台があった。私は五歳の初舞台からその殆《ほとん》どを踏んでいる。しかし多くの舞台は空襲で焼失し、生き残ったのは松平家の染井能楽堂、多摩川園内の多摩川能楽堂、我が家の舞台の三つだけである。染井の舞台は横浜能楽堂として蘇り、多摩川の舞台は南青山の銕仙会《てっせんかい》に、我が家の舞台は同じ場所で健在である。

当時はどの舞台も小規模な木造建築で、見所《けんしょ》（観客席）は座布団敷き、その脇に小さな手あぶり火鉢が置かれ、冬はそれだけで暖を取っていた。演者も観客も寒さと空腹に耐えながら、舞台に臨んでいたのだ。

火鉢は煙草《たばこ》の火種としても使われていた。当時、煙草は大人の嗜《たしな》み、それをくゆらせながらの観能は当然ということだろう。吐きだされる煙ときたらたいへんなもので、春から秋は窓を透かせられるが、冬場は締め切ってしまうので、勢い、煙が舞台にも見所にも充満する。能舞台全体に霞《かすみ》のように広がる煙はまさに「紫煙《しえん》棚引く」態であった。

舞台から左に向かって伸びる橋掛《はしがか》り、その奥に垂れた五色の緞子《どんす》の幕を「揚幕《あげまく》」という。本役の演者たちが出入りするのはここからである。舞台に出る演者の「お幕《まく》」と一言、静かな知らせ言葉を切っ掛けに幕が上がる。その時、橋掛り、またその先の舞台がぼおっと霞んで見えるのも、その頃は当たり前の風景だった。呼吸器の弱い私には煙草の煙は何より堪《こた》える。紫煙に霞む舞台へ歩を進めるのは心底辛かった。

戦後再建された能楽堂は皆、冷暖房完備、見所も椅子席となって、火鉢も姿を消した。「禁煙」が市民権を得て空気が快いものとなった現代と考え合わせる時、隔世《かくせい》の感がある。

コーナーワーク

二〇一五年二月二八日

伝統芸術の世界では師の教えは絶対である。舞台に成果があれば、「さすがお父さんの教えはたいしたものだ」と言われ、悪ければ「あの親の子なのに」とけなされる。それが悔しくて、狂言以外の場所で自分を鍛え上げたいと、陸上中距離、登山、詩や短歌、絵画、生物部、何でも挑戦した。

高校二年生の時、ニュース映画で見たスピードスケートに目を奪われた。氷上を飛鳥《ひちょう》のように滑走していく姿の格好良さ。このテクニックを何としても身につけたい！

大学に入ってますます熱中し、白樺湖の合宿では一日三万メートル、まさに腰が抜けるまで滑りに滑った。完璧なフォームを繰り返すことで記録は必ず伸びていく。努力した分だけ結果が出る。善し悪しを決めるのに客観的な基準がない舞台の人間にとって、こんなに有り難いことはなかった。お蔭《かげ》で体幹と足腰は大いに鍛えられた。

ＮＨＫのラジオ番組で西村晃さんと対談をしたことがある。タイトルは「黄門様と太郎冠者はスケートがお好き」。西村さんはローラースケートの熟練者である。その時、言われた言葉は忘れられない。二代目水戸黄門の西村さんは、何かにつけて初代の東野英治郎さんと比べられたらしい。「スケートをやる人間はコーナーワークのように軽快な小回りは利くけれど、土に根の生えたような重厚な演技は苦手でしょ。あなたもそうじゃないですか」。

父の狂言は重厚そのもの、私は似ていないと言われ続けた。しかし体軀《たいく》や声質・声量、生まれ持った資質は変えられない。西村さんは己の美意識で自分の演技をする、と達観しておられた。私も自分の狂言をやるしかないとうなずいたのだった。

昭和二十年三月、雪の日

二〇一五年三月七日

その日、午後になると激しく雪が降り始めた。杉並の家の舞台で父と二人、狂言小舞「景清《かげきよ》」の稽古。戦いに敗れて日向《ひゅうが》に流され、盲目となった平家の剛勇・悪七兵衛景清が過ぎし日を回想する能『景清』、小舞はその最後の場面。この舞では手に持った扇は刀を意味し、一度も開かない。小道具の太刀・長刀は武器だが、決して凶器に見えてはならない。そのために確固とした様式を身に付ける。足腰の鍛錬とハコビ（能楽の歩行術）を何としても己のものにさせたいと父は必死だったと思う。

遠くで警戒警報のサイレンが鳴り響き、続いて緊急の空襲警報になった。B29の飛行音が聞こえ、ヒュー、ズズズズドカーンと近くで爆弾が炸裂《さくれつ》する音、それに伴う地響きが体にずんと伝わってくる。爆撃は次から次へいつ果てるともなく続いた。防空壕《ごう》に避難すべきだったろう。しかし、父は稽古を止めなかった。物凄《すご》い気迫で稽古を続けた。それが私を妙に安心させた。以心伝心とはこのことだろうか、七歳のこどもであったが、私の中に気が充《み》ち満ちて、寒いことも恐ろしいことも忘れて、ただひたすら小舞に集中した。

七十年前のことである。今でもその日の父の気迫と悲壮感が身に迫ってくる。此処《ここ》に爆弾が落ち、舞台諸共《もろとも》、二人が死んで山本の家の芸が絶えたとしても、最後の時まで舞台に立っていたのだから、ご先祖様はきっと許してくださる、そんなことを考えていたに違いない。まさに切羽《せっぱ》の稽古だった。

このような思い出を語れるのも生きているからだ。戦争は理不尽に命を奪う。どちらが勝つか負けるか以前に戦争を始めることこそ、人類にとって究極の敗北と思う。

へぎそばの夜

二〇一五年三月一四日

公演で様々な地方を訪れる。どこにもその土地固有の名物料理があるが、「へぎそば」は海藻を繋ぎにした越後名物で、蕎麦《そば》好きの私としてはこれがために新潟に行く楽しみが増える。

ある晩、駅近くの蕎麦屋「須坂屋」へ入った。何度か訪れている店である。あいにく混雑する時間帯で、席は「こあがり」の六人用のテーブル席しか空いていなかった。一人客の私が六人分の席を占領することに後ろめたさを感じながら、案内されるまま席に着き、料理とお酒を誂《あつら》えたが、何とも居心地が悪い。己の良心が許さず、せっかくの酒も料理も上の空で味わえない。そんな時、親密な感じの仲間六人の客が来店した。しかし満席を理由に入り口で断られている。最前カウンターが二つ空いたのを確認していた私は「渡りに船」と店員さんに声を掛け、席を譲る事を申し出た。

いつも羽織袴《はかま》姿の私は、どこか変わった人のように見えるらしい。そんな人間が気さくに席を譲ったことが意外だったのか、六人連れのお客さんからも店員さんからも多くの感謝の言葉を頂くことになった。私はたいへん照れていた。なぜなら、私こそ早くあのカウンター席に移動し、一人落ち着いて呑み、且《か》つ食べたいだけだったから。

『伊文字《いもじ》』という狂言がある。「忙しや、忙しや」と先を急ぐ男が、行き合った主従の難題に付き合わされることになる。迷惑千万と思いつつも温情を掛けて解決に導き、感謝されて照れながら別れて行く姿が描かれている。その曲を思い出しながら、昔も今も変わらぬ人の世に、心楽しく旨《うま》い酒に山菜と魚、へぎそばを味わう、満足な一夜を過ごしたのだった。

ラジオ放送記念日

二〇一五年三月二八日

先日の日曜日、二十二日はラジオ放送開始から九十年の記念日だったと聞いて、先輩から伺った収録の時の話を思い出した。当時、NHKの広いスタジオにはマイクロフォンは真ん中に一つあるきりだった。能の放送の場合、シテ、ワキ、地謡八名、そして笛・小鼓・大鼓・太鼓の囃子方《はやしかた》が各一名、それぞれ声量、音量、音質も違うのに、たった一つのマイクで拾うのだからたいへんだ。勿論《もちろん》、生放送である。勢い、響きの強い笛や太鼓はマイクから遠ざけられる。特に笛方はいちばん離れて座らされた。

さていよいよ放送開始。すると笛方が演奏しながらマイクににじり寄って来る。あわてて係が押し戻す。また近づいて来る。押し戻す。なんとか終わって怒り半分困惑半分で、「何故あんなことなさったんですか」、「私の親戚は遠い九州で聞いているんだ。聞こえないといけないじゃないか」。今となれば笑い話のような出来事である。

この頃、ラジオ出演はたいへんな名誉だった。しかし、祖父・二世東次郎は度々の出演依頼を頑《かたく》なに断り続けた。「寝そべって聞く奴もあろうし、酒を飲みながら聞く奴も居《お》ろう。ワシの芸はそんなに安っぽいものじゃない。絶対に出ん」。

しかし世の中には賢い人がいるものだ。そんな祖父に「陛下もよくお聞きになっていらっしゃるそうです」と囁《ささや》いた。この一言で祖父は直ちに承諾し、新聞各紙が舞台写真入りで「東次郎翁ラジオ初出演」と報じた。その時の切り抜きが今も我が家に残っている。私も太平洋戦争中に二度、内幸町のスタジオでの放送に出演したことがある。そのお陰で疎開先では「ラジオの子」と呼ばれて周囲から一目置いてもらい、こそばゆかったのを覚えている。

月は東に日は西に

二〇一五年四月四日

「菜の花や月は東に日は西に」。この句に出合ったのはいつだったろう。多分、中学生の頃、蝶《ちょう》に夢中の頃だったと思う。桜が咲き始めると「春の女神」と呼ばれるギフチョウを追って、高尾山、小倉山、飯山観音、中津川と日がな一日駆け巡り、夕方採集を終えて帰途につく。麓《ふもと》に下ってバスを待つ静かな時間はその日の成果も相まって心から満たされていた。辺りには既に薄闇がたれ込めているが、菜の花畑だけが妙に明るい。前方に目をやると沈み行く太陽があり、振り返れば東の空には鮮やかな十三夜の月が上っていた。まさに蕪村《ぶそん》の句そのままの世界に心を残しながら、やって来たバスに乗り込んだものだ。こんな光景に幾度巡り合ったことだろう。この春の夕暮れの情景はいつも心のどこかにあって、我が家の庭にいてもふとその場所に立っているような錯覚に陥る。

今でも毎年、春の訪れを待ちかねて、どこかのギフチョウに逢《あ》いに行く。そしていちばん好きなロケーションで小さな女神たちを待っている。黒と黄色のだんだら模様、裾に深紅の小さな斑紋《はんもん》をあしらったギフチョウは氷河期を越えて来た古いアゲハチョウの仲間である。芽吹き微《かす》かな雑木林は所々に雪が残っているが、林床《りんしょう》までよく日差しが届き、雪解け水に潤された落ち葉の間から一面にカタクリの花が咲いている。そんな場所にギフチョウはいつの間にか、どこからともなくやって来る。今年もまた逢えたという喜びは年ごとに深まり、今はただ、胡蝶《こちょう》の舞を幸せな気持ちで眺めている。

寒くて長い冬の憂さを一気に吹き払ってくれる春の儀式、生きていることの有り難さを噛みしめるひとときである。

サア、春が来た！

二〇一五年四月一一日

七十歳を過ぎてから冬の間に三つも年を取ってしまうと感じるようになった。それが春になると一歳半戻り、夏までに半年分を元に返して帳尻を合わせる。二歳分を取り戻すのは蝶々《ちょうちょう》のお陰だと思っている。

趣味が蝶というと怪しげな印象を持たれるかもしれないが、蝶の仲間たちは皆、実に健康的で生き生きとした楽しい人々だ。先日、「日本蝶類科学学会」が開かれた。年に一度、春を前に全国から蝶友《ちょうゆう》が集まり、前年の収穫と今年の抱負（もちろん蝶の）を語り合う。なぜか蝶や昆虫研究の専門家はいない。皆、蝶とはまったく別の専門職を持っているのに、蝶についても玄人と言っていい。一部の種を除いて蝶の寿命は一週間しかない。いつどこでどの蝶が飛ぶか、それに合わせて好きに休暇を取るために国際弁護士や開業医になったという人までいる。そこでは典型的な文系人間の私はいささか落ちこぼれである。歌人の馬場あき子先生は「東次郎さんの蝶々はポエムなのよね」とおっしゃってくださって、その言葉に慰められている。

今年の採集は札幌で内科医をしている蝶友の「もう飛んでいるよ」の一言で札幌から始めることにした。北海道にいるのはヒメギフチョウである。ギフチョウは日本固有の蝶で北限が秋田県、西は山口県までで北海道、四国、九州にはいない。ヒメギフチョウはギフチョウより一回り小さく、岩手県、青森県、北海道と中部山岳、北東アジアにも生息する。幼虫の食草はギフチョウはカンアオイ類、北海道のヒメギフチョウはオクエゾサイシン、吸蜜はどちらもカタクリで、夕方になるとサクラの蜜も吸う。天気が気になるが、「晴れ男」を自認する私は、モンゴルでの蝶採集の際、ガイドさんから聞いた諺《ことわざ》、「良い人は良い天気を連れてくる」を信じてスタートを切ろうと思っている。

入相の鐘に花ぞ散りける

二〇一五年四月一八日

「山里の春の夕暮れ来て見れば入相《いりあい》の鐘に花ぞ散りける」

高校二年生の時、この短歌が古文の教科書に載っていた。先生はこれを現代語に訳すよう命じ、指された生徒はこう答えた。「春の夕方、山里に行ったら、ちょうど入相の時刻で寺の鐘が鳴っていました。桜の花が散っていました」。先生は「うん、いいだろう」と言って次に進もうとした。

私は思わず「待った」を掛けて食い下がった。「古典の名作であるこの歌をそんな簡単に考えていいのでしょうか。都とは異なる山里独特の静寂、風もない、総《すべ》てが止まって眠っているような風景。そのしじまを破って日の入りの寺の鐘がボォーンと響き渡る。と、桜の花びらがハラハラハラと散っていく。その風情を作者は伝えたかったのではないでしょうか。だから『花ぞ』の『ぞ』がポイントだと思うんですが」。先生は「高校の授業でそこまでやる必要はない」と言い、それを受けて何人かの生徒が「受験の時にそんなの関係ないもんな」。私は無性に寂しく、且《か》つ腹が立った。能・狂言という古典の中で育った私には効率優先の授業は納得し難いものだった。

この歌のような風景に幾度も出逢《あ》ってきた。時を経ても思い起こすたび、心を豊かに満たしてくれる。作者・能因《のういん》は単純に美しい景色を詠んだわけではないと確信できる。

文学は知性と情感の根源と教えられた。取り分け日本の古典文学、短歌や俳句は言葉を選び抜き、煎じ詰め、無限の世界を展開させる。誰もが自分の心のままに受け取ることができるが、より深く享受するには美意識を養い、感性を磨く訓練が必要なことも心に留めておかねばならないと思う。

雪薺《ゆきなずな》

二〇一五年四月二五日

日本の古典、特に芸能の世界では「家紋」は大きな意味を持つ。私たちが役の装束以外で舞台に立つ時の出で立ちは、黒紋服に舞袴《ばかま》、少し改まった場合は裃《かみしも》、さらに一段上では長裃、最上級の礼服としては素袍《すおう》である。この紋服・裃・素袍にはそれぞれの家紋が付けられている。私の家の紋は「鬼蔦《おにつた》」である。

しかし、役を演じる時に着る装束の素袍・長裃・肩衣《かたぎぬ》・狂言袴等には家紋を付けてはならない決まりになっている。これはシテ方、ワキ方、狂言方、皆同じである。なぜなら、曲の描いている内容に風刺や揶揄《やゆ》、或《ある》いは皮肉などがあった場合、家紋によって特定の「家」が連想され、困った事態になりかねないからである。

そこで昔の能楽師たちが考えたのが、どこにもない紋「雪薺」であった。薺に雪が降り掛かっている意匠で、流儀によって多少の違いはあるが、皆同じく雪薺である。

薺は春の七草にもあるお馴染《なじ》みの草であるが、「ペンペン草」と即答できる人は多くないだろう。それほど顧みられない植物である。雑草と呼ばれ、華やかで美しい花々のように愛され、尊ばれることはない。しかし、生命力の強さでは何ものにも負けない。どこにでも根を下ろし、コンクリートの隙間にさえ繁茂し、踏まれても踏まれてもじっと耐えて生き延びていく。雪薺はさらにこの上に雪が降り積もっている。

先人たちはこれほどまでの逆境を舞台に立つ者が常に身につける紋として作った。だからこそ能楽は六百年以上も生き続けてきたのだ。紋の雪薺は、芸能者が奢《おご》らず、謙虚に、辛抱強くこの芸道を守り、伝え、広めていく覚悟を象徴し、表わしているのである。

美しき交代劇

二〇一五年五月二日

五月五日の誕生日で七八歳になる。この年になると「引き際」という言葉が常に頭の片隅にある。能楽師、特に狂言方は概《おおむ》ね元気で長生きだが、いつの間にか流儀の最長老になってしまい、愕然《がくぜん》としている。

二〇一二年の五月、公演で滞在中のパリのホテルで素晴らしいテレビ中継を見た。フランス大統領就任のパレードである。

「フランス戦勝記念日」の式典、幅一〇〇メートルのシャンゼリゼ通りは凱旋門からコンコルド広場まで完全封鎖、通りは全く無人である。しかし左右の沿道には人、人、人、そして無数に連なったフランス国旗。やがて右手に見える凱旋門に向かって左側から走り来た黒塗りの車がエトワール広場の手前一〇〇メートルでぴたりと止まる。降り立ったのはサルコジ大統領。背筋をピーンと伸ばし、やや登り坂を凱旋門へと歩を進める。とても美しい歩みだった。それから一分後、同様に車から降りたオランド新大統領、サルコジ氏の後を慕うように、これも見事な歩みで続く。凱旋門のアーチの下に並んで立った新旧両大統領は、二人で持った花輪を戦没者の象徴に捧《ささ》げ、それぞれ脇のテーブルでサインを済ますと、来た道をそれぞれの車に乗って走り出した。サルコジ氏はコンコルド広場を抜け、なお東へと走り去り、颯爽《さっそう》と退いて行く男の美学に満ちていた。新大統領は途中を左折し、官邸のエリゼ宮殿へと入って行った。

まさに、去る者と来たる者、それぞれが誇りと美意識を持って演じて見せた見事な交代劇であった。残念であるが、日本ではこんな光景を見ることはない。翻《ひるがえ》って自分自身を考える時、美しく去ることは難しいと思いつつ、今日も舞台に立っている。

国立競技場

二〇一五年五月九日

国立競技場の解体工事が始まった。多くの方と同様、私にも思い出深い場所である。

高校生の頃、ここは「明治神宮外苑競技場」で、私立の高校が合同で「私学祭」という陸上競技会を開催していた。当時、陸上競技をしていた私は二年生の時、思わぬ成り行きから一五〇〇メートルに出場することになった。言い訳がましいが、前日、出場者選考の予選会が急遽《きゅうきょ》校内で行われ、それから二四時間経《た》っていない悪条件のもとで走らされたため、結果は日頃《ひごろ》のタイムに遠く及ばずの大惨敗、しかし神宮の競技場で、満員のスタンドに見守られながら走った充実感は忘れられない。その三年後の一九五七年に取り壊され、国立競技場として建て替えられた頃には陸上競技とは無縁となり、再びここに立つ機会が与えられるとは夢にも思わなかった。

ところが、一九九一年八月に世界陸上東京大会が行われ、その開会式に、総合演出の市川猿之助さん（現・市川猿翁）に依頼され、競技場の真ん中に立つことになった。それも競技場中央に引き出されたホーバークラフト舞台の上で坂本龍一氏作曲の音楽で「三番三《さんばそう》」を舞えとのことであった。宙に浮いて移動する舞台、その周りを二千人の高校生が取り囲み、私と同じリズムで一斉に鈴を振る。自身が神に導かれる気持ちで、選手が皆、持てる力を出し切って、己との戦いに勝ってくれるよう、心から祈って舞った。

戦いはスポーツの世界だけで良い。五輪はそのために人類が生み出した平和の祭典である。一人一人が憧れや希望を胸に自分の限界に挑み、苦しみの中から多くを学ぶ。その姿が見る者の心を打つのだ。五年後の東京五輪も元気でいて、三代目の競技場と何かの御縁があったらと思っている。

平信《へいしん》

二〇一五年五月一六日

子どもの頃、父宛の郵便物の中に時折、宛名の左下に「平信」と書かれた封書があった。意味を尋ねると父は、「それは特別のお知らせではない普通の便りで……」、と丁寧に教えてくれた。まだ子どもだった私は、何だ、たいしたことではないと思った。その意味の深さに気づいたのは、大人になって自分のところに「平信」と記された手紙が来るようになってからであった。

疎遠になっている人から突然手紙が舞い込む。これは嬉《うれ》しいことではあるが、同時に不安も感じる。なぜあの人が今頃手紙を送って寄越すのだろう、何か悪い知らせではないか。受け取った人は心穏やかでない。そんな気持ちにさせるのは相手への配慮に欠けるから「平信」と記す。すると相手は安心して封を開けることができる。この二文字が「この手紙は決してあなたを驚かせたり、不快にするようなものではありません。季節の便り、身辺の報告、そういった平らかな内容の手紙でございます」と言っているのだから。

何も書いてなくとも封を切って読めば自《おの》ずと趣旨はわかる。僅か二十秒か三十秒の違いである。しかしその間の相手の気持ちを察して書かれる二文字、こうした心遣いは今時の押しつけがましい「おもてなし」と違って目立たない。けれどこれが日本の文化、日本の心なのだ。そして昭和一ケタ以前の人にとって当たり前のことだった。日々狂言を演じながら、日本人の情緒が変わってきてはいないかと気掛かりになる。速度を増して激変する環境に心がついて行けず、苦しい思いをしている人も多いだろう。だからこそ古典を大切にしたい。長く受け継がれてきた心の財産には、生き方について考えるヒントが詰まっている。

五月《さつき》に飾れ紙幟《かみのぼり》

二〇一五年五月二三日

「笈《おい》も太刀も五月に飾れ紙幟」

芭蕉《ばしょう》がこの句を詠んだ医王寺は藤原秀衡の家臣・佐藤庄司（基治）、その息子で源義経の忠臣として名高い継信・忠信兄弟の菩提寺である。平家討伐の立役者でありながら兄・頼朝に憎まれ、追われる身となった義経は、奥州平泉に落ち延びる途中この寺を訪れる。屋島の合戦で自ら盾となって義経を守り命を落とした継信、義経の影武者となって都落ちを助け自刃《じじん》した忠信、共に二十代の若者であった。彼らの文字通りの献身に、義経は名将の誇り、勇者の象徴である黄金の太刀を捧げ、弁慶もまた自筆の経文《きょうもん》と浄財の入った笈を寄進し、主従はさらに陸奥へと下って行く。

大学を卒業して間もない頃、福島での公演を終えてその日の宿である飯坂温泉に向かう途中、医王寺が近いことを思い出し、立ち寄ることにした。日の長くなった五月末の夕刻、人気もなく、しんと静まり返った寺の境内、その奥にひっそり佇《たたず》む彼ら親子の墓にお参りし、立ち去りがたく思っているところに目に留まったのがこの句碑、その言葉に改めて射貫《いぬ》かれた思いだった。

落ち武者となっても尚、忠臣を思う義経の心中。芭蕉がこの寺を訪れたのはそれより五百年後である。義経贔屓《びいき》であったという芭蕉は悲運の武将を弔い、十七文字のなかに万感の思いを込めたのだろう。「男子の節句ではないか、たとえ粗末な紙の幟でもいいから、遺品と共に五月の空に晴れやかに飾ってやってほしい」。

さらに三百年下った、昭和の未熟な若者の胸をも熱くさせる程の力を持った芭蕉の句。生半可なことではない、言葉に全生涯を懸けた人の真摯な魂が込められている。

麦秋《ばくしゅう》

二〇一五年五月三〇日

このところ地方公演で立て続けに東北新幹線、東海道新幹線に乗った。車窓から見える畑は早くも黄金に色づいている。「麦秋」である。この言葉はこどもの頃、地方公演の際に父から教えられた。「稲は秋が来ると実を付けて黄金色になる。だが麦は六月に実って色づく。だから麦にとっては今が実りの秋だと、昔の人はそう呼んだんだ」。

小学校が空襲で焼けてしまい、私たちは往復六キロもある隣の学校まで通っていた。当時は杉並もまだ田圃《たんぼ》や畑ばかりで、その中をてくてく歩いて行く。大麦・小麦・裸麦など麦畑も様々あって、六月に実り、黄色くなることも知っていた。その風景が「麦秋」という美しい言葉で表されると知って、少し大人になったような優越感を覚えた。

それから三〇年以上経《た》った六月のある日、公演で佐賀を訪れ、広大な麦畑を見た。昔、池田勇人氏が大蔵大臣だった時、「貧乏人は麦を食え」と発言し物議を醸したことがあった。ふとそんな記憶が甦《よみがえ》って、「今の日本に麦を食べてる人がこんなにいるんですか」と聞いた。土地の人は笑って、「これは全部麦酒《ビール》麦、ビールになるんですよ」。

その一週間後、高松空港に降り立ったが、着陸間近、機上から見下ろした畑は一面の麦秋、先週聞いた話から思わず、「こちらでもこんなに麦酒麦を作っているんですね」と口走った。するとあきれたように言われた。「ここは讃岐ですよ」。しまった、「うどん」だった！

それから今度は十勝、こちらは北に位置するので七月が「麦の秋」である。さすがに懲りて慎重に尋ねた。「この麦は何になるんですか」。「十勝は今、おいしいパンを競って作っているところです」。

日本は思うよりも広いのである。

新作狂言『霜夜狸《しもよだぬき》』

二〇一五年六月六日

梅若玄祥師のお父上の三十七回忌追善会で新作狂言を上演させて頂くことになった。この会では玄祥師が能の最高秘曲『関寺小町《せきでらこまち》』を演じられる。非常に楽しみである。

昨年、梅若家秘蔵の狂言面「狸《たぬき》」をお譲り頂き、これを使った狂言をということになったが、この面が使われるのは最難曲の『射狸《いだぬき》』『狸腹鼓《たぬきのはらつづみ》』だけである。狂言までもが重々しくては折角の能鑑賞の邪魔になってしまう。もっと楽な気持ちでご覧頂けるよう、小さな作品ができないか。ふと思い出したのが『霜夜狸』、玄祥師の義理の叔父様の宇野信夫先生の戯曲で、森繁久弥さんの名演で有名と聞いている。この骨格をお借りして作ってはどうだろか。

私は狂言は人間の愚かしさを笑いにくるんで描く心理劇と捉えている。人間の本質はいつの時代も変わることはないから、二百曲ある狂言でおよそすべての心理は描き尽くされている。だから新しく作るのはほんとうに難しい。

『霜夜狸』で私は、冬という厳しい季節を共に過ごす老人と狸の心の交流を描きたいと思った。若い時には年取った時の自分など想像してみたこともなく、ましてや老人にも夢や希望や未来があるとは思ってもみなかった。自身が高齢者と呼ばれる年齢になって初めて知り得たことである。

六十を過ぎてからようやく狂言が楽しくなり、七十を過ぎてから、何も考えなくても科白《せりふ》が自分の言葉のように口をついて出るようになった。一方、身体には様々な不調が現れ、機能も体力も日々衰えていく。しかし、明日はどうであろうとも、今日を精一杯生きるのが狂言の精神である。それは私の今の心境そのままである。

大雪山《だいせつざん》とアラスカと

二〇一五年六月一三日

大雪山に古代からほぼ進化していない「ウスバキチョウ」という高山蝶《ちょう》がいる。彼らは二度の冬を卵・幼虫・蛹《さなぎ》で過ごし、三年目の六月、頂上付近で一斉に羽化《うか》する。半透明の黄色の羽根には数個の深紅の紋がちりばめられ、実に可憐《かれん》で美しい。

ところがこの蝶は日本の天然記念物、採ったら直ちにすべての登山道がパトカーで封鎖され、「御用」となる。罪状は「文化財保護法違反」。

しかし、有り難いことにウスバキチョウは世界各地に棲息《せいそく》している。地球を襲った最後の氷河期はゆっくりと到来したらしい。そのため、生物はその環境に対応できる身体を用意する時間があったと想像される。けれど、今のような気候に戻るのは早かった。寒冷地仕様になった身体を持つ生物たちは氷河期と同じ状態の残る場所に逃げて行き、そこを住処《すみか》としたのだ。大雪山やロシア、モンゴル、アラスカ、同じ種類の蝶がいても不思議はない。

日本で駄目なら自由に採れる外国に行こう。それも日本のウスバキチョウにいちばん近い個体のいるアラスカへ、ということになった。友人と二人、シアトルで飛行機を乗り継いで一路フェアーバンクスへ。

アラスカを旅行する日本人観光客はほぼ、オーロラ見物が目的の冬の旅である。初夏に訪れる人はほとんどいないので、現地の人に何をしに来たのかと幾度も問われた。小高いイーグルサミットの頂上に立って眺めるアラスカの風景、その環境はまさに大雪山の頂上付近を思わせる。地形や植物相に感動しながら待っているところに、小さな黄色の姿が、日本のそれと同じようなコースを、同じような飛び方で現れた。その時思った、「地球は一つ」と。

狂言の観客

二〇一五年六月二〇日

一昨年は国立能楽堂が開場して三十年、来年は横浜能楽堂ができて二十年になる。公の能楽堂が出来たお蔭《かげ》で、能・狂言も他の舞台芸術と同じような気持ちで楽しんでご覧くださるお客様が多くなった。それ以前の観客は能の稽古をしている方がほとんどで、狂言など眼中になかったのだろう、私たち狂言方にとっては辛いことが多かった。

以前の能の公演の多くは、「能・狂言・能」または「能・狂言・能・能」となっていて、その間に休憩時間はない。最初の能が終わって狂言が始まると、次の能が始まるまでに済ませたい用事、トイレや食事のためにお客様がぞろぞろと見所《けんしょ》（観客席）を出て行く。半分ならましな方、酷《ひど》いときには三割しか残っていない。あるいは弁当を広げ舞台そっちのけで食べている人、狂言の最中にも関わらず、知り合いを見つけて声を掛け、「狂言なんか見てないでお茶でも飲もう」と大きな声でしゃべりながら出て行く人。若くて拙い私たちは無論のこと、名人と呼ばれる先輩方も皆、同じ目にあった。しかし、そんな中で私たちは大いに鍛えられた。いつかわかってもらえることを信じて、必死に狂言を演じてきた。だから今、能と同じように真摯に狂言に向かい合ってくださるお客様をほんとうに有り難いと思う。

時折、三島由紀夫さんを思い出すことがある。三島さんは私たち世代の憧れであった観世寿夫《かんぜひさお》さんの大ファンで、正面最前列の決まった席でいつも黒いサングラスを掛けてご覧になっていた。明らかに「寿夫さんを観《み》に来た」のはわかっていた。彼の美学には合わないだろうに、狂言の時も何故か席を立たなかった。やや斜めの体勢で、見ているのかいないのかよくわからない。しかし微動だにせず、舞台の邪魔をすることは決してなかった。一体どんなお気持ちでご覧くださっていたのか、今でも少しばかり気になっている。

師の求めたるところを求めよ

二〇一五年六月二七日

「師の跡を求めず、師の求めたるところを求めよ」。この言葉に出合ったのは亀井勝一郎氏の著書『日本の知恵』である。空海の言葉とあるが出典は不明である。師がどれほど偉大であっても、弟子がその真似《まね》事に終始していたらその境地には辿《たど》り着けない。師が何を理想とし何を求めたかを見極め、そこに向かって行くことを心掛けよ。

父が亡くなったのは私が二十七歳の時であった。師である父を失い、迷いの中にいた私に言ってくれた人がいた。「決して親父さんの真似なんかするな。六十年の精進で積み上げた芸を二十代の君がなぞって何になる」。芸道の世界では「十で神童、十五歳で才子も、二十過ぎれば只《ただ》の人」、世阿弥も「時分の花」を「まことの花」と厳然と分けている。若くしての成功など全く有り得ないことなのだ。三十年、四十年、脇目もふらず、ただひたすら精進し続けよ。そう言われて、頭ではわかるつもりだが、長い長い歳月をいったい何を信じていったらいいのだろう。

そんな中で出会った言葉、「師の跡を求めず、師の求めたるところを求めよ」は正に道標《みちしるべ》となった。するとある時から様々な発見があることに気づいた。「あの型にはもう一つ奥の意味があった、だからあれ程煩《うるさ》く稽古されたのだ」。父の目指したもの、狂言の理想はそうして一歩一歩進みながら見えてくる。「芸が芸を教える」というのも我々の世界の言葉だ。技は教えることができる。しかし、そこに存する精神を伝えるのは難しい。現代の世の中とはますます懸け離れていく能・狂言の理想、価値観を次世代の人が守ろうとすれば、私の通った道よりももっと辛くなるだろう。

年齢と共に出来なくなることも増えていく。その代わりに、今教えている甥《おい》たちが出来るようになれば良い。伝える、受け継ぐ、それが伝統芸術の強さであると信じている。

老いに挑む

二〇一九年二月二四日

初めて「老い」を意識したのは六十三歳の時、趣味の蝶《ちょう》の採集に独りで鳥海山に登った時であった。突然強い風に煽《あお》られ、身体を持っていかれそうになった。足腰の強さにはふだんから自信があったのだが、長い登りで汗ばんだ身体に冷風の不意打ちを食らってよろめき、怖くなって、「ああ、もう年なんだな」と思い知らされたのだ。

幸いにも本業の舞台ではつい最近まで老いを感じることはなかった。甥《おい》たちに稽古をつけていると、二十代、三十代の彼らよりも自分の方が身体が利くと思い、『釣狐《つりぎつね》』『射狸《いだぬき》』『花子《はなご》』等の大曲にもう一度挑戦してみたくなる。すると密《ひそ》かな心の声を聞きつけてくれたように、国立能楽堂から公演依頼が舞い込み、次々と勤めさせて頂いた。体力的には無論きついが、若い頃の気負いはなく、以前は辛いばかりだったのが、ただ楽しく面白く余裕を持って演じられる。五十、六十の頃には知り得なかった曲の核心がようやく掴《つか》めたようで、この年齢まで永らえて舞台を続けてこられたからこそと、しみじみ有り難く思う。

◇◆◇

実は七十歳を過ぎてから四回も手術をしている。慢性硬膜下血腫、前立腺癌《がん》、腰部脊柱管狭窄症《せきちゅうかんきょうさくしょう》、内頸《けい》動脈狭窄症、いずれの時も縁あって巡り会った名医の先生方のお蔭で完璧に治り、瞬く間に舞台に復帰できた。とはいうもののさすがに八十歳を越えると治らないものもある。今は右膝の鵞足《がそく》炎で長く座ることが難しい。黄斑《おうはん》変性症で急激に目が悪くなり、蝶を採るのに難儀している。ついこの間までは、今日鍛えれば明日はもう少し進歩すると思っていたが、無理をすればかえって支障をきたすこともわかってきた。

我々舞台人は最期の時まで舞台に立ち続けたいと切望する。同じ大蔵流の先輩、茂山千作、茂山千之丞のご兄弟はまさにそうだった。千作師の立ち居が難しくなると、弟の千之丞師は才人らしく、「素狂言《すきょうげん》」というものを考え出した。能には「素謡《すうたい》」があるのだから「素狂言」があってもいいじゃないかとお誘いを受け、『武悪《ぶあく》』をやった。一時間を越える大曲である。主人役の千作師、武悪役の千之丞師に挟まれ、太郎冠者役の私、三人が舞台中央に紋付袴《はかま》姿で一列に座り、セリフだけで演じた。無奉公《ぶほうこう》者の召使い・武悪に怒り心頭の主人が太郎冠者に武悪の成敗を命じる緊迫感に満ちた場面、激高した主人役の千作師は、動けないはずなのに勢い余って立ち上がりそうになり、どうなることかとはらはらさせられた。千之丞師は癌の闘病中で、公演の直前に出血してしまったが、どうしてもやるとおっしゃって、国立能楽堂近くの病院で応急処置をしてもらい最後まで見事に勤められた。今も思い出深い舞台である。

◇◆◇

中世に生まれた狂言では「長寿」は誠にめでたいものとされる。平均寿命が三十年ともいわれた時代、それはどれほど尊いものだったろう。長老に贈る末広がり（閉じた時にも先の広がっている扇）を買いに都へ出掛けた太郎冠者が騙《だま》されて傘を売りつけられる『末広《すえひろがり》』、祖父の寿命長遠を願って、効能があるという蝸牛《かたつむり》を探しに行く『蝸牛《かぎゅう》』等のお馴染みの曲、そして老人自身がシテ（主役）として登場する曲も様々ある。とりわけ「狂言三老曲」と呼ばれ、最も大切に扱われる『庵梅《いおりのうめ》』『比丘貞《びくさだ》』『枕物狂《まくらものぐるい》』は皆、老人が主人公である。平凡な毎日だが、彼らを頼りにしたり、案じたり、楽しみを与えてくれる人々、温かに心を通わせて共に生きる若い友を持つ、幸せな老人たちである。

百歳の老人の役は真に老いてしまっては演じられない。「老い」はあくまで演技である。「老足《ろうそく》」という老人らしいたどたどしい足の運びがあるが、これは普通の足の運びよりもずっと難しい。身体の芯に強靭《きょうじん》さがなくては能舞台にふさわしい品格と祝言性に満ちた老いを演じることはできない。さらに言えば、これらの曲は子の世代、孫の世代が揃《そろ》って初めて上演可能となる。先人たちが渾身《こんしん》の思いで伝え続けてきたものを、次の世代、また次の世代に受け継がせてこそ、演じる資格を得るということだろう。

◇◆◇

狂言方にとってもう一つ特別な役は「三番三《さんばそう》」である。「天下泰平、国土安穏」を祈る『翁《おきな》』の中で「五穀豊穣《ほうじょう》」を祈って舞うと言われるが、私はこれを「稲の精霊の舞」と信じている。前半の「直面《ひためん》」（素顔）で前へ前へと突き進むような、躍動感溢《あふ》れる囃子《はやし》に乗って颯爽《さっそう》と舞う「揉《もみ》ノ段」は稲が青青と伸びていく成長期。後半の「黒式尉《こくしきじょう》」という黒い翁面を掛け、鈴を振りながらゆったりとしたテンポで舞う「鈴ノ段」は稲の実りの時を表し、黄金色の鈴は稲穂の象徴であろう。稲は生の終わりに豊かな実りを結ぶ。その姿に昔の日本人たちは人の一生の理想を見たのではないだろうか。

古典芸術の世界には俗にいうピークはない。一生が修行である。父からそう言われ続けた若い頃は、まるで到達点のない山に登らされるようで、苦痛でしかなかった。しかし、八十一歳の今はそれをむしろ有り難く思っている。出来不出来はあっても、心の中にはその時々に精一杯力を尽くした充実感がある。「明日死ぬと思って生きよ。永遠に生きると思って学べ」というマハトマ・ガンジーの言葉のように生きたいと思う。そして身体が動く限り、登り続けることのできる道があることを幸せに思っている。

アドの美学

二〇二二年四月二三日

先日、フジテレビの朝の情報番組「めざましテレビ」から、歌手のＡｄｏさんのインタビューコーナーで私と弟の則俊が演じている狂言『柿山伏』の映像を使わせてほしいという連絡があった。Ａｄｏというお名前が小学生の時に教科書で学んだこの狂言に由来するという話は以前から聞いていて、こんな古めかしい言葉が平成生まれの若者の心に新鮮な響きと閃《ひらめ》きを与えたことを面白く思っていた。

能・狂言では主役を「シテ」といい、古くは「仕手」または「為手」の字が当てられていた。「アド」はその相手役のことで狂言だけの名称である。語源は、古い祭儀などで中心的役割の者が祝辞を述べるとそれに合わせて相手役が相槌《あいづち》を打つ、これを「迎合《あど》を打つ」と言ったという説。また別の説では「挨答」という字が当ててあり、挨拶《あいさつ》に対して答えるという意味もあるという。

◇◆◇

このように狂言で用いられる言葉には語源がはっきりしないものが少なくない。わからないので調べようと『広辞苑』を引くと必ず、用例として狂言のセリフが載っていて堂々巡りするはめになる。つまり狂言の言葉は今も生きている言葉の中で最も古い部類のものということだろう。

岩波書店の「日本古典文学大系」には『万葉集』や『源氏物語』等と一緒に『謡曲集』『狂言集』も並んでいるが、この『狂言集』上下二巻に収められているのは我が家の狂言台本である。以前は高校生の教科書に『萩大名』が、中学生の教科書には『附子』が掲載されていた。今は光村図書の小学校六年生の国語教科書に『柿山伏』が、私と則俊の舞台写真、そして私の短いエッセイと共に載っている。

修行を終えて故郷に帰る途中の山伏（シテ）は空腹になったので、おいしそうな実の生《な》っている柿の木に登り、夢中になって食べ始める。大事な柿の見廻《みまわ》りに来た持ち主（アド）はそれを見つけて腹を立て、「そこにいるのは誰だ、人間ではないだろう、カラスか、猿か、トビか」と意地悪を言って物真似《ものまね》をさせる。「トビなら飛ぶだろう」と言ってからかうと、調子に乗った山伏はその気になって木から飛び降り、腰を痛めてしまう。弱った山伏を柿主は手酷《てひど》く懲らしめることもできるはずだが、それ以上の仕打ちはしない。ここが狂言の肝心なところだ。

狂言はいつの世にも変わらない人間の愚かしさに焦点を当て、ほのぼのとした笑いに包みながら描く心理劇。失敗は誰にでもある。しかし、正直に「ごめんなさい」と言える人がどれだけいるだろう。ごまかそう、逃れようと悪あがきし、ますます泥沼にはまっていく。しかし狂言はそれを追い詰めない。日常に起こる過ちは同じ状況に置かれたら誰もが経験するようなこと、だから糾弾するのではなく、自分にも思い当たると認め、礼節と互いを尊み合う心を持って接したら、この世はもっと和やかになるのではないか。

舞台装置も効果音もなく、ただ演技のみで表現する狂言は想像力を働かせなければ面白くないだろう。しかし、学校に出向いて狂言をお見せすると、刺激的で過剰な演出になれた子どもたちの目には、このシンプルな舞台が新鮮に映るようだ。子どもは大人よりもずっと素直で好奇心に満ちているので、少しヒントを与えるだけであれこれと想像力を働かせて様々な発見をしてくれる。萌《も》え出たばかりの若芽のように繊細で、生きることの不安の中にいる子どもたちに、毅然として揺るがない古典の存在を知らせたい。苦しい時、悩んだ時、先人たちが培ってきた知恵の宝庫には心の支えとなり道標となる言葉が満ちていることを教えたい。

想像力を養うことはまた、他者の心を思いやることでもある。Ａｄｏさんが主役ではなく、一歩引いた相手役を意味する名前でもって、「自分の歌を聴いてくださった方の人生の脇役として、その人を支えていけたら素晴らしいなと思っている」とおっしゃるように。

◇◆◇

「天下治まり、めでたい御代《みよ》でござれば」、狂言にはこのセリフで始まる曲が数多くある。長い間当たり前のように発していたこの言葉にどれほど切実な祈りや願いが込められていたのか、今回のパンデミックによって初めて思い知らされた。戦乱と天災と疫病の中世に生まれた狂言、ＳＦの世界が現実のものとなった二十一世紀の今も私たちは同じ災禍の中にある。狂言が生き続けている意味を考えながら、命ある限り子どもたちに届けたいと念じている。

平成二十七（二〇一五）年一月から半年間、日本経済新聞夕刊の「あすへの話題」欄に連載された二十四篇、並びに平成三十一（二〇一九）年二月と令和四（二〇二二）年四月に同紙の文化面に寄稿したエッセイを再掲させていただきました。

Ⅵ　創作の楽しみ

新作能『伽羅沙《がらしゃ》』

前シテ　小笠原少斎《しょうさい》の霊
後シテ　細川ガラシャの霊
ワキ　高山右近
アイ　細川忠興《ただおき》
アイ　細川家従者

忠興　「敬《うやま》って申す。三十路半《みそじなか》ばにて逝《ゆ》きし我が妻、俗名玉子《たまこ》、洗礼名ガラシャの霊に述《の》ぶ。汝《な》が覚悟の死は諸《しょ》侯《こう》を動かし、以後人質取ること止《や》みたり。汝が手柄なるべし。ただ、返す返すも汝が命、夫の身として守り得ざりし悔しさを思う。今は敬虔《けいけん》なる吉利支丹《きりしたん》の信徒として天国《はらいそ》に至る永遠《とわ》の命の得られんことを祈り、哀悼《あいとう》と惜別《せきべつ》の思いを込め、ここにてミサを執《と》り行わん。」

右近　「(次第) 戦《いくさ》と信《しん》の道の間《あい》、戦と信の道の間、殉《じゅん》ぜし心、弔《とむら》わん。
(名乗) かように候者《そうろうもの》は、ドン・ジュストと申す吉利支丹の信徒にて候。さても先年殉教《じゅんきょう》せられし、細川ガラシャの御《おん》弔いを堺の教会に於《お》いて執《と》り行わるる由《よし》、承《うけたまわ》り候間《そうろうあいだ》、立ち越え、陰ながら弔い申さばやと存じ候。」

少斎　「(一声) 道歌《どうか》にも、色は匂えど散りぬるを、我が世誰《た》れぞ常《つね》ならん。」

地謡　「(サシ) 朝《あした》の紅顔《こうがん》、夕べの白骨、人間有為《うい》の有り様ながら、誰《たれ》か天寿を望まぬ者あらんや。しかも乱世とは言いながら、二世《にせ》を契《ちぎ》りし夫《つま》の身代わり、思うにつけてもいたわしや。唐紅《からくれない》に染《そ》み果てし、その御《おん》姿ぞ無残なる。あら、虚《むな》しくも華やかなる御弔いやな。」

少斎　「愚かとよ、これこそ悔いの心を隠さんための葬儀ならめ、」

地謡　「これほど多き弔問人《ちょうもんびと》の中に誰か知る、逝《ゆ》きたる人の真実《まこと》をば、」

少斎　「父への思い、」

地謡　「子への慈《いつく》しみ、戦国の世の武士《もののふ》の掟《おきて》、辛苦《しんく》の姿は雨風《あめかぜ》に傷《いた》む木《こ》の葉の行方《ゆくえ》の如《ごと》く、定めに果てさせ給いしを、家臣の身として甲斐《かい》なくも、」

少斎　「助け参らせざりし悔しさは如何《いか》に。
ヤアッ、これに御座《ござ》候《そうろう》は、摂津高槻の城主、高山右近殿にて渡り候《そうろう》な。」

右近　「不思議やな、人に変われる姿を見れば、いにしえ細川の御内《みうち》に有りし、小笠原少斎と見受けたり。さりながらおことはガラシャの御《おん》果て有りし時、共に果てしと伝え聞きしが、何とてこれには来たりけるぞ。」

少斎　「仰せの如く、今はこの世に亡《な》き少斎の、昔に変われる姿なり。」

右近　「さては少斎の幽霊、弔いの庭に現れけるか。おことはガラシャを介錯《かいしゃく》せし人と聞きつるが、その時の有り様、語って聞かせ候《そうら》え。」

少斎　「恨《うら》みと申し、口惜《お》しさと言い、語るも苦しきことなれど、御内室《ごないしつ》の信心の師、右近殿の御《おん》尋ねをば、いかで語らで置くべきぞ。あらあら申し候《そうら》わん。」

地謡　「（クリ）そもそも細川ガラシャと申す御方《おんかた》は、幼少の頃より聡明にして、美《み》目形《めかたち》、人に優《すぐ》れし姫君なれば、御父母《おんちちはは》の慈しみ深く、」

少斎　「（サシ）嬉しき日々を送り給いしに、」

地謡　「細川に嫁《か》して後《のち》、御父の謀反《むほん》や吉利支丹のことども、さまざま辛《つら》き憂《う》き目に会う。しかれども気丈《きじょう》の御《おん》心にて耐え忍び給いけるが、羽柴筑前《はしばちくぜん》の死によって、家康、三成《みつなり》相立ちて、中原《ちゅうげん》に鹿を逐《お》う中に、細川の家運如何《いか》ならんと、家康側に傾けば、

（クセ）三成奸計《かんけい》を以《もっ》て御内室を人質に取らんと企《たくら》む。折節、細川殿、北国《ほっこく》にまします。御内室、賢《かしこ》き御方にて、人質となり、生き恥を晒《さら》さんよりは戦国武人《ぶにん》の妻女《さいじょ》として、死する覚悟は易《やす》けれども、吉利支丹は自害は罪との厳しき掟《おきて》、これを破りていかがせん、疾《と》く我が命取れよとの、仰せしきりなりしかば、力無く御《おん》受けす。」

少斎　「『散りぬべき、時知りてこそ世の中の』、」

地謡　「『花も花なれ、人も人なれ』、これを辞世《じせい》の歌として、疎《うと》き人には形見の品を、親しき方へは御遺言《ごゆいごん》、御《おん》玉梓《たまずさ》を贈られ、人に従うよりは神に従うべきなりと、覚悟の中に待ち居《い》たり。」

少斎　「かくて辺りに足音満つる、すわ、軍勢攻め来たるか。」

地謡　「凄《すさ》まじき足音に、少斎、今はこれまでなりと、撒《ま》きたる火薬に火を掛くれば、四方《しほう》に上がる火の柱、紅《ぐ》蓮大紅蓮《れんだいぐれん》の炎は満ちて渦巻く中に、白綾衣《しろあやぎぬ》を裾長《すそなが》に召され、聖母の像に向かい、天国《はらいそ》の祈りを最後に直《なお》ら

せ給《たま》えば、恐れながらと少斎は、敷居《しきい》を隔《へだ》てて長刀《なぎなた》にて御胸《おんむね》を貫き奉《たてまつ》る。死出《しで》の衣《ころも》の白綾は朱《あけ》に染まって無残なり。目も当てられぬ御死骸《おんしがい》を数枚《すまい》の衣《きぬ》にて覆い隠し、血《のり》の付きし長刀《なぎなた》をば小脇に携《たずさ》え、少斎、門前に走り出《い》で、敵《かたき》に向かいて申す様《よう》、」

少斎　「敵の者ども、承《うけたまわ》れ、」

地謡　「この長刀に滴《したた》る血は、御内室の血潮《ちしお》。女人《にょにん》ながらも見事なり。我も今こそ御供《おんとも》申さんとて、猛火《もうか》の中に腹一文字に掻《か》き切って、そのまま果てし身なれども、なお残る無念の思い、神ならば信ずる徒《と》をば、など助け給わぬぞ。悲しや、信ずれば必ず加護《かご》のあると聞く、」

右近　「神や仏の利益《りやく》のためし、かの平盛久《もりひさ》は、由比ヶ浜にて切られんとせしその時、観音経の功力《くりき》にて、刀は折れて段々となる。」

小斎　「また日蓮、龍ノ口《たつのくち》の法難《ほうなん》のみぎり、辰巳《たつみ》の方《かた》より光差し、御難《ごなん》を逃《のが》れ給《たも》うとかや。」

地謡　「かほどの奇特《きどく》、功徳《くどく》が、など無かりしか、」

小斎　「吉利支丹の、」

地謡　「神の奇特、奇瑞《きずい》も、今も思えば腹立ちやとて、御形見《おんかたみ》を床に投げ、狂うが如く亡霊は、人波の中に失せにけり、人波に紛《まぎ》れ失せにけり。」

（中入）

従者　「かように候者《そうろうもの》は細川の御内《みうち》に仕え申す者にて候。さても此の度、細川の御殿《おんとの》、先年殉教《じゅんきょう》せられし御内室の御弔いのための葬送のミサを盛大に執《と》り行われ候が、承り候えば、御内室の信心の師、先年領地を追われし高山右近殿、御身《おんみ》をやつし、陰ながら御内室の御菩提《ごぼだい》を御弔いなされんため、ただ今御参《おんまい》りありたる由、申し候間《そうろうあいだ》、我ら参りて宮仕え申さばやと存じ候。
いかに申し候。これは当家《とうけ》に仕《つか》え申す者にて候が、高山の御殿と見奉《みたてまつ》りて候。御内室御存命の折から、信心の師と深く尊《たっと》み給いたる御方にて候えば、我ら宮仕えに参りて候。何にても御用のこと候わば仰せ候え。」

右近　「近頃祝着《しゅうちゃく》申して候。さては細川の身内の人にて候か。それにつき、尋ねたきことの候。思いも寄らぬ申しごとにて候えども、細川殿の御内室の幼少よりの御事《おんこと》、また御最期《ごさいご》の有り様、御存じに於いては語って御聞かせ候え。」

従者　「これは思いも寄らぬことをお尋ね候ものかな。我らも当家に仕え申す者にて候が、左様《さよう》のこと、詳しくは存ぜず候。さりながら、およそ承り及びたる通り、物語申そうずるにて候。
そもそも細川の御内室と申すは、明智光秀殿の御息女《ごそくじょ》にて御座ありけるが、その明智光秀と申したる人は天下《てんが》の悪人、また主君殺しの大罪人《たいざいにん》とも沙汰《さた》申し候が、誠は文武二道《ぶんぶにどう》に優《すぐ》れ、戦国の世にありても心安らかにして、学問を修め、妻子《さいし》を慈しみ、風流の道をも良くせられ、和歌、茶道にも通じ給いたる良き大将にて御座ありたると申す。されどもさまざまの子細あって、悪逆無道《ぶどう》の信長を討ち取りたる所業《しょぎょう》を、皆人《みなひと》咎《とが》め給うとは申せども、誠は皆人、いつかは信長を討ち取る程の者の出《い》でんことを密かに願い、待ち合いたるとも申し候。さればかの光秀は、耐え難き度々《たびたび》の恥辱《ちじょく》を受け、その上、住み慣れし城や長く治《おさ》めし所領の地を、信長の機嫌により召し上げられ、なお西国《さいこく》への出陣の命《めい》に、進退窮《きわ》まりたるか、西国出陣のみぎり、愛宕山《あたごさん》へ立ち寄り祈誓《きせい》申しし後《のち》、西の坊にて連歌《れんが》を召され、『ときは今、あめが下《した》知る、五月《さつき》かな』の発句《ほっく》の中に謀反《むほん》の思いを託《たく》し、翌朝、西国へは向かわず、老《おい》ノ坂より道を左に取り、都を見

右近　下ろす地にて『敵《てき》は本能寺にあり』と下知《げち》なされ、そのまま主君、信長を討ち取り給いて候。この謀反によって、明智の血を引く細川の御内室は、秀吉の目を逃《のが》れ、丹後の奥、味土野《みどの》と申す山間《さんかん》の隠れ里に住まわれて候。この味土野に暮らせし三年《みとせ》が御内室の御《おん》心に思いの陰を落とし、後《のち》に吉利支丹への深き御《ご》信心となり給いたる由、承りて候。さてその後、世も変わり、許されて御領地《ごりょうち》へ御《おん》帰り候が、大罪人、逆臣《げきしん》の汚名のままに果てられし父君《ふくん》の霊を救わんため、心身の苦難をも厭《いと》わず、ひたすら一心《いっしん》に吉利支丹の教えを信じ給いて候。さて、時過ぎ、時来たり、秀吉世を去りければ、家康、三成互いに覇《は》を争う中に、何とやらん、細川殿、家康側に与《くみ》しければ、三成、奸計《かんけい》を以て当家に攻め寄せ、御内室を人質にと強訴《ごうそ》す。御内室は気丈夫《きじょうふ》にして賢き御《おん》方なれば、その時の御分別《ごふんべつ》に、人質として生け捕られなば、長く弓矢の家の疵《きず》となるは必定《ひつじょう》なるべし、死ぬべき時に死すものと宣《のたも》う。されども自害は吉利支丹の禁ぜし掟なれば、老臣《ろうしん》、小笠原少斎に介錯《かいしゃく》をせさせ、見事なる御最期《ごさいご》を御遂《おんと》げありたりと承りて候。難方哀《なんぼうあわ》れなる御《おん》事かな。誠に戦国の世に生まれ給わねば、生まれつきたる幸せ、美しき麗人《れいじん》とて人々に慕《した》われ、賢夫人《けんぷじん》とて人々に敬《うやま》われ、楽しき生涯を送られしものをと、御内室を知る者共《ども》は口々に申すばかりにて御座候。
　先《ま》ず我らの承り及びたるはかくの如《ごと》くにて候。我らの存じ候は、御内室の心よりの師、御《おん》身の御《おん》弔いが何よりの供養《くよう》かと存じ候。早《はや》、人々も散会の時節となりて候えば、夜《よ》とともに吉利支丹の方便を持《の》って、御内室の御跡《おんあと》を御弔いあれかしと存じ候。」

従者　「懇《ねんご》ろに御物語《おんものがたり》候《そうろう》ものかな。仰せの如く、人々も疎《まば》らな深夜になり候えば、某《それがし》独《ひと》り、心静かに御弔い申そうずるにて候。」

右近　「御用のこと候わば、重ねて仰せ候え。」

右近「人々は乱世に果てし御方を、ただ哀れとこそ思いつらめ。」

地謡「されど誰《たれ》か知るガラシャの真実《まこと》の心、いかに多くの宝に囲まれ、貴《たっと》く豊かな身分と位を得《う》るとも、安穏《あんのん》な団居《まどい》、美食の数、暖かき床《とこ》に結ぶ夢、眠り、されども満たされぬ思いは、己《おの》が欲に従わず、真《まこと》の救い、真の道を求め得ん喜びを、それを教え給う吉利支丹、信なき輩《やから》はただ乱世の無残な死とばかり思うべし。いいや、主《ゼウス》を信ずる信徒には、偽りの世の生よりなお、神の御心《みこころ》に叶う死こそ、真に満てる思いなれと、共に信じ待ち申さん。最後の審判。」

ガラシャ「『散りぬべき、時知りてこそ世の中の、花も花なれ、人も人なれ。』」

右近「葬送のミサも終わりて人は去り、静まる闇に麗人《れいじん》のあるかなきかに見え給うは、ガラシャの霊にてましますか。」

ガラシャ「仰せの如く、ガラシャの霊なり。我、御身《おんみ》の導きによりて、苦難の此の世を厭《いと》わずに送りしことへの謝恩の思いを、今こそ衿《きん》を開きて語るべし。人は皆、我が死を嘆き悲しみ、その定めをば弔いて、無残なりとて哀れみぬ。しかれども我が心、我が魂はさはなくて、主《しゅ》の御元《みもと》へと召され来《き》ぬ。」

地謡「(上歌)嬉しやな、ゼウスの神の御前《みまえ》にて、受洗《じゅせん》せし身の魂は、いかなる苦難をも恵みと思い、悲しむ者は幸いなりと導き給う吉利支丹、教えに我は救われしなり。

(クリ)そもそも吉利支丹への発心《ほっしん》は、主君を殺《あや》め逆臣《げきしん》の汚名の中に果てられし、父、光秀の無念さよ。」

ガラシャ「思うにつけて悲しみの極《きわ》み、」

地謡「父、光秀の罪咎《つみとが》を、身命《しんみょう》に代《か》え祈りなば、などか救いの道もありなむ、巡り会いたる神の教え、

（クセ）信じて祈れば、苦しみ恨《うら》みの去ること、朝露《ちょうろ》の乾《かわ》くが如《ごと》くなり。たとえこの身は滅ぶとも、その魂魄《こんぱく》は永遠《とわ》ならん。己《おの》が死は神の恩寵《おんちょう》、恵みにて、栄光の死となりたるなり。」

ガラシャ「深き感謝と法悦《ほうえつ》に、」

地謡「心輝き満ち足りぬ。主《ゼウス》宣《のたも》う、我を慕《した》う者は闇を行かず、ただ命の光を持つべし。心の闇を逃《のが》れ、真《まこと》の光を得たく思わば、吉利支人《きりしと》の御功績《ごこうせき》と御気質《ごきしつ》を学び奉《たてまつ》れと、」

ガラシャ「選ばれて、神の庭にと招かれて、」

地謡「今、祝福の神を讃《たた》うる歌を歌い、神を崇《あが》むる楽《がく》を奏《そう》せん。」

（ガラシャの舞）

ガラシャ「罪の重荷に打ちひしがれし嘆きの日々はいつか去る。」

地謡「悔い改め、悔い改めて過ごすとも、業因《ごういん》深き此の人の世を、夢の合間《あいま》と捨つる時、闇に恵みの光満ち満つ、光満ち満つ。嬉しやな、神は輝く白百合の花園に導き給いぬ。純白にして純潔の百合、汚《けが》れぬ花姿、憂《うれ》いに沈む年月《としつき》の、思い出多き奥丹後《おくたんご》、味土野《みどの》の池に咲きし蓮の花、濁《にご》りに染《し》まぬ心とや、今こそ濁りの水を諦《あきら》め、染《そ》まで保たむ安穏の心。」

（ガラシャの舞）

地謡「浄土と見まごう白百合の花園に、麗人の姿は沈むが如く消えにけり。悩みの数ほど人は生まれ、人の数だけ苦難は存《そん》す。その人の世に、また輝ける、朝は来たりぬ。」

新作能『道灌《どうかん》』

シテ　太田道灌の霊
ワキ　大山寺の僧
アイ　大山寺の能力《のうりき》

ワキ　「これは霊山雨降山《れいざんあふりやま》、大山寺《おおやまてら》に山居《さんきょ》仕《つかまつ》る僧にて候。さても一夏《いちげ》の末《すえ》、今宵は七月二十六日、誓戒《せいかい》の会《え》に当たり候程に、夕座《ゆうざ》の勤行《ごんぎょう》をも慎《つつし》みて執《と》り行わばやと存じ候。」

シテ　「移ろい変わる世なれども、移ろい変わる世なれども、道にや心、灌《そ》そがん。」

地謡　「移ろい変わる世なれども、道にや心、灌そがん。」

シテ　「降りしきる雨も神慮《しんりょ》か雨降山、雨も神慮か雨降山、辿《たど》る山路は行く夏の、朝《あした》にまばゆき芙蓉花《ふようか》も、夕べを待たず散り敷きて、常ならぬ身を知るぞかし、小止《こや》みの雨にひぐらしの一声《ひとこえ》高き夕まぐれ、歩み進めて良弁《ろうべん》の、滝音下《たきおとした》に聞くまでに、登り詰めたる神垣《しんえん》や、大山寺に着きにけり、大山寺に着きにけり。」

ワキ　「そもそも仏陀の御誓願《ごせいがん》、もとより衆生済度《しゅじょうさいど》の御導《おんしるべ》、尊《たっと》きは人々の因縁《いんねん》、祖徳《そとく》、仏徳《ぶっとく》、恩徳報謝《おんとくほうしゃ》、法華《ほけ》経《きょう》は釈尊久遠劫《しゃくそんくおんごう》のその昔、初成道《しょじょうどう》の御時《おんとき》、悟り給いし、妙法華経《みょうほけきょう》。」

シテ　「好雨《こうう》時節を知り、風に随《したが》って潜《ひそ》かに夜に入《い》り、物を潤《うるお》し、細《こま》やかにして声なし。」

ワキ　「不思議やな、宵より降り来る雨の中、訪《おとな》う人もなき山寺に、器量骨柄《きりようこつがら》優《すぐ》れし武士《もののふ》、闇に浮かみて見え給うは、如何なる人にてましますぞ。」

シテ　「これは太田源六郎左衛門大夫持資《さえもんたゆうもちすけ》と申す者にて候が、初めてこの御山《おんやま》に詣《もう》でたるなり。我、この山の麓《ふもと》にて数多《あまた》の戦《いくさ》重ねしが、常に心に残る御山あり。相模野面《さがみのづら》の何処《いずこ》にあれども、秀麗端正《しゅうれいたんせい》な山の容《かたち》、天に誇れる姿見て、尊《たっと》き御山と憧《あくが》れて、いつかはここに参らんとの願いはあれども政事《まつりごと》、戦の忙《ぼう》に年重ね、経《ふ》りにし春秋惜《はるあきお》しみつつ、今初めて参詣《さんけい》申すに、誠に霊山の気、樹陰離々《じゅいんりり》として深々《しんしん》たり。有り難し、有り難し。」

シテ　「その上、当寺《とうじ》の御本尊《ごほぞん》は、」

地謡　「慈悲円満の大日如来《だいにちにょらい》、時に変じて忿怒《ふんぬ》して、一切の悪魔を降伏《ごうぶく》し、無頼《ぶらい》の衆生《しゅじょう》をも済度《さいど》する鉄《くろがね》の不動《ふどう》明王《みょうおう》と現れ、またその本誓《ほんぜい》の理《ことわり》にて、初発心《しょほっしん》の形を現じ給うとかや。」

シテ　「されば我らが切なる願い、」

地謡　「天下泰平《てんがたいへい》、国土安穏《こくどあんのん》、平《たい》らけく安らけく、君、民ともに幸いを思う、この世に成さんとの戦の誓い、なかなかに、荒ぶる神や御仏《みほとけ》の御加護《おんかご》頼むばかりなり。」

ワキ　「さては軍神の噂も高き、太田道灌殿《どの》の御参りにて候か。御供《おんとも》もなき雨中《うちゅう》の御参詣、誠に御大儀《ごたいぎ》にこそ候え。」

シテ　「独《ひと》りも雨も厭《いと》わねど、我が生涯に雨は吉相《きっそう》、」

地謡　「この御山《おんやま》も雨降山、迎えの雨も神慮《しんりよ》の印《しるし》と、畏《かしこ》み祈るばかりなり。その上度々《どど》の戦にて、川の水嵩《みずかさ》味方せり、」

シテ　「また、何よりも忘れがたきは、」

地謡　「狩りの道の辺《べ》、俄《にわか》の雨に、濡《ぬ》れじと立ち寄る鄙《ひな》の里、その賤《しず》が屋《や》に蓑乞《みのこ》えば、主《あるじ》の賤女《しずのめ》差し出《い》だす、花《はな》山吹《やまぶき》の一枝《ひとえだ》の古歌《こか》の謂《い》われを知らずして、短慮《たんりょ》のあまりに立ち帰る。」

シテ　「『七重八重《ななえやえ》、花は咲けども山吹の』、」

地謡　「『蓑《みの》一つだになきぞ悲しき』。若気《わかげ》の至《いた》り、身の不覚《ふかく》、歌の心を後《のち》に知る。」

ワキ　「その御事に恥入りて、志を翻《ひるがえ》し、励み給いて敷島《しきしま》の和歌の道にと精進《しょうじん》し給い、」

シテ　「いつか歌人《うたびと》、道灌の名は都のうちにも聞こえたり。」

地謡　「時は寛正《かんしょう》五年春、東国《とうごく》の政事《まつりごと》、正しき由《よし》を言上《ごんじょう》せんと上洛《じょうらく》し、将軍と接見《せつけん》す。義政《よしまさ》公、道灌に仰せあって、『汝《な》が住める、江戸城の風情《ふぜい》や如何に、歌に詠《よ》み聞かせよ』との御諚《ごじょう》受け、取りもあえず、」

シテ　「『我が庵《いお》は、松原つづき、海近く』、」

地謡　「『富士の高嶺《たかね》を、軒端《のきば》にぞ見る』。この歌いつか叡聞《えいもん》に達し、後土御門《ごつちみかど》の大君《おおきみ》、なのめならず御感《ぎょかん》あって、『汝《な》が住む、武蔵野の様《さま》、詠《えい》ぜよ』との御勅使《ごちょくし》下れば、畏《かしこ》まりて、」

シテ　「『露おかぬ、方《かた》もありけり、夕立の』、」

地謡　「『空より広き、武蔵野の原』と詠み奉《たてまつ》れば、御門《みかど》重ねて叡感《えいかん》あって、忝《かたじけな》くも御返歌《ごへんか》に、『武蔵野は、茅原《かやはら》野辺《のべ》と聞きつるに、かかる言葉の花や咲くらん』との御製《ぎょせい》賜《たまわ》れり。げに有り難き身の誉《ほま》れ、げに有り難き身の誉れ。」

ワキ　「天晴《あっぱ》れ、見事なる御詠歌《ごえいか》の誉れ承り、深く感じ入り申して候。さてさてこの頃詠《えい》じ給う御歌《おんうた》は如何に。」

シテ　「『かかるとき、さこそ命は、惜《お》しからめ、かねてなき身と思ひ知らずば』とは、近頃詠じたる歌にて候。」

ワキ　「不思議やな、僧徒《そうと》の身なれば和歌の道の詳しきことは知らねども、これこそ辞世の御歌ならめ。」

シテ　「御推量《ごすいりょう》の如く、辞世の歌、」

地謡　「先の世の近くなる身の定めをば、いかで変ゆべき神ならぬ、人の力に限りあれば、かねてなき身と思い知り、さこそ命も惜しからじ、いざ御暇《おんいとま》申さんと、鉄《くろがね》の不動尊《ふどうそん》を再び拝《はい》すと見えけるが、まだ明けやらぬ庭の面《おも》、真白き雉《きじ》の舞い降《お》りぬ。その嘴《くちばし》に一輪の白き桔梗《ききょう》の花くわえ、招くが如くにはたはたと、羽《は》音《おと》立つれば後慕《あとした》い、闇にも白き朝霧に溶《と》くるが如く武士《もののふ》の、姿は消えて失せにけり、姿は消えて失せにけり。」

（中入）

アイ　「かように候者は相州《そうしゅう》大山寺に仕え申す能力《のうりき》にて候。さても昨日夜半《きのうやはん》ばかりの頃、太田道灌持資公《こう》、この御山《おんやま》に初めて御参詣なされて候が、折節雨のことなれば、唐傘《からかさ》差して来《きた》られ候えども、雨止《や》みて、これなる唐傘を置きて御帰り候間、糟谷《かすや》の御館《おんやかた》までお届け申せとの御事なれば、急いで持ちて参らばやと存ずる。誠に太田道灌公と申す御方は文武二道《ぶんぶにどう》に優れ、良き大将にて候が、今まで当山へ御参詣なきこと、近頃勿体《もったい》なく、また不思議なる御事にて候。イヤ、参る程に糟谷の御館はこれにて候。先《ま》ず案内を申そう。ヤアッ、何と言うぞ。先の夜《よ》、道灌公は曽我兵庫《そがひょうご》に謀《たばか》られ、お湯殿《ゆどの》にて闇討ちに遭《あ》い、空《むな》しくなられたると申すか。それは誠か、真実か。してそれは何時《いつ》のことにて候ぞ。ヤアヤア、七つ下がりと申すか。さては夜前《やぜん》の御客《おんきゃく》は誰《た》れ人《びと》であろうぞ、急ぎこの由、申し上ぎょう。

いかに申し候。夜前の御唐傘を糟谷の御館まで持ちて参り候ところに、太田道灌公は夜前《やぜん》七つ下がり、朋友《ほうゆう》、曽我兵庫に謀られ、闇討ちに遭い、御果てなされたる由、申し候。」

ワキ「言語道断《ごんごどうだん》のこと。さりながら夜前の御姿、風情のうちに何とやらん、いぶかしきことも候なり。その上、辞世の御歌など御聞かせられ候間、かかることもやありなんと存じて候が、さては夜前《やぜん》の武士《もののふ》は、道灌殿の御亡心《おんぼうしん》にて御座あるべし。それにつき、太田道灌公の御事、語って聞かせ候え。」

アイ「これは思いも寄らぬことをお尋ね候ものかな。左様のこと、詳しくは存ぜず候。さりながら、およそ承り及びたる通り、物語申そうずるにて候。

さる程に、太田道灌持資公と申したる御方は、扇谷《おうぎがやつ》上杉の家宰《いえつかさ》の嫡子《ちゃくし》と生まれ、幼名《ようみょう》を鶴千代と申し、九歳の時、鎌倉五山筆頭《ひっとう》の建長寺に入り、学問を修め、後《のち》に足利学林《がくりん》の俊足《しゅんそく》として並ぶ者なく、朱子学の教えを尊《たっと》み、生涯『礼、仁、信、義、忠、孝』を堅く守り、また唐の国より来《きた》る彗空《えくう》と申す師に付きて、治山治水《ちさんちすい》、土木の法を学び、それを基《もとい》に御領地の田畑《でんぱた》、河川《かせん》を正し、また築城《ちくじょう》に新しき法を用い、それまでになき大城《たいじょう》を江戸、川越、岩槻に築く。いずれも堅固の名城なる由《よし》、承りて候。また兵学七書に通じ、兵団《へいだん》を作り、選《え》りすぐりたる数百騎《すひゃっき》の兵を手足の如くに動かし、攻め寄すること猛火《もうか》の如く、退《しりぞ》くこと引き潮《しお》の如く、射掛《いか》くる矢数《やかず》、常の兵の数倍《すばい》にして、優れし馬を自由自在に乗り、仕掛くるも引くも疾風《はやて》のようにて、そのまま陣に帰れば、何事もなきかの如く振る舞うによって、太田桔梗《おおたぎきょう》の旗《はた》印《じるし》の向かうところ、敵《てき》なく、怯《おび》え戦《おのの》かぬ軍《いくさ》とて御座なかりたると申す。しかれども殺戮《さつりく》を重ね、物皆打ち破ることもなく、退く兵は追わず、手負《てお》いたる敵兵をば、手厚き治療をなし、そのまま帰したるによって、敵《かたき》の中にも太田殿を慕う者数多《あまた》ありたる由、承りて候。また御領地の民の心を良く知りて、年貢《ねんぐ》を減《げん》じ、開墾《かいこん》など助けたるにより、道灌公を敬《うや》まわぬ民はなかりたると申す。しかるにその頃この関東は、公《く》方方《ぼうがた》足利と、管領《かんれい》上杉との間に争い絶えず、その上、上杉方にあっても、本家山内《やまのうち》上杉と、道灌公の仕えし扇谷上杉、また犬懸《いぬがけ》上杉、越後上杉など御座あって、様々相克《そうこく》の有りたると申す。しかも世を挙《あ》げての下克上《げこくじょう》の風《かぜ》は、人々に疑心暗鬼を誘う。されば道灌公、度々の御功名を恐るる者もあり、また扇谷上杉の栄ゆること、山内上杉にありてはゆゆしきことなり。その上、北条早雲《そううん》の讒言《ざんげん》などあって、何ともして道灌公を無き者にせんと、しきりに企むとの噂もかまびすしきことなれば、この度の仕儀《しぎ》も、左様なることにてあろうずると存じ候。されば道灌公の御最期と申すは、主君上杉定正《さだまさ》公より新しき糟谷の御館へ招かれ、残暑の折なれば、お湯殿に招《しょう》じ入《い》れ参らせられしが、知遇《ちぐう》と御油断なさりしところを、曽我兵庫の白刃《はくじん》に無念の御最期を御遂げありたると承り及びて候。

先ず我らの承りたるはかくの如くにて候。我らごときの者の申すも愚《おろ》かなることにて候えども、先夜《さきのよ》御参りありたるは、まさしく道灌公の御亡心にて御座あろうずると存じ候。御存命中の御参りなく、亡じにし後の御参りも、常々、秀麗端正なるこの山の御姿に魅せられ、御心を残し置かれたるゆえかと存じ候程に、当山に於いて道灌公の御跡を懇《ねんご》ろに御弔いあれかしと存じ候。」

ワキ　「近頃不思議なることにて候。道灌公の幻の、これまで御参詣なされし事も、仏縁深きためしかと存じ候程に、当山に於いて、道灌公御跡を懇ろに弔い申そうずるにて候。」

アイ　「さあらばその用意をも、致そうずるにて候。」

ワキ　「さては霊山浄土《れいざんじょうど》にも譬《たと》えおかれし、この御山の気高さに、心残せし道灌公、幽霊となりての御参詣、誠に奇特《きどく》なることなれば、御跡懇ろに弔わん。『具一切功徳《ぐいっさいくどく》、慈眼視衆生《じげんじしゅじょう》、福聚海無量《ふくじゅかいむりょう》、是故応頂礼《ぜこおうちょうらい》』

シテ　「千早降《ちはやぶ》る、神さぶ山の奥寺の、冴《さ》ゆる霊気になお勝《まさ》る、澄むは御経《おんきょう》、読誦《どくじゅ》の声に、五塵六欲《ごじんろくよく》霧散《むさん》せり。」

ワキ　「松柏《しょうはく》茂りて昼なお暗く、青苔覆《せいたいおお》える深山《みやま》の夕闇、宵待つ花の色に似て、ほのかに輝く御姿は、道灌公にてましますよな。」

シテ　「有り難き、御弔いも嬉しけれど、我が立つ杣《そま》の山懐《やまふところ》、安堵の中に魂は帰りぬ。」

ワキ　「痛わしや御身、弓箭《きゅうせん》に掛かり果て給いたれば、修羅《しゅら》の苦患《くげん》もありぬべし。なおなお深く弔わん。」

シテ　「仰せの如く、我、白刃に倒れし身なれど、無私の心に修羅はなし。」

地謡　「そもそも仏の説《と》き給いし修羅道といっぱ、六道輪廻《ろくどうりんね》のその一つ、忉利天《とうりてん》の王、帝釈《たいしゃく》に、阿修羅の挑《いど》む姿をば、人界《にんがい》に移し説かれたり。悲しきは阿修羅王、恨みの敵《かたき》、帝釈を、打ち破らんとの妄執《もうしゅう》に、心狂えば、見るもの見えず、聞くもの聞こえず、ただ戦いの鬼となる。人間もその如く、戦《いくさ》は心の迷いにて、私利私欲の争いも、私恨《しこん》の戦も下品《げぼん》の技、修羅道の苦患《くげん》受くべしや。」

シテ　「弓は袋に、」

地謡　「剣《つるぎ》は箱に、戦無き世を願えども、群雄《ぐんゆう》立ちてことごとに、争いは世に絶えざりき。されば本意にあらねども、兵法《ひょうほう》を知り、物の具備え、兵馬《へいば》の数を整えぬ。」

シテ　「我れ思う、」

地謡　「ただいたずらに兵殺《あや》め、敵将の首取ることすまじ。攻め挑む戦の心を失なわせ、和に導けば、そのままに、田畑《たはた》は荒れず兵死なず、四海《しかい》の波は治まりて、里に平安の風薫り、喜びの声天に満つ。」

シテ　「また唐土《もろこし》の師に学び、」

地謡　「これまでになき大城《たいじょう》を築きしことも理《ことわり》なり。大城の城影《しろかげ》、空に聳《そび》えて堂々と、威風敵《かたき》を圧すれば、はかばかしくも、おのずから寇掠《こうりゃく》の憂い消えぬべし。されば江戸、川越や岩槻に、敵《あだ》を押《お》さうる城築けば、

シテ　しばしが程は治まりて、心安らぐ折もあり。」

地謡　「春夏秋冬《はるなつあきふゆ》、四つの時、」

「花に紅葉《もみじ》に月に雪、書を読み歌を詠じ、また茶を嗜《たしな》みて香を炊《た》く。心澄ますや、只管打坐《しかんたざ》、時に風流《ふりゅう》の舞を舞う。二つなき理知らば武士《もののふ》の、仕うる道は恨みなからん。」

（早舞）

シテ　「梓弓《あずさゆみ》、思いなれしも、憎みしも、」

地謡　「絶えて我のみ月を見るかな、月を見るかな。清らなる山川草木《さんせんそうもく》、虫魚鳥獣《ちゅうぎょちょうじゅう》、偽りなき身そのままに、生きとし生ける有様の、すべては諸法実相《しょほうじっそう》なり。しかるに人は偽り多く、重ぬるは罪咎《つみとが》、繰り返すは戦。」

シテ　「されどまた、されどまた、」

地謡　「生老病死《しょうろうびょうし》の四苦《しく》あるとも、愛別離苦《あいべつりく》を嘆くとも、人生とは良きもの、ああ悠々たれ、堂々たれ。歓笑は憂いに、歌は哭《こく》するに勝るとか。歓喜の日々は少なくて、憂いは多き五十年、命短く功半《こうなか》ば、幼き頃より信ずるは、『至誠《しせい》は天に通ず』なり。『聖君賢相《せいくんけんそう》』を旨《むね》として、行い来《きた》る政事《まつりごと》、時世《ときよ》さだめか知らねども、禍《わざわい》招きし下克上《げこくじょう》、謀《はか》り事にて果つれども、無念なりとも思われず、討たるる者も討つ者も、冥土《めいど》にありて見返れば、ともに夕べの嶺《みね》の雲、風に乱れて散るがごと、蛮触《ばんしょく》、二邦《にほう》、角《つの》の上、蝸牛《かぎゅう》の譬《たと》えさながらに、世々の姿はこれなりき。山は静寂《しじま》ぞ、音絶えぬ、知者《ちしゃ》は水、仁者《じんしゃ》は山に帰りなむ。我を慕いし国民《くにたみ》の手厚き供養身に受けて、相模野末《のずえ》の糟谷《かすや》の里の、土となるとも常永久《とことわ》に、見守り給う阿夫利《あふり》の御山《おんやま》、見守り給う阿夫利の御山の、深き恵みぞ有り難き、深き恵みぞ有り難き。」

舞囃子『梅橘《うめたちばな》』

そもそも世々《よよ》に知られしは、右近《うこん》の橘、左近《さこん》の桜、これ、皆人《みなひと》の賞翫《しょうかん》す。しかれども、しかれども、そのいにしえはさはなくて、東の傍《かたわ》ら左近には、梅木を植えし習いあり。いざ、その故実《こじつ》語らばや。

新たに桓武《かんむ》天皇は山城《やましろ》の国に遷都《せんと》成《な》し、平安京と名付けたり。大内山《おおうちやま》の奥深き、内裏《だいり》皇居の紫宸殿《ししんでん》、南に向きし庭の面《おも》、讃《たた》え植えたる霊木《れいぼく》は梅橘の二木《ふたつき》なり。古きより、左近に植ゆるは梅なりと定められしが、年を経て、過ぎぬる星霜幾度《せいそういくたび》ぞ、人の好みも移り行き、仁明帝《にんみょうてい》の頃かとよ、主上《しゅじょう》桜を御寵愛《ごちょうあい》、桜は諸木《しょぼく》に勝れりと、左近の梅もこの時に、華やかに咲く桜にと、植え替えられてそのままに、梅花《ばいか》は桜花《おうか》に変わりたり。往時《おうじ》に思い巡《めぐ》らせば、紫宸殿の階《きざはし》に立つ一対《いっつい》の霊木の梅橘の奇特《きどく》をば、世の人々に知らしめん。

まず橘の謂《い》われといっぱ、昔、垂仁《すいにん》天皇は、不老不死の仙薬《せんやく》が常世《とこよ》の国に成ると聞く、橘という黄金《こがね》の実、天皇《すめらみこと》は望まれぬ。勅被《ちょくこうむ》りて田道間守《たじまもり》、南の島へと旅立ちて、費《つい》やす歳月《さいげつ》十余年、暖かな日の色に染《そ》み輝ける非時香菓《ときじくのかくのこのみ》を探し出し、そのまま帰国、献《けん》じたり。それより後は我が朝《ちょう》も、常世の国にあらねども、橘香る国となる。万葉に『橘は実さえ花さえ、その葉さえ、枝《え》に霜降れど、いや常葉《とこは》の樹』と詠《よ》まれたり。また後の世の歌々に『夕暮れはいずれの雲の名残とて、花橘に風の吹くらん』、『尋《たず》ぬべき人は軒端《のきば》の古里に、それかと香る庭の橘』など詠みし。

さてまた梅の気高さは、歳寒《さいかん》の三友《さんゆう》、松竹梅のことなれど、なかにも梅は厳冬の風雪、霜を耐え忍び、冬木のままに花開く。その上結ぶ薬の実、聞き及ぶ唐土《もろこし》は隋《ずい》、開皇《かいこう》年間、趙師雄《ちょうしゆう》といっし人、名高き仙境《せんきょう》、羅浮山《らふざん》に参る道にて踏み迷い、寒風荒《すさ》ぶ林間に前後を忘《ぼう》じ、倒れ伏す。白衣《びやくえ》の麗人《れいじん》現れて、酒家《しゅか》に招《しょう》じて温《あたた》かき夢のもてなし、趙師雄、難の淵《ふち》より蘇《よみがえ》る。情けくれしは白梅《はくばい》の化身《けしん》なりとの故事《こじ》もあり。また梅を好文木《こうぶんぼく》と申すは、帝《みかど》、学問に励む時、彼《か》の花見事に咲き誇り、怠《おこた》りぬれば花散れり。梅が香《か》を運ぶや春の風のうち、戯《たわむ》る胡蝶《こちょう》の夢何処《いずこ》。梅咲きて四方《よも》に香れば、待ちわびた初音《はつね》嬉しき鶯《うぐいす》の緑の羽色《はいろ》懐かしく、若き朝《あした》の空に飛べ。

東山《ひがしやま》より昇り出《ず》る、朝日を受けし橘は、初夏の朝《あした》に香るなり。西山《にしやま》に傾《かたぶ》く月に早春の夜半《よわ》に匂える梅の花、時を違《たが》えてそれぞれに陰陽二つ異なるも、満都《まんと》の巷《ちまた》に香る時、世は治まりて民栄え、王城《おうじょう》の地も繁盛す。天の慈しみ、地の恵み、受けてぞ巡《めぐ》る輪廻《りんね》の定め、賀茂の祭の思い出と楽《がく》を奏《そう》して諸共《もろとも》に、御代《みよ》を言祝《ことほ》ぐ舞まわん。

（舞）

梅花《ばいか》散り、夢の春風吹き絶えて、橘香る夏の来て、年々《としどし》輝く梅橘の、花も果実も仏性《ぶっしょう》たるべし。今こそ問わん、草《そう》木《もく》の清く尊《たっと》きその姿、雪裏《せつり》の芭蕉《ばしょう》は摩詰《まきつ》が画《え》、炎天《えんてん》の梅蘂《ばいずい》は簡斎《かんさい》が詩とて偽ることの喩《たと》えなり。偽り多き人の世の、濁《にご》りに染《し》まぬ心にて、香気満ち満つ、香気満ち満つ。

徳も位《くらい》もそなわりて、やんごとなき樹と讃《たた》えられ、仏果《ぶっか》を得んこと疑いあるまじ。草木国土《そうもくこくど》悉皆成仏《しっかいじょうぶつ》、梅橘の花咲き実り、梅橘の花咲き実り、繁り栄えて久しかるべし。

新作能『伽羅沙』

梅若六郎師（現・梅若桜雪師）の企画によるサントリーホールでの新作能公演第一弾として、細川ガラシャを描いた新作能を依頼され、創作。

平成九年（一九九七年）十月二十一日、サントリーホールにて初演。

シテ・梅若六郎、アイ・山本東次郎、他。

新作能『道灌』

伊勢原市制三十周年記念事業として、当地ゆかりの武将・太田道灌を描いた新作能の上演が企画され、二十六世観世宗家・観世清和師より依頼を受け、創作。

平成十三年（二〇〇一年）七月二十六日、伊勢原市民文化会館にて初演。

シテ・観世清和、アイ・山本東次郎、他。

新作舞囃子『梅橘』

四世梅若実襲名披露公演のため、梅若実師（現・梅若桜雪師）より依頼を受け、梅若家ゆかりの「梅」と「橘」を題材に創作。

平成三十年（二〇一八年）三月二十五日、観世能楽堂にて初演。

橘・梅若実、梅・山本東次郎、他。

旧版　あとがき

私の恩人で佐藤繁夫さんという方がおられました。小樽にお住まいで、私の家の「狂言づくしの会」を最初に開いてくださった方です。ある時、佐藤さんと「古典芸能と現代社会について」「どうしたら狂言を今の時代の人に受け入れてもらえるか」というようなことについて話をしていました。その時、佐藤さんは静かに首を振って、こうおっしゃいました。「山本さん、決して現代を基準にしてはいけませんよ。いったい今の時代がどれほどのものなんです。」その後しばらくして佐藤さんはお亡くなりになり、その言葉は私への遺言となりました。

戦後六十年近く、日本人が最も大きく変わったのは、「自己を主張する」ということだと思います。これは間違いなくアメリカ文化の影響でしょう。元来の日本人は、人間は至らぬものという慎みがありました。とりわけ何かを目指す者にとっては、いかに力を尽くしても、その道程は遠く険しく、道を極めるなど絶望的なこと、せめて少しでも理想に近づこう、迫ろうとする精一杯の努力、そこに心の支えをつないでいました。ですから必然的に、道に身を置く日本人は皆、己に対して厳しく、謙虚であったと思います。

ところがいつの間にか日本も、「自分が、自分が」で生きている人たちが多くなって来たようです。特にこの二十年ほどの間に「一億総パフォーマンス時代」と言われるようになり、周囲への配慮も気遣いもなく、ただ目立ちたくてしかたのない人たち、悪いことをしてでも自分を知ってもらいたい、そのためには他人に迷惑を掛けるなど何とも思わない人たちでいっぱいになってしまいました。そうした風潮の中で、能・狂言の世界の人間も徐々に違った意識を持つようになってしまったと思います。

中学、高校の頃、舞台の掃除は毎朝学校へ行く前にしなければいけない、私や弟たちの日課でした。舞台を拭く、そんな小さなことでも、厳格な父は、いかに心を込めて拭くべきかを私たちに懇々と説いたものです。お坊さんがお寺の掃除をし、仏様の汚れを拭って差し上げるのと同じ、尊いものへ接する心、ご先祖様から預かっている能舞台は神聖な場所、ここで舞い、謡わせて頂き、己を磨いていく、だからこそいつも尊敬の念を持ち、恭《うやうや》しい気持ちで拭かなければいけない、と。

けれども今、能舞台は、好き勝手に絵を描いていいキャンバスのようなもの、自分の持っている能や狂言の技術を使って自由勝手に振る舞って良い空間だと思い込んでいる人も少なくありません。謡も舞も型も全部自分のもの、だから自分のために利用活用し、消費浪費させて構わないのだと。そんな不遜さが能・狂言の本質を見失わせ、間違った方向に走ってしまう恐ろしさを私は危惧するのです。

私たち能楽師が日頃手にするすべて、面や装束、伝書や舞台といった有形のもの、そして謡、舞、型など「教え」による無形の遺産、そのすべては個人の所有物ではなく、父祖から預かり、授かったものです。それを次の時代に伝えていくためには、自我を捨て、己の心身と生涯を捧げるくらいの覚悟がなければならないでしょう。師と弟子が一対一で向き合い、一挙手一投足すらゆるがせにしないひたすらの稽古、しかしそれはただ正確な型や謡・言葉を叩き込むだけではありません。言葉や型に込められた目に見えない気迫や魂をも伝えていく修行なのです。だからいかに正確さが要求されようとも、コンピューターのプログラミングとはまったく質の違う、人間の築き上げる芸術です。

振り返って、父の稽古はほんとうに凄まじいものでした。もちろん子どもでしたから、怒鳴られ殴られ蹴られるのが怖かったということもあります。しかしそれ以上に、父がもっと大きな何かを伝えようとする、それに気圧《けお》され、圧倒され、父の後ろに在って父を動かしている巨大なものの存在を畏れ、追い込まれるように、舞台に稽古に真剣に向き合っていったように思います。父、祖父、曾祖父、そして狂言を生み、磨き上げ、伝承してきた歴代の狂言の担い手たち、そして彼らが信じた狂言の神、あるいは能の神、それらはいつも観客の遙か向こうに在って、能舞台に立つ我々を見据え、見守っているのです。正しき伝統を受け継ぐとはまず、自分の至らなさを自覚し、畏れを持ちながら、謙虚に謙虚に一歩一歩を踏みしめて歩む地味な努力です。だから伝統は決して派手な「売り」になるようなものではありません。「伝統を守る」と言うと、保守的でかたくなで後ろ向きの姿勢のように思われるかもしれません。しかし「守る」ということは実は「攻める」と同じくらい、否、それ以上の力を必要とするものです。「攻め」は瞬間、けれども「守り」は持続、「攻め」よりも辛いのです。

本書の中でも触れましたが、能・狂言は自己否定から始まる芸術で他の芸能とはまったく違っていると言えます。能が舞台人にとって大切な「顔」を覆い隠してしまうこと、狂言が表現方法を「様式」「型」に封じ込めること、それは演じる人間個人の自己表現など小賢しいものとして切り捨て、個々の個性を超えた、人間そのものの存在を描こうとしているからこそ、これらの表現が必然性を持ち、結果そこに普遍的な価値が生じるのだと信じます。

能・狂言をより多くの人々に見て頂く普及・啓蒙は大事なことかもしれません。しかし、私はむしろ、少数でもい い、ほんとうにそれを理解してくれる人、またそれを必要としてくれる人に見て頂きたいと願います。私たちはこの命そのものも父祖から頂いているわけで、この授かった命を、一生を、どう真っ当に生きていくのか、真摯に考える人たちに、古典は必ず応えてくれます。アメリカ文化の影響のもとで切り捨ててしまった、日本人が古来から大切に守り、伝え続けて来た豊かな精神文化が古典の隅々に残り、生き続けています。

どうぞ、ご自身の感性を磨いて能・狂言のほんとうの見巧者《みごうしゃ》になってください。能・狂言は能楽師自身の努力はもちろんですが、それと同じくらい良い観客を必要とします。その本質を理解し、愛し、それ故に厳しい目を持って見守ってくださる観客お一人お一人に育てられるもの、過去のそうした人々によって、今日ここまで来た能・狂言を、どうぞご自分の目でしっかりと見据え、見守り、励まし、後押しをしてください。そうしたものがあってこそ、能・狂言はこれからも日本人に愛されて生きる、単なる遺産ではない、世界に誇る芸術文化と言えるのではないでしょうか。

「『狂言のすすめ』の続編をお書きになりませんか」、玉川大学出版部の関野利之さんからお話を頂いてから、何と二十年も経ってしまいました。ほんとうに辛抱強く待って頂き、心から有り難く存じます。最初に担当してくださった佐々木昌幸さん、そして引き継いでくださった成田隆昌さんには、様々なご苦労をお掛け致しました。衷心より御礼申し上げます。

あとがき

「天下治まり、めでたい御代《みよ》でござれば」、狂言にはこの科白で始める曲が多くあります。私がこの言葉を最初に舞台で発したのは昭和二十一（一九四六）年四月二十七日、九歳で『末広』のシテ・果報者《かほうもの》を演じた時でした。多くの尊い命を犠牲にした太平洋戦争、その敗戦によって得たものが「平和」だったとは今にして思えば実に皮肉なことですが、子どもだった私には、食べる物にも着る物にも事欠く生活でも、空襲に怯えることなく、大人たちの吹っ切れたようなどこか明るい顔に安堵感を覚えながらこの科白を発したことを鮮明に記憶しています。戦火を逃れた染井能楽堂の舞台、私ども杉並能楽堂の舞台、いろいろな学校での公演と、立て続けに父の太郎冠者で相手をしてもらいながら、嬉しさいっぱいでこの役を演じました。

それから七十数年、毎年繰り返される自然災害、恐ろしい大地震、多くの辛い出来事はありましたが、ともかくも平和な世の中、私は、『三本の柱』『目近《めちか》』『宝の槌《つち》』『隠笠《かくれがさ》』『鎧《よろい》』『鍋八撥《なべやつばち》』『牛馬《ぎゆうば》』『福部《ふくべ》の神《しん》』『福部の神勤入《つとめいり》』『粟田口《あわたぐち》』『蚊相撲』の冒頭で、この科白をまったく当たり前のように言い続けて参りました。

それが三年前に発生し、世界中を大混乱に陥れ、今も終息の気配を見せないコロナ禍、ここに至って初めて、この言葉の持つ真の意味を知ったのです。戦乱と天災と疫病に苦しめられた中世に生まれた狂言、「天下治まり、めでたい御代でござれば」という言葉にどれほど切実な願いが込められていたのかを思い知らされ、そして今、安易に発することのできないこの科白を万感の思いを込めて口にしております。

二〇〇二年に玉川大学出版会より出版した『狂言のことだま』は二十年の星霜《せいそう》を経て、残念ながら絶版となってしまいました。拙い文章ですが、精魂込めた本です。一人でも多くの方々に狂言の本質を理解して頂く手掛かりとして残しておきたいと切望していたところ、いろいろな方々のご尽力で、クレス出版より版を改めて出して頂くことになりました。読み返してみると至らない部分もあり、時間の許す限り手を入れさせて頂きました。またこの機会に、前著刊行以降に日本経済新聞に書かせて頂いたエッセイを入れて頂くことにしました。舞台から離れた日常生活の中で出会う事柄が、思わぬところで狂言につながっていることをしみじみ感じています。さらに観世清和師や梅若桜雪師からご依頼を受けて創作した新作能の台本も載せて頂きました。「能の狂言」を目指す者として、より深く能に向き合う機会を頂けたことを感謝しております。私なりの能に対する姿勢に触れて頂くことができればこれに過ぎる喜びはありません。お目通しを賜れば幸甚《こうじん》に存じます。

昭和十七（一九四二）年十一月二十九日、杉並能楽堂の舞台で行われた山本会の『しびり』で初舞台を踏んでから今年で八十年となります。狂言という古典芸術の深さは、何十回、何百回演じていても、その度ごとに新しい発見があることで、いつも新鮮な驚きと喜びを感じて演じております。もしも六十歳で亡くなっていたら、このことには気付けなかったなあと思うこともしばしばで、命があることの有り難さを心から感じる毎日です。父が亡くなった歳をはるかに超え、馬齢を重ねてきた私が狂言の真髄にどこまで辿り着けるかわかりませんが、命ある限り、追い求めていきたいと念じております。

この度の出版に際し、『中高生のための狂言入門』（平凡社）の共著者である漫画家・近藤ようこ氏より帯文を寄せて頂き嬉しく存じております。過分なお言葉で面映《おもは》ゆくもありますが、私の目指す狂言の道を的確にとらえて頂いていること誠に有り難く、ここに改めて掲載させて頂きます。

慈雨のような、泉のような

選び抜かれ磨き上げられ、少な少なに用いられる狂言の科白。その背景には深い人間の心理がある。伝統を背負い、繋ぐという宿命の中で昭和・平成・令和を生きて来られた東次郎師の思いと知見は、読む人の心を慈雨のように潤し、泉のように力を湧かせる、もう一つの「ことだま」になるだろう。

令和四（二〇二二）年十一月

山本　東次郎

写真一覧

写真撮影・写真提供

樋の酒・入間川・船渡聟	撮影：神田佳明　提供：横浜能楽堂
道成寺 1・千歳・三番三	撮影：神田佳明
道成寺 2	撮影：三上文規
名取川・伊文字・靭猿	撮影：尾形美砂子　提供：横浜能楽堂
花子	撮影：神田佳明　提供：横浜能楽堂
棒縛・粟田口	撮影：尾形美砂子
夜討曽我・猿聟・面箱	撮影：前島吉裕
御田	提供：公益社団法人能楽協会

山本東次郎　YAMAMOTO Tojiro

昭和12(1937)年生まれ。大蔵流狂言方。三世山本東次郎の長男。
昭和17年11月「痿痺（しびり）」のシテで初舞台。
昭和27年9月「三番三」、33年12月「釣狐」、46年「花子」を披く。
昭和47年5月 四世山本東次郎を襲名。
平成4年度 芸術選奨文部大臣賞。
平成6年度 観世寿夫記念法政大学能楽賞。
平成10年 紫綬褒章。
平成13年 エクソンモービル音楽賞（邦楽部門）。
平成19年 日本芸術院賞。
重要無形文化財各個指定保持者（人間国宝）。
令和4年 旭日中綬章。
日本芸術院会員。
文化功労者。
一般財団法人杉並能楽堂代表理事。

新編 狂言のことだま
― 日本の心 再発見 ―

2022年12月12日　発行

著者　山本東次郎

企画・管理　Kフリーダム　桐野昌三
編集　office SALAM　山本修
装丁・デザイン　daijuaoki–DESIGN　青木大樹
組版　高橋健
校正　I-Edit　入江千恵

発行所　株式会社 クレス出版
東京都中央区日本橋小伝馬町 14-5-704
http://www.kress-jp.com/
Tel 03-3808-1821　Fax 03-3808-1822

印刷・製本　モリモト印刷株式会社

 ISBN978-4-86670-103-5　C1074